jovis

Herausgeber

n-ails e.V.
netzwerk von architektinnen, ingenieurinnen, innenarchitektinnen,
landschaftsarchitektinnen und stadtplanerinnen, Berlin

WOMEN IN ARCHI TECTURE BERLIN

FACETTEN WEIBLICHER BAUKULTUR

jovis

SPRACHE VERÄNDERT SICH

Ging man früher zum Bäcker oder sprach man von Studenten (es gab auch überwiegend nur männliche), geht Frau (und man) heute lieber zur Bäckerei und spricht von Studierenden. Analog zu den damaligen Verhältnissen etablierte sich einst das generische Maskulin als Konvention und rechtfertigt sich heutzutage am liebsten über das oft zitierte Mitmeinen des anderen Geschlechts.

Was aber vor 50 Jahren noch die Gesellschaft (mehr oder weniger) widerspiegelte und akzeptiert war, hat mittlerweile seine exklusive Berechtigung für viele Menschen verloren. Zumal Mitmeinen nicht gleich Mitdenken ist und die Vorstellung dahinter, also das dazugehörige Bild im Kopf, am Ende doch ehrlicherweise und entschieden zumeist ein anderes ist.

Um die Bilder im Kopf zu aktualisieren, braucht es adäquate Formulierungen, ein Aufbrechen der Sprachtradition, hin zu einer gendersensiblen Sprache. Dieser Weg ist nicht einfach und es ist noch keine gesellschaftsfähige, einheitliche Lösung gefunden, viele Variationen kursieren aktuell im Sprachraum. Das spiegelt sich auch in unserer Publikation wider. Wir haben nichts vorgegeben.

Für die Texte der WIA-Beiträge sind die Akteur:innen verantwortlich. Die Autor:innen konnten im Kontext von *Women in Architecture* (WIA) ihre individuell präferierte Ausdrucksform wählen, ob mit oder ohne Sternchen, Unterstrich, Schrägstrich, Ausrufezeichen oder Doppelpunkt.

VORWORT

GRUSSWORT

WIA-BEITRÄGE

Dieses Buch ist Marlene Poelzig (1894–1985), Bildhauerin und Architektin, und Professorin Herta Hammerbacher (1900–1985), Garten- und Landschaftsarchitektin, gewidmet.

In Erinnerung an das von ihnen 1930 entworfene und 2021 abgerissene Wohnhaus mit Garten in Berlin-Westend.

DIE BAUKULTUR WIRD WEIBLICHER!

Elke Duda
n-ails e.V., WIA Berlin

EINE KRITISCHE MASSE IST ERREICHT,
DER POINT OF NO RETURN AUCH?
Architektur wird besonders in Form von Ausstellungen in Museen und Galerien, durch die Berichterstattung in den Medien, in der Wahl als öffentlicher Veranstaltungsort oder über die Aufnahme in die Liste der Sehenswürdigkeiten beachtet und gewürdigt. Diese allgemeinen Indizien für die Wahrnehmung von Architektur spiegeln Qualität und Vielfalt der Baukultur wider. Eine große Bandbreite an verschiedenen Perspektiven und Lösungsansätzen bei den sich stellenden Bauaufgaben sichert darüber hinaus die gesellschaftliche Relevanz und Nachhaltigkeit einer Baukultur.

Seit vielen Jahren setzen sich weltweit Women in Architecture (WIA) für mehr Aufmerksamkeit und Anerkennung ihrer Arbeit ein. Während der Veranstaltung *Yes, we plan!* mit sieben europäischen Planerinnennetzwerken 2018 im Rahmen der Ausstellung *Frau Architekt* im Deutschen Architekturmuseum (DAM) wurde deutlich, dass es Zeit ist für ein WIA-Festival in Berlin, dem Ort, wo alle wichtigen Akteur:innen der Baukultur ihren Sitz oder zumindest eine Vertretung haben. Die MeToo-Debatte in der Filmbranche wie auch die Aktion der Tate Britain in London 2019, ein Jahr lang nur Künstlerinnen zu zeigen, bestärkten uns ebenfalls in der Fragestellung: Wie ist der Status quo in der Baukultur, 70 Jahre nach dem Tod von Emilie Winkelmann, der ersten erfolgreichen deutschen Architektin?

Das Netzwerk n-ails e.V. gründete kurzerhand die Initiative WIA BERLIN und leitete diese Frage an die wichtigsten Akteur:innen der Baukultur, Verbände, Vereine und Institutionen weiter – auf lokaler Ebene, der Ebene des Bundes und auch auf europäischer Ebene. Sie alle wollten wir für die Idee eines WIA-Festivals in der Hauptstadt gewinnen. Alle Berufsfelder – Architektinnen aller Disziplinen, Stadtplanerinnen, Bauingenieurinnen oder Lichtplanerinnen, aber auch Journalistinnen und Fotografinnen der Baukultur – sollten einbezogen werden.

Gemeinsam mit der Architektenkammer Berlin, als Kooperationspartnerin, wurden die Kernziele für die *Baustelle Gleichstellung* gesteckt: *Paritätische Baukultur und Umbau des Berufsbildes*. Diese Ziele sind in ihren Umsetzungsmöglichkeiten komplex, und manchmal auch kompliziert, gerade deswegen bedurfte und bedarf es der Beteiligung vieler WIA-Mitstreiter:innen, insbesondere auf der institutionellen Ebene. So freute es uns besonders, dass die damalige Senatsbaudirektorin und Staatssekretärin für Stadtentwicklung in Berlin, Regula Lüscher, WIA-Schirmfrau wurde. Über das Institut für Architektur der TU Berlin kam der Nachwuchs mit ins Boot und viele wichtige Akteur:innen folgten.

Die überragende Stimmenvielfalt bei den über 100 Veranstaltungen, das große Interesse daran und die Resonanz in der Fachwelt bestätigten den Handlungsbedarf im Bereich Gleichstellung, Chancengleichheit und Diversität. Ein Perspektivwechsel ist angesagt. Frauen sind essenzieller Bestandteil der Baukultur, dabei geht es sowohl um die planende Seite als auch die der Nutzer:innen. Fragen wie diese wurden vielfältig diskutiert: Welche Themen sind für die Hälfte der Bevölkerung relevant? Was sind ihre Vorstellungen von Baukultur? Welche Ansprüche haben sie an die gebaute Umwelt?

Durch die zahlreichen Ausstellungen, Vorträge und Diskussionen stellten sich neue Erkenntnisse ein, der Blickwinkel veränderte sich oder sorgte für nachdenkliche Momente. Auch Zahlen, Daten und Fakten zu Frauen in der Architektur öffneten so manchen die Augen und schaffte einige Aha-Erlebnisse. Diversität als Bereicherung und nicht als Verlust von Macht zu begreifen, ist eine wesentliche Voraussetzung für Veränderung.

Dieses Buch berichtet von der *Baustelle Gleichstellung*, dem Ungleichgewicht in der Präsenz von Frauen und Männern in der Architektur, und wie dem begegnet werden kann. Es richtet die Scheinwerfer auf Werke und Leistungen weiblicher Baukultur. Es ist eine Entdeckungstour, bei der die Welt mit anderen Augen erkundet werden kann, hin zu einem anderen (weiblicheren) Verständnis von Architektur als Gestaltung von Lebensräumen und Realitäten. Gemeinschaft, Teamwork und Partizipation sind häufig genannte aktive Prinzipien in den hier dokumentierten Beispielen der Stadt- und Architekturproduktion.

Über das Präsentieren der Frauen in der Architektur erhoffen wir uns eine Veränderung der Wahrnehmung von Architektur und Stadt, und nichts weniger als die Neuschreibung der Baugeschichte, nicht nur von Berlin!

DIE ARCHITEKT:INNENKAMMER BERLIN?

Architektenkammer Berlin

EINE SELBSTVERWALTUNG MACHT IHRE PLANERINNEN SICHTBAR

Die Architektenkammer Berlin fördert und fordert seit Jahren den offenen Diskurs über aktuelle Berufs- und Rollenbilder in unserer Gesellschaft. Mit dem Festival *Women in Architecture* 2021 wurden die Debatten um Chancengleichheit, Vereinbarkeit und Frauenförderung endlich gebündelt und sichtbar.

In Zusammenarbeit mit dem Berliner Planerinnennetzwerk n-ails e.V. ging die Architektenkammer Berlin eine zweijährige Kooperation für das WIA-Festival ein. Die Kammer unterstützte finanziell, mit ihrem berufspolitischen Netzwerk sowie einem ideenreichen Engagement im Hauptamt. Gemeinsam konnte die Positionierung für oder gegen eine weiblich oder männlich geprägte Baukultur überwunden werden. Es war ein gemeinsamer Prozess der Spurensuche und des Sichtbarmachens. Die Beteiligung zahlreicher relevanter Institutionen, Verbände und der Verwaltung brachte eine längst überfällige und vielfältige Dokumentation bisher übergangener Stimmen hervor und machte deutlich: Diversität geht uns alle an!

Als Vorständinnen haben wir die Kooperation seitens der Architektenkammer Berlin gerne und mit Herzblut begleitet. Die Konzeption und Moderation der Festival-Finissage und einiger Workshops zum *manifestA* war uns ein persönliches Anliegen. Die Abschlussveranstaltung resümiert aus unserer Sicht anschaulich, was sich die Architektenkammer Berlin als Hauptvertreterin des Berufsstands vorgenommen hat.

Das Gelingen des WIA-Festivals beruht auf der engagierten Zusammenarbeit in einer selbstaktiven Netzwerkstruktur und stärkt unser Vertrauen, dass die Berliner Architektenkammer ein Ort ist, der Geschichte fortschreibt – für ein neues Berufsbild, das offen ist für alle.

HILLE BEKIC, VORSTAND; ANDREA MÄNNEL, VORSTAND

MANIFEST A

Als selbstbewusstes Statement von Frauen in Planungsberufen fand das Festival *Women in Architecture* (WIA) 2021 mit der Finissage im B-Part auf dem Berliner Gleisdreieck seinen Abschluss. Doch von einem Ende kann freilich nicht die Rede sein. Wohin der angestoßene Wandel des Berufsstands führen soll, beschreibt das an diesem Abend verabschiedete *manifestA*.

Vier Wochen, 34 Akteurinnen und mehr als 100 Veranstaltungen in der ganzen Stadt und im Netz: Auch wenn solche bilanzierenden Zahlen zu einer Finissage passen, war der Ausklang des WIA-Festivals am 1. Juli 2021 weniger eine Abschlussveranstaltung als vielmehr die Gelegenheit, den Blick selbstbewusst nach vorn zu richten. Mit dem WIA-Festival ist es gelungen, einem sensibilisierten und überraschungsbereiten Publikum Frauen in der Architektur nahezubringen, ihre Arbeit sichtbar zu machen und den gängigen Vorstellungen von Planungspraxis und der Arbeit an der gebauten Umwelt die Idee einer gerechten, kollaborativen und inklusiven Baukultur entgegenzusetzen. Die vierwöchige Veranstaltung hat auch dazu beigetragen, Frauen in der Architektur als Streiterinnen in eigener Sache zu stärken. Oder gut marxistisch formuliert: Im Berliner Sommer 2021 traten die *Women in Architecture* zugleich als Akteurinnen an und für sich in die Öffentlichkeit.

Der leitmotivische Dreiklang – Sichtbarkeit, Dialog, Diversität – prägte nicht nur das Programm mit Veranstaltungen, Ausstellungen und Diskussionen, sondern auch die Workshops und Umfragen. Was muss sich an den Planungsdisziplinen und ihren Berufsbildern ändern, um diesen Maßstäben gerecht zu werden? Der Frage gingen die Teilnehmerinnen auf vielfältige Weise nach und formulierten die Antworten in einem eigenen Manifest, das auf der Finissage an Wenke Christoph – die Vertreterin der Schirmfrau des Festivals, Regula Lüscher, – übergeben wurde. Die Politikerin der Partei DIE LINKE und zum damaligen Zeitpunkt noch Staatssekretärin der Berliner

Senatsverwaltung für Stadtentwicklung und Wohnen betonte in ihrer Rede die Bedeutung der gebauten Umwelt für die soziale und gleichberechtigte Teilhabe aller Menschen eines Gemeinwesens. „Der Anspruch einer Stadt für alle und umfassender Teilhabe ist damit eng verbunden, sowohl mit der Umsetzung von Gleichstellung in der Planung als auch in der Gestaltung und Nutzung öffentlicher Räume", so Wenke Christoph.

Aus der Perspektive einer Gesellschaft, die auf diesem Weg schon mindestens einen Schritt weiter vorangekommen ist, berichtete dann Jette Hopp, Architektin und Geschäftsführerin des weltweit tätigen Büros Snohetta, Oslo. Aus ihrer Sicht lässt sich das Berufsbild in den planerischen Disziplinen nur dann erfolgreich verändern, wenn beim wünschenswerten Wandel der Gesellschaft angesetzt wird, mithin also das in den Fokus genommen wird, was eine Gesellschaft von Architektur erwartet.

Das Festival hat in gewisser Weise auch gezeigt, wie die überfällige Transformation eines Berufsstands im Sinne des WIA-*manifestA* gelingen kann. Wenn es um ein gemeinsames Ziel geht, ist mit der Bereitschaft zur Auseinandersetzung, zum gegenseitigen Zuhören und zur ergebnisorientierten Zusammenarbeit viel mehr gewonnen als mit einer Vorschrift, einer Quote oder gut gemeinten Absichtserklärungen.

CORNELIA DÖRRIES für die Architektenkammer Berlin

WIA BERLIN fordert die Einrichtung von festen Stellen für Gleichstellung in allen Länderkammern und eine Berichterstattung im zweijährigen Baukulturbericht der Bundesstiftung Baukultur.

WIA BERLIN fordert eine selbstverständlich paritätische Besetzung auf allen Ebenen. Das erfordert Gleichwertigkeit von Care- und Erwerbsarbeit!

WIA BERLIN fordert, dass Institutionen der Baukultur als Vorbilder agieren, Chancengleichheit und Gleichstellung zügig umsetzen und dabei die Sensibilisierung für das Thema auch außerhalb der Bauwelt erhöhen.

WIA BERLIN fordert die Abkehr vom „Starkult" hin zu einer sozialen, partnerschaftlichen, kollaborativen, offenen und diversen Baukultur, die sich an alle richtet.

WIA BERLIN fordert den Fokus auf *New Role Models* und einen generationen- und länderübergreifenden Dialog.

WIA BERLIN fordert die Architektenkammern auf, endlich einen Namen zu wählen, der alle Disziplinen und Geschlechter abbildet.

ÜBERHAUPT MUT UND SELBSTBEWUSSTSEIN!

Regula Lüscher
Senatsbaudirektorin/Staatssekretärin Berlin a.D.,
Schirmfrau WIA Berlin 2021

Wenige Tage vor der Eröffnung des Festivals *Women in Architecture* (WIA) denke ich über mein Grußwort als Schirmfrau nach. Das Nachdenken führt mich zurück zu meinen Anfängen als Architektin. Es waren meine Sozialisierung in einem Bauhaus-Elternhaus, eine Finnlandreise zu den Bauten von Alvar und Aino Aalto und die Bekanntschaft dort mit einer finnischen Architekturstudentin, die mir letztlich Mut machten, mich an der ETH Zürich für Architektur einzuschreiben. Die hohen Mathematikanforderungen ließen mich doch etwas zweifeln, niemals aber der geringe Anteil an Professorinnen.

Mich beschäftigte das Frausein in diesem Beruf null, dennoch fand ich bei den wenigen Dozentinnen an der ETH wie Silvia Gmür, Flora Ruchat und Marianne Burkhalter eher unbewusst erste Rollenmodelle. Ich saß im Zeichensaal an einem reinen Frauentisch, aber in den Vorlesungen kamen nur die männlichen Heroen der Architekturgeschichte vor. In den Kritiken kommentierten die Herren Architekten auch gern einmal meine Lippenstiftfarbe. Ich war eher amüsiert als empört – heute für mich unvorstellbar.

Mit Patrick Gmür eröffnete ich direkt nach dem Studium ein eigenes Büro. Wir entwarfen zusammen und ich war schnell für das Praktische und Kommunikative verantwortlich, was mir damals aber gar nicht auffiel. Das heißt, ich machte Bauführungen, zeichnete Schreinerdetails, schlichtete Streitigkeiten. Ich wurde aber auch schon sehr jung in Preisgerichte berufen. Man sagte: Frauenbonus. Ich fand es unverschämt.

Als ich dann nach zehn Jahren das erfolgreiche Architekturbüro gegen die Amtsstube tauschte, war das im Grunde ein emanzipatorischer Akt. Ich wollte als Individuum sichtbar und eigenständig sein und mit der Übernahme von Führungsverantwortung in einer großen Organisation wurde ich sensibilisiert für Gleichstellungsthemen. Ich reorganisierte und verjüngte die Stadtplanung und erhöhte den Frauenanteil durch interessante und innovative Zeitmodelle, denn in der Verwaltung konnte man Architektin und Planerin sein, ohne regelmässige Wochenend- und Nachtarbeit. Es waren die Zeiten der kooperativen Planung in Zürich und ich lernte, dass Stadtplanung zu mindestens 80 Prozent Kommunikation ist, nämlich erklären, zuhören, vermitteln, verhandeln, motivieren, beteiligen. Viele Frauen hatten eine besondere Fähigkeit (oder mindestens, sehr oft, mehr als Männer), diese Vermittlungsarbeit zu leisten.

2007 erhielt ich, 45-jährig, den Ruf nach Berlin. Als Senatsbaudirektorin und Staatssekretärin war ich Teil eines reinen „Frauenhauses", wie dies die Medien besonders hervorhoben. Senatorin Ingeborg Junge-Reyer holte mutig und klug jemanden von außen, denn es galt zwei Stadthälften und mindestens zwei Ideologien zu versöhnen und Grabenkämpfe zu befrieden. Ingeborg Junge-Reyer wagte den Aufbruch mit einer jungen unbekannten Frau. Die Unbekannte wusste kaum, worauf sie sich einliess, aber sie hatte Vertrauen: Vertrauen, dass jene, die sie holen, wissen, was sie tun. Und so war es – und war es auch nicht. Der kulturelle Unterschied zwischen Zürich und Berlin war krass im Hinblick auf Maßstab, politisches System, Umgangston und historisches Erbe.

Für mich war klar, dass die Grundlage von erfolgreicher Arbeit in einer modernen agilen kreativen Verwaltung liegt, die projektorientiert und eigenverantwortlich agiert. Ich konzentrierte einen großen Teil meiner Energie auf den Aufbau einer veränderten Führungs- und Zusammenarbeitskultur auch in Bezug auf die Bezirke. Leadership verstanden als Befähigung anderer? Vielleicht ein typisch weibliches Führungsmodell ...

Das fanden nicht alle gut. Viele explizit männliche Rollenmodelle von Führung wurden vermisst und dies führte immer wieder zu Irritationen. Ingeborg Junge-Reyer blieb standhaft.

Ich kam mit einem Plan nach Berlin und einer Überzeugung, nämlich dass zeitgemäße Stadtentwicklung das Resultat geteilter Autorenschaft ist und gute Baukultur gleich Dialogkultur ist. Die „gute Stadt" ist eine Gemeinschaftsleistung vieler und nicht ein heroischer Akt einzelner. Wer dabei die Prozesse nicht zielgerichtet und strategisch entwirft und steuert, erreicht die angestrebte Qualität nicht. Das gilt auch für komplexe Bürgerbeteiligungsprozesse wie das Verfahren zur Weiterentwicklung der „Historischen Mitte", bei der es um die Überwindung von Grabenkämpfen ging. Letztendlich wurden infolge des Partizipationsprozesses breit abgestützte Bürgerleitlinien vom Abgeordnetenhaus beschlossen.

© Erik-Jan Ouwerkerk

Es waren Senatorin Katrin Lompscher und einige Parlamentarierinnen, also wiederum Frauen, die sich für die öffentliche Durchführung des langjährigen Baukollegiums, aber auch für die Erarbeitung landesweit gültiger Leitlinien für die Bürgerbeteiligung stark gemacht haben. Leitlinien, die das Ziel haben, die Verbindlichkeit, Transparenz und Professionalität dieser Prozesse deutlich zu erhöhen.

Vieles habe ich vielleicht gerade mit „weiblichen" Eigenschaften erreicht, indem ich zum Beispiel die Dinge im Hintergrund aufgegleist habe und andere im Licht standen: Team anstelle persönlicher Profilierung. Machen, statt darüber zu reden. Die Kehrseite der Medaille ist aber, dass dadurch die Sichtbarkeit vieler Frauen leidet, sie weniger wahrgenommen werden. Sie bleiben unsichtbarer, unentdeckter.

Ein Verdienst des WIA-Festivals ist, dass Frauen und ihre großen Leistungen sichtbarer werden. Es gibt noch viel Luft nach oben, genauso wie in den anderen Themenbereichen, die durch WIA in den Fokus gerückt werden. Wir brauchen mehr weibliche Prägung in Städtebau und Architektur. Frauen agieren und entwerfen stärker prozessual. Das ist wichtig, denn das Resultat ist immer nur so gut wie der Prozess. Es braucht eine klare Vision von Stadt und Stadtmachen, Neugier für andere Ideen, Zuhör- und Kommunikationsfähigkeit, Empathie gepaart mit strategischem Denken, Offenheit und Mut zum Experiment. Es braucht mehr Frauen in Leitungspositionen – und die Quote hilft dabei.

v.l.n.r.:
Katrin Lompscher,
Regula Lüscher,
Ingeborg Junge-Reyer

... UND ES TUT SICH WAS!

Petra Kahlfeldt
Senatsbaudirektorin und Staatssekretärin
für Stadtentwicklung des Landes Berlin

Waren noch vor Jahren nahezu alle Planungsrunden, Bausitzungen, Bemusterungen, Verwaltungsgespräche, Grundsteinlegungen, Preisgerichte oder Richtfeste dominiert von Männern, die, je nach Anlass in schwarzen Anzügen oder im Blaumann gekleidet, die Reden hielten, den Entwurf erklärten oder den Richtspruch sprachen, so erlebt man heute tatsächlich einige Treffen und Anlässe, bei denen eine beachtliche Zahl an beteiligten Fachfrauen festzustellen ist: Auftraggeberin, Architektin, Projektsteuerin, Fachplanerin, Baubürgermeisterin oder Tischlerin. Frauen in der Planungswelt sind als Stadtplanerinnen und Landschaftsarchitektinnen, Architektinnen und Ingenieurinnen sichtbar, präsent, selbstverständlich und selbstbewusst vertreten.

Frauen aus der Fachwelt, der Gesellschaft und der Politik haben sich genau dafür viele Jahrzehnte eingesetzt, haben gestritten und gekämpft, dass die Gleichberechtigung hergestellt wird in Planung und Gestaltung der gebauten Umwelt, im Städtebau genauso wie in der Architektur und in der Qualifizierung der öffentlichen Räume.

Sie tun dies aus gutem Grund bis heute, denn noch ist einiges im Argen! Wo sind die Frauen in führenden Leitungspositionen und als Büroinhaberinnen? Die statistischen Zahlen sprechen eine deutliche Sprache: Obwohl mehr als 55 Prozent aller Architekturstudierenden weiblich sind, war im Jahr 2021 der Anteil von Stadtplanerinnen und Architektinnen bei den Beschäftigten in den Büros bei nur 35 Prozent und als Büroinhaberinnen bei nur 10 Prozent. Als einen der relevantesten Diskussionspunkte habe ich im Rahmen des Festivals *Women in Architecture* (WIA) in Berlin 2021 die Frage der Vereinbarkeit von Beruf und Familie erlebt. Wie lassen sich eine leidenschaftliche, sehr zeit- und verantwortungsintensive Berufung und der Wunsch nach einem fürsorglichen und ausgeglichenen Familienleben vereinbaren? Wie kann erreicht werden, dass mehr Frauen Frauen fördern, auch indem sie in den Büros, Hochschulen und Unis, in den Verbänden und anderen Berufsorganisationen für ihre Bedürfnisse und Erfordernisse einstehen und kämpfen?

Ein wichtiger Baustein für das Verdeutlichen der heutigen Situation, für das Analysieren und die gemeinsame Forderung von uns Frauen nach mehr Gleichberechtigung und größeren Spielräumen für individuelle Lebensplanungen bieten öffentliche Veranstaltungen. Mit dem WIA-Festival 2021 wurde exakt dies als eine enorme Herausforderung gestemmt: ein präsentes Festival in ein digitales umzudenken, es zu gestalten, vorzubereiten und durchzuführen. Im Rahmen von Podien, Symposien, Führungen, formellen und informellen Dialogen, Vorträgen und Ausstellung wurden die Sichtbarkeit und die Positionen von Planerinnen in der Öffentlichkeit und der Fachwelt zum Thema gemacht. Die vielen Aktivitäten sind das Ergebnis des bewundernswerten Engagements aller Akteurinnen und Akteure von WIA.

Wir danken Elke Duda und dem Team von WIA / n-ails e.V. Ein großer Dank geht auch an die Präsidentinnen der Berliner Architektenkammer, die bis 2021 amtierende Christine Edmaier und ihre Nachfolgerin Theresa Keilhacker. Und natürlich danken wir allen Expertinnen, den Architektinnen, Planerinnen, Ingenieurinnen, die in die mehr als 100 berlinweiten Veranstaltungen mit internationaler Strahlkraft involviert waren. Dieses Engagement muss zwingend in weiteren Festivals in den kommenden Jahren weitergeführt werden, denn es bleibt noch viel zu tun. Packen wir es gemeinsam an!

BAUSTELLE GLEICHSTELLUNG

reflektieren. gleichstellen.
solidarisch.

Vielfältig, vielschichtig, mal unbequem deutlich und ehrlich, mal wohlwollend hoffnungsvoll, mal ganz nah an den Fakten, dem Arbeitsalltag und der Berufspraxis, dann wieder zugewandt und vorsichtig. Selten waren Diskussionen von Akteur:innen im Baugewerbe auch bei unterschiedlichen Haltungen so qualifiziert, so kooperativ und so empathisch. Fachrichtungsübergreifend, generationsübergreifend und im Zusammenschluss mit Handwerk und Hochschule wurde aus unterschiedlichen Perspektiven und doch immer auf Augenhöhe beleuchtet, welche strukturellen Ungleichheiten die Arbeitskultur behindern und wie ein Wandel gefördert werden kann.

Für ein Problem gibt es meist mehr als nur einen Lösungsweg. Und die Prozesse auf der *Baustelle Gleichstellung* machen deutlich: Einen falschen gibt es nicht. Einige Akteur:innen des Festivals haben Visionen entwickelt, wie eine geschlechtergerechte Kommunikations-, Arbeits-, und Baukultur aussehen kann. Solidarität, Unterstützung, Förderung, Selbstverständnis und Hingabe scheinen dabei essenzielle Werkzeuge zur Beseitigung von Barrieren; sowie der Austausch von erfahrenen Planerinnen gepaart mit der Perspektive der nachfolgendenden Generation.

ANDREA MÄNNEL

WIR STEHEN NOCH GANZ AM ANFANG!

Andrea Gebhard
Präsidentin der Bundesarchitektenkammer

Frauen planen und bauen: eine pure Selbstverständlichkeit? Erst seit etwas mehr als 100 Jahren dürfen Frauen überhaupt Architektur studieren und ein Diplom erwerben. Heute sind die Zeiten besser, zweifellos. Gleichwohl zeigt sich auch heute noch, dass nur wenige Kolleginnen den Weg einer Bürogründung beschreiten und kontinuierlich weitergehen. Wie in jedem anderen Beruf kommt es auf die Vereinbarkeit von Familie und Beruf an. Doch es zeichnet sich ein Wandel ab, zu dem Faktoren wie Elternzeit, die auch von Vätern genommen wird, ebenso beitragen wie die Digitalisierung unserer Arbeitswelt, zu deren großen Vorteilen eine höhere Flexibilisierung der Arbeit gehört, räumlich wie auch zeitlich. An den Universitäten und Hochschulen übernehmen zunehmend Frauen die Lehrstühle. Auch in der berufspolitischen Vertretung werden die Frauen immer aktiver und damit sichtbarer – was sich nicht zuletzt daran zeigt, dass die Architektenkammern der Länder Bayern, Berlin, Hamburg und Hessen Frauen an die Spitze ihrer Organisationen gewählt haben. Uns, egal ob Architektin, Landschaftsarchitektin, Innenarchitektin oder Stadtplanerin, geht es am Ende darum, gute architektonische Qualität zu erreichen. Wir freuen uns, dass mit dem Festival *Women in Architecture* (WIA) ein längst überfälliger, starker Impuls für mehr Chancengleichheit initiiert wurde, der weit über Berlin hinaus Diskussionen angestoßen hat. Heute überwiegen in den Universitäten längst die Studentinnen!

Dass zu wenige Frauen in Führungspositionen ankommen, ist ein gesamtgesellschaftliches Phänomen. Es muss sich auf dem Arbeitsmarkt etwas ändern, sowohl für Frauen als auch für Männer. In der Schule und im Studium stehen die Frauen ja keineswegs hinten an. Ganz im Gegenteil: Mehr als die Hälfte aller in Deutschland Studierenden ist weiblich. Erst auf dem Arbeitsmarkt gibt es diese große Diskrepanz. Und das Hauptthema ist sicherlich die Vereinbarkeit von Familie und Beruf. Das Büro um 16 Uhr zu verlassen und sich um die Familie zu kümmern, ist für viele noch schwer vorstellbar. Allerdings ist es für Frauen selbstverständlicher, in Teilzeit zu arbeiten, als für Männer. Wir müssen als Gesellschaft erreichen, dass beide Geschlechter die gleiche Anerkennung für ihre Leistung bekommen, sei es im Beruf oder bei der Kindererziehung. Immer noch werden Männer hierzulande weniger gesellschaftlich anerkannt, wenn sie Elternzeit nehmen und nicht durchweg Karriere machen. Das ist eine Stellschraube, an der wir drehen müssen.

Stellschrauben gibt es auch in den Hierarchieebenen eines Büros. Den Männern kommt hier auch eine wichtige Aufgabe zu. Eine Hürde liegt unter anderem in der Möglichkeit des Netzwerkens und Gesehenwerdens. Ein Mann, der die Entscheidungen trifft, wer im Büro auf eine höhere hierarchische Ebene aufsteigen darf und wer nicht, hat eventuell zunächst einen anderen Mann im Blick – jemanden, der ihm ähnlich ist. Diese Ebene muss sensibilisiert und ausgeglichener werden. Wenn einmal ein besseres Gleichgewicht in den Führungsetagen besteht, werden Frauen in Führungspositionen vermutlich andere Frauen sehen und fördern und selbst Vorbilder sein. In einer idealen Welt spielt das Geschlecht am Ende gar keine Rolle mehr.

Frauen werden, gerade in der Baubranche, leider noch viel zu oft gewisse Qualitäten und besondere Schwächen zugeschrieben, die vom Geschlecht abgeleitet werden.

Frauen wurden früher vielleicht zu mehr Zurückhaltung erzogen, doch das ändert sich. Wer vorankommen will, muss sich zeigen – und das tun wir! Frauen sollten sich nicht verbiegen, verändern oder anpassen, sondern ganz im Gegenteil: Sie müssen mutig sein, ihren eigenen Fähigkeiten vertrauen und einfordern, was ihnen zusteht. Sie übernehmen Verantwortung und zeigen, dass es anders geht. Unsere Welt ist voller weiblicher Vorbilder, und dennoch liegt noch viel Arbeit vor uns.

Die junge Generation macht Hoffnung, sie ist sehr gut ausgebildet, anspruchsvoll und ungeduldig. Junge Frauen fordern ihren gerechten Anteil am Arbeitsmarkt immer stärker ein. Dazu kommt in den Unternehmen die wachsende Bereitschaft, Frauen selbstverständlicher zu fördern und bei der Karriere zu unterstützen. Gelebte Chancengleichheit ist längst ein Wirtschaftsfaktor für moderne Gesellschaften.

BHROX bauhaus reuse, Pavillon, © Michael Setzpfandt

AUSSTELLUNG, FILM, INTERVIEW

AKTEURINNEN
Architektenkammer Berlin
TU Berlin

Die Ausstellung zeigt eine vielschichtige Debatte zu Frau und Architektur. Ausstellungsteile: Videolounge *FRAU ARCHITEKT* des Deutschen Architektur Museums (DAM) in Frankfurt am Main; *Survival Lounge* nach Sara Ahmed; *Berliner Architektinnen: Oral History*; Diplomandinnenarbeiten 1950–1970; fem*MAP BERLIN; *Queens of Structure*.

[FRAU] ARCHITEKT*IN

In der gesellschaftlichen Wahrnehmung planerischer Leistungen, ganz gleich, ob in historischer oder zeitgenössischer Perspektive, geht das Wirken von Architektinnen im Getöse einer konkurrenzgeprägten Debatte unter, die Namen und Hervorbringungen männlicher Kollegen sind nach wie vor das Maß der Dinge.

Dieses Missverhältnis griff im Jahr 2017 auch das Deutsche Architekturmuseum (DAM) in Frankfurt am Main auf, das sich damals mit der Wanderausstellung *FRAU ARCHITEKT* erstmals der Sichtbarkeit von Planerinnen im öffentlichen Raum widmete. In der Verbindung von Retrospektive und Gegenwartsdiagnose ging es um das Schaffen von Architektinnen unter sich verändernden politischen, sozialen und kulturellen Bedingungen sowie um das sich wandelnde Selbstbild von Planerinnen in einem männlich geprägten und von Männern dominierten Berufsfeld. Der individualbiografische und historische Ansatz spiegelte sich auch im Untertitel der Ausstellung: „Seit mehr als 100 Jahren: Frauen im Architekturberuf".

Weil diese Perspektive auch auf dem ursprünglich für 2020 geplanten Festival *Women in Architecture* (WIA) nicht fehlen sollte, formulierten dessen Initiatorinnen, genauer: engagierte Mitstreiter*innen der Berliner Architektenkammer, des Instituts für Architektur der TU Berlin sowie des Architekturmuseums der TU Berlin, zusammen den Wunsch, die Ausstellung für die Dauer des Festivals nach Berlin zu holen.

Was anfangs „nur" als um lokale Architektinnenbiografien ergänzte Übernahme geplant war und für das eine eigene Ausstellungsarchitektur in einem Architekturseminar entworfen werden sollte, entwickelte im theoretischen Diskurs und in der praktischen Auseinandersetzung zwischen den beteiligten Studierenden ein Eigenleben.

In Entwurfsprojekten, Forschungsseminaren und Archivrecherchen entstand um den Kern von *FRAU ARCHITEKT* herum ein multidimensionales Projekt.

Wie sich die Arbeit von Architektinnen im Laufe eines langen Jahrhunderts entwickelt und verändert hat, ob in den zwischen den 1950er bis Ende der 1970er Jahre eingereichten Diplomarbeiten von Architekturstudentinnen der so oft beschworene weibliche Blick eine Rolle spielt und wie ein inklusives, geschlechtergerechtes Berlin aussehen könnte – all das war vom 3. Juni 2021 an für vier Wochen in der temporären Ausstellungshalle BHROX bauhaus reuse in Rahmen der interdisziplinären Schau *[FRAU] ARCHITEKT*IN* zu sehen. Mit dem Ernst-Reuter-Platz, sozusagen der Herzkammer der Berliner Stadtmoderne, hatte sich für die Ausstellung ein Standort angeboten, dessen Architektur auf die emanzipatorischen Versprechen der Nachkriegszeit verweist und der von den Studierenden der TU Berlin nicht zu übersehen gewesen ist. Den großen Bogen schlug auch die Dramaturgie der in der Bauhaus-Box geschickt verknüpften und der in verschiedenen Formaten ausgetragenen kritischen Auseinandersetzung mit dem Thema des Festivals. Neben einem Teil der Wanderausstellung *FRAU ARCHITEKT* gab es besagte Diplomarbeiten der Architekturfakultät der TU Berlin zu sehen, Interviews mit Berliner Architektinnen aus einem Oral-History-Projekt mit Studierenden der TU, eine von Studierenden für Studierende kritisch nach Sara Ahmed entwickelte *Survival Lounge* und mit fem*MAP BERLIN eine städtebauliche Vision aus weiblicher Sicht. Die multimedial aufbereitete, vielschichtige Auseinandersetzung mit dem Thema verwandelte den bauhaus-reuse-Pavillon in einen Raum für kritischen Diskurs und wurde während des Festivals mit zahlreichen Vor-Ort-Veranstaltungen bespielt. Es ist geglückt, anhand einer Vielfalt von Perspektiven und Zeitschichten eine historische Entwicklung des Berufsbilds Architektin nachzuvollziehen, die sich vor Ort gewissermaßen selbst beglaubigt und zeigt, dass es nicht darum gehen kann, eine irgendwie spezifizierte weibliche Architektur zu identifizieren.

Wer heute über unterschiedliche Entwurfshaltungen nachdenke, so Mitinitiatorin Andrea Männel in ihrer Eröffnungsrede, setze sich vielmehr mit Intersektionalität auseinander und nehme das Werk, und nicht den Lebenslauf, in den Blick. Insofern ist die Ausstellung eine längst überfällige Dokumentation von übergangenen, gleichwohl wichtigen Positionen und zugleich ein Teil des sich vollziehenden Wandels innerhalb des Berufsstandes und der Gesellschaft. Und sie zeigt, dass die Debatte nicht mehr nur um Teilaspekte wie die Vereinbarkeit von Beruf und Familie oder gleiche Bezahlung kreist, sondern um die gesellschaftlich verfassten Produktionsbedingungen von Architektur.

In gewissem Sinn spiegeln sich diese Zusammenhänge auch in dem über zwei Jahre dauernden Entstehungsprozess der komprimierten und façettenreichen Veranstaltung wider. So konnte mithilfe der finanziellen Mittel sowie der hauptamtlichen Strukturen der beiden institutionellen Partnerinnen der Rahmen geschaffen werden für die inhaltliche Auseinandersetzung, die Gestaltung und Umsetzung – jeweils getragen vom ehrenamtlichen Engagement aktiver Planerinnen in der Architektenkammer sowie der Leidenschaft vieler Lehrender und Studierender. Dieser Prozess trug entschieden dazu bei, das Bewusstsein für Parität, für Gleichberechtigung und für Sichtbarkeit bei allen Beteiligten zu schärfen.

Und auch das gehört zu einem ehrlichen Fazit: Die Leistung der am Projekt beteiligten Studierenden, Planerinnen und ehrenamtlich Engagierten hätte am Ende mehr Wertschätzung verdient. In gewisser Weise wurde die Arbeit an diesem Projekt deshalb zu einer Echtzeitübung in jener Unsichtbarkeit, die nicht nur die Veranstaltung thematisch grundierte, sondern für so viele nach wie vor eine Alltagserfahrung ist. Dass ein gelungenes Werk, ganz gleich, ob Entwurf, Bauwerk oder Ausstellungsprojekt, immer aus der Zusammenarbeit von vielen hervorgeht, ist eine Erkenntnis, die wir immer wieder aufs Neue brauchen.

CORNELIA DÖRRIES

TEILNEHMER:INNEN
Hille Bekic
Vorstand Architektenkammer Berlin
Torsten Förster
Geschäftsführer Architektenkammer Berlin
Robert K. Huber
Geschäftsführer Zukunftsgeräusche, BHROX bauhaus reuse
Andrea Jürges
Stellvertretende Direktorin, Deutsches Architekturmuseum Frankfurt am Main (DAM)
Teresa Keilhacker
Präsidentin Architektenkammer Berlin
Birgit Koch
Architektenkammer Berlin
Julia Köpper
CUD, TU Berlin
Andrea Männel
Architektenkammer Berlin
Prof. Dr. Philipp Misselwitz
Habitat Unit, TU Berlin
Dr. Hans-Dieter Nägelke
Architekturmuseum, TU Berlin
Dagmar Pelger
CUD, TU Berlin und UdK Berlin
Sarah Rivière
Architektin, Berlin, und Fachgebiet Bau- und Stadtbaugeschichte, TU Berlin
Prof. Dr. Hermann Schlimme
Fachgebiet Bau- und Stadtbaugeschichte, TU Berlin
Martha Wegewitz
CUD, TU Berlin

AUSSTELLUNGSGESTALTUNG
Team Dis+Ko

PODIUMSDISKUSSION

AKTEUR
bund deutscher innenarchitekten bdia

TEILNEHMERINNEN
Wencke Katharina Schoger
Reuter Schoger Architektur Innenarchitektur, Berlin
Karin Götz
Raum Form Licht Farbe, Potsdam
Gabriela Hauser
buerohauser, Berlin

Zwischen Werk und Wahrnehmung: Eine Vielzahl an (inter-)nationalen Ausstellungen, Publikationen und Talks feiert die Wiederentdeckung von Frauen, andererseits ist das Thema individuell sehr unterschiedlich.
Das verstärkte Bewusstsein kann uns nur anspornen. Über 90 Prozent der Studierenden bei Ausbildungsbeginn sind Frauen. Was braucht es, um in der oft männlich dominierten Architekturwelt zu bestehen? Sind Frauen zu leise und welchen Anteil haben strukturelle Ungleichheiten?

Frau Innenarchitekt

Die Innenarchitektur ist der einzige Architekturzweig, in dem Frauen bereits wirklich in der Überzahl sind und wichtige Positionen einnehmen. Warum sind es doch meist männliche Kollegen, die es auf die große Bühne schaffen? Im Rahmen des Festivals *Women in Architecture* (WIA) sprachen wir darüber am 17. Juni 2021 in einer Podiumsdiskussion im Berliner Deutschen Architektur Zentrum (DAZ) mit den Innenarchitektinnen Wencke Katharina Schoger, Karin Götz und Gabriela Hauser. Moderiert wurde das Gespräch von Prof. Sabine Keggenhoff, Innenarchitektin bdia und Preisträgerin des Deutschen Innenarchitektur Preises 2019.

Der Beruf der Innenarchitektin hat eine Menge mit Kommunikation zu tun; es bedarf einer genauen Analyse, welche Funktionen der Innenraum zu erfüllen hat. Hierfür sind gute Planung und viele Gespräche mit Auftraggeber*innen, gepaart mit Einfühlungsvermögen und Kreativität, essenziell. Gründe, warum es so viele Frauen an die Hochschulen treibt? Pia A. Döll, bdia-Präsidentin, meint: „Wir wollen auf überholte Rollenklischees hinweisen und sie auf die Tagesordnung setzen, Netzwerke ausbauen sowie Vorbilder suchen und selbst sein."

Ergänzt wurde die Diskussion durch Live-Umfragen mittels Mentimeter: „In welchen Situationen empfinden Sie Ungleichheit?" Hier wurde mehrmals das Gehalt genannt, aber auch fehlender Respekt. Um Sichtbarkeit ging es im zweiten Themenblock der „paritätischen Baukultur". „Ich bin davon überzeugt, dass der Beruf der Innenarchitekt*innen immer relevanter und mehr Aufmerksamkeit auf sich ziehen wird. Ich wünsche mir noch mehr moderne Arbeitsstrukturen, in denen Frauen und Männer gleich viel verdienen, sich Elternpaare gleichmäßig aufteilen, Teilzeitjobs in

Führungspositionen normal sind und wir mehr Sichtbarkeit von Frauen in der Baubranche erleben", sagte Gabriela Hauser.

Angesprochen wurde auch das „schwarze Loch", in das Frauen im Alter zwischen 30 bis 40 Jahren oftmals verschwinden, meist aus familiären Gründen. Daher lautete die zweite Frage der Live-Umfrage: „Aus Ihren persönlichen Erfahrungen heraus: Was muss sich ändern?"

Alte gesellschaftliche Rollenbilder, eine Arbeitskultur, die 40-Stunden plus fordert und physische Präsenz (*Face Time*) belohnt, sind nicht mehr zeitgemäß. Es sind mehrere Stellschrauben, an denen gedreht werden muss, darüber waren sich die Diskutantinnen einig. Projektleitungen sind auch in geteilter Position machbar, Voraussetzung hierfür sind die technischen Möglichkeiten, die Arbeitgeber*innen oder das eigene Büro stellen sollten, sowie gegenseitiges Vertrauen.

„Die Podiumsdiskussion und das WIA-Festival haben einmal mehr gezeigt: Wir Innenarchitektinnen sollten uns mehr und öfter generationsübergreifend vernetzen, uns gegenseitig unterstützen und wo irgend möglich Kooperationen eingehen. So können wir unser angestrebtes Ziel einer wohlverdienten Sichtbarkeit viel besser erreichen!", so Karin Götz, Innenarchitektin bdia. Und ja, auch die Quote wäre ein Mittel, um paritätische Teilhabe im Job zu gewährleisten. Wenn es freiwillig nicht klappt, dann eben per Vorgabe – die auch wieder zurückgenommen werden könnte, wenn sich genug bewegt hat.

© Till Budde

© Till Budde

BEGRÜSSUNG
Pia A. Döll
bdia-Präsidentin

MODERATION
Prof. Sabine Keggenhoff
Innenarchitektin bdia
Keggenhoff | Partner,
Arnsberg-Neheim

Andrea Gebhard, © Dagmar Chrobok-Dohmann

INTERVIEW

AKTEURIN
Bundesarchitektenkammer BAK

TEILNEHMER:INNEN
Tina Unruh
Vorsitzende Projektgruppe Chancengleichheit der BAK
Andrea Gebhard
BAK-Präsidentin
Dr. Tillman Prinz
Bundesgeschäftsführer BAK

Tina Unruh stellt die Arbeit der Projektgruppe Chancengleichheit der BAK vor.

Berufsstand ohne Ausgrenzung

Wie ist die Situation der Gleichstellung in der Architektur auf deutschem Niveau und welche Maßnahmen können ergriffen werden, um eine Gleichstellung herzustellen?

Diese Fragen und Lösungsansätze wurden am Nachmittag des European Day diskutiert.

Gesellschaftliche Ungleichheit wurde lange unter dem Fokus der Geschlechtergerechtigkeit diskutiert und tritt hier heute noch am schärfsten hervor, doch das Thema umfasst auch Fragen der Herkunft und der Anerkennung von Menschen, unabhängig von ihren persönlichen Merkmalen oder Neigungen.

Aus der Erkenntnis heraus, dass Architektinnen und Architekten aller Fachrichtungen sowie Stadtplanerinnen und Stadtplaner nicht alleine den gesellschaftlichen Wandel erreichen, dieser aber ohne sie auch nicht möglich ist, wurde 2019 in der BAK eine Projektgruppe zum Thema Chancengleichheit gegründet.

Mehr Diversität und strukturelle Offenheit fördern nicht nur die Teilhabe unserer Mitglieder, sondern immer auch die wirtschaftliche Leistungsfähigkeit unseres Berufsstands.

Einladung zum Handeln: Es sollten Strukturen geschaffen werden, Arbeitsgruppen in den Kammern eingerichtet werden. So kann die bundes- und europaweite Vernetzung und die Umsetzung von Maßnahmen zu Verbesserung der Chancengleichheit gelingen.

Drei Handlungsfelder des „Leitfadens für einen Berufsstand ohne Ausgrenzung" wurden identifiziert:

sichtbarmachen
Chancengleichheit sollte eine deutliche und natürliche Sichtbarkeit erhalten. Dazu tragen diversifizierte Gremienbesetzungen und Beteiligungen an öffentlichen Veranstaltungen, die Anwendung einer gendergerechten Sprache und die Darstellung von guten Beispielen bei.

informieren
Statistiken können Fakten zu Ungleichheit wie dem Gender-Pay-Gap darlegen, Informationsangebote zu Fragen der Rentenversicherung und Erziehungszeiten sollen zur Verfügung gestellt und moderne Arbeitszeitmodelle erarbeitet und kommuniziert werden. Die Kammern informieren über Förderprogramme, weisen auf bestehende Netzwerke hin und berichten über deren Aktivitäten.

unterstützen
Ein breites Angebot zielgruppengerechter Fortbildungen für benachteiligte Gruppen des Berufsstands unterstützt die Chancengleichheit. Die Einladung an alle Absolvierenden der Hochschulen zur Mitwirkung in den Kammern kann zur Diversifizierung des Berufsstandes und somit zum Abbau von Ungleichheiten beitragen. Das Einrichten von Mentoring-Programmen dient der Vernetzung und Förderung aller und unterstützt den Nachwuchs. Beratungen zur Existenzgründung, Karriere und Büronachfolge sowie eine Stelle, an die sich die Mitglieder im Fall von Diskriminierung oder Belästigung wenden können, sollten eingerichtet werden.

Fazit:
Als Planerinnen und Planer aller Fachrichtungen sind wir maßgeblich für die Gestaltung der Lebensräume einer zunehmend diversen Gesellschaft verantwortlich. Digitalisierung, Klimaschutz und demografische Veränderungen bringen weitere Herausforderungen in unseren beruflichen Alltag, und es erfordert Mut, alle dazu einzuladen, mitzugestalten und sich einzubringen. Aber dieser Weg eröffnet Chancen, die wir – alle gemeinsam – gut nutzen können.
TINA UNRUH

BAUSTELLE
CHANCEN
GLEICHHEIT

© Logo BAK

GESPRÄCH

AKTEUR
Bund Deutscher Landschafts-architekt:innen bdla Berlin-Brandenburg

TEILNEHMERINNEN WERKSTATTGESPRÄCH
Prof. Barbara Hutter
Hutterreimann Landschafts-architektur GmbH
Prof. Undine Giseke
TU Berlin, bgmr Landschafts-architekten
Regula Lüscher
Senatsbaudirektorin
Prof. Dr. Constanze A. Petrow
Hochschule Geisenheim

Macht und Mut

***WOMEN IN LANDSCAPE ARCHITECTURE* (WILA 24h): Was macht Planerinnen und Landschaftsarchitektinnen Mut? Gender-Pay-Gap und Gender-Care-Gap sind ernüchternde Fakten. Wie Karriere und berufliche Erfüllung trotzdem gelingen, wie Frauen wirksamer werden können, diskutierten Frauen, die es geschafft haben, zum Auftakt von WILA 24h beim Generationengespräch. Fazit nach insgesamt 13 Veranstaltungen: Herausragende Protagonistinnen in der Profession sind Vorbild, ermutigen und inspirieren, doch für das Alltagsgeschäft taugen das Teilen von Verantwortung und gegenseitiges Empowerment besser.**

Wer sich für artenreichere Stadtparks einsetzt, öffentliche Plätze für alle Generationen plant, das Wohnen von morgen prägt oder Erholungslandschaften schöner, nutzbarer und ökologisch vielfältiger macht, muss sich behaupten können – aber nicht um jeden Preis.

Gendergerechtigkeit und eine bessere Work-Life-Balance sind jüngeren Kolleg:innen in den Büros zunehmend wichtiger. Folgerichtig forderten besonders die Berufseinsteiger:innen, radikaler bestehende Strukturen anzugehen.

Von Senatsbaudirektorin Regula Lüscher war zu erfahren, dass sie üben musste, in Machtkonstellationen und -spiele einzugreifen. „Ich musste lernen, keine Angst zu haben vor der Macht. Viele Frauen finden Macht ‚schmutzig', argumentieren, es gehe ihnen um die Sache. Aber wenn wir dieses Thema nicht sehen und uns dem nicht stellen, wird es schwierig. Reflektieren ist Hinterfragen, ist auch Hintergehen. Es ist eine große Aufgabe, Macht immer wieder zu durchbrechen", spornte die Schirmfrau des Festivals an. Wie sehr gerade in Berlin eine Veränderung in der Planungs- und Diskussionskultur aussteht, bestätigte Landschaftsarchitektin Antje Backhaus: „In Terminen geht es zu häufig darum, wer sich am lautesten Gehör verschafft, anstatt gemeinsam und gleichberechtigt nach der besten Lösung zu suchen." Backhaus ist eine Vorreiterin für neue Planungskultur. In jenem Büro, in dem sie vor 15 Jahren als Praktikantin begann, ist sie heute Gesellschafterin. Aktuell stellt das Büro auf Lenkungsgruppe statt Chefetage um. „Am Ende das Team loben und nicht den Chef", lautet ihr Rat. Auf Schwarmintelligenz zu setzen, erscheint logisch im Hinblick auf die komplexen Fragestellungen, die auf Planer:innen zukommen.

Wieviel Zeit es braucht, die Basis aufzubauen für nachrückende und aufsteigende Frauen, musste Prof. Undine Giseke erkennen. Um Studentinnen zu unterstützen, sodass sie später die Stellung im Beruf (aus-)halten, setzt sie am Institut für Landschaftsarchitektur und Umweltplanung der TU Berlin auf gendersensible Lehre und schult die Durchsetzungsfähigkeit der Frauen. „Karriere braucht einen spiralförmigen Weg. Wir arbeiten jetzt mit Mentorinnen-Systemen. Das hat es in meinem Karriereweg so noch nicht gegeben. Es braucht unterschiedliche Formate in unterschiedlichen Phasen", betont Giseke.

Ist Multiautor:innenschaft statt Starkult in der Landschaftsarchitektur bereits ein Trend? Angesichts der teamfähigen und interdisziplinären Planungspraxis, die schon jetzt die meisten Landschaftsarchitekturbüros auszeichnet, erscheint Multiautor:innenschaft als Konzept so naheliegend wie zukunftsträchtig. Es impliziert zudem ein gegenseitiges Empowerment. In allen WILA-Events verlangten Teilnehmende nach ausgeprägterem Networking und Coaching durch Vorbilder. Losgelöst vom Privatleben bewegen sich die Spielräume neuer Arbeitsmodelle dabei nicht. „Bezogen auf das leidige Thema der Care-Arbeit: Augen auf bei der Partnerwahl!", schärfte Barbara Hutter ein. Partner:innen müssten Karrieren unterstützen wollen. Hutter selbst konnte sich in ihrer Karriere auf eine Peergroup starker Frauen aus unterschiedlichen Bereichen verlassen und führt ihr Planungsbüro zusammen mit ihrem Lebenspartner. „Es gibt keinen Grund, wie Superwoman alleine die Welt zu retten. Es war für mich immer klar, dass ein partnerschaftliches Modell ein gutes und interessantes Modell ist."

Was Landschaftsarchitekt:innen über die Gesellschaft wissen müssen, um durch Gestaltung gute Antworten zu geben, habe sich im Umfang sukzessive erhöht in den letzten 30 Jahren, behauptet Prof. Constanze Petrow, Lehrende und Forscherin am Institut für Freiraumentwicklung der Hochschule Geisenheim. Auf Landschaftsarchitekt:innen warte eine gigantische Aufgabe, weil ganze Städte umgebaut werden müssen. Mobilitätswende oder Anpassung an den Klimawandel lösen keine Einzelprojekte aus, sondern verändern den öffentlichen Raum in seiner Gesamtheit und das Selbstverständnis der Stadtgesellschaft. „Wir sollten sehr genau entwerfen in Bezug auf die Menschen, die wir adressieren, und nicht davon ausgehen: Grün ist knapp in der Stadt und alle sind dann ein bisschen glücklich, wenn sie Grün vor der Haustür vorfinden." Petrow ermutigt Landschaftsarchitektinnen ausdrücklich, sich als unverzichtbare Gestalterinnen des öffentlichen Raums zu verstehen und zu zeigen.
VERA HERTLEIN-RIEDER, SUSANNE ISABEL YACOUB

© Andreas Süß

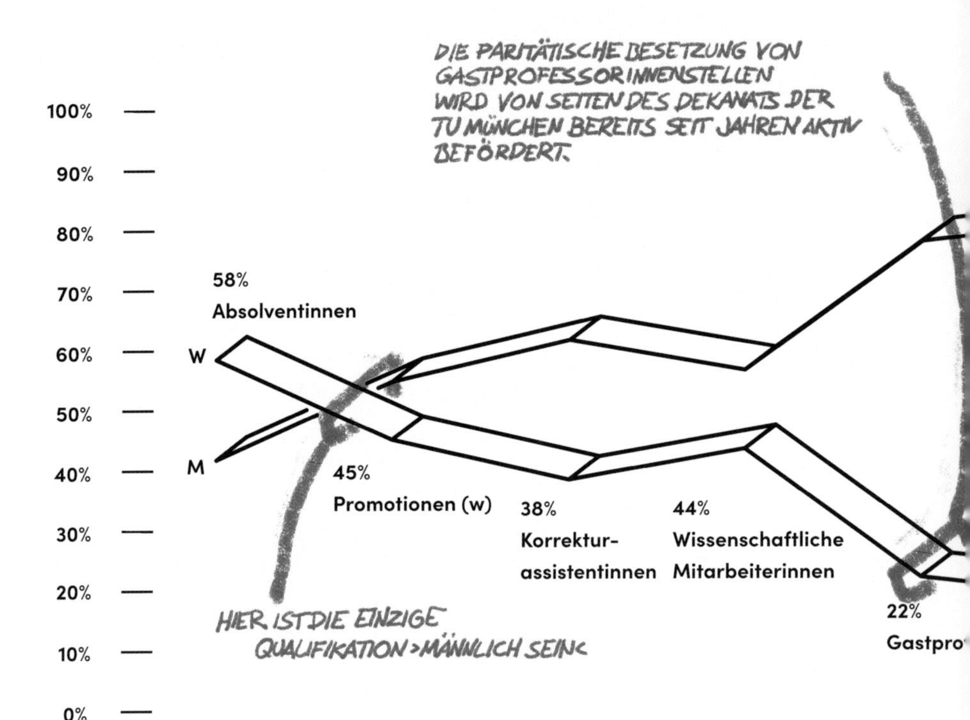

AUSSTELLUNG

AKTEUR:INNEN
TU München
TUM School of Engineering and Design Lehrstuhl für Architektur und Holzbau
n-ails e.V.

ARCHITEKTUR, KONZEPTION, GESTALTUNG
Nick Förster, Josiane Schmidt, Sandra Schuster, Till Förster
Parity Board
Sabrina Rosetto
n-ails e.V.

Die 2018 vom Department of Architecture der TU München erstellte Studie „Frauen in der Architektur" (FIA) wurde im Rahmen des Festivals *Women in Architecture* (WIA) in Berlin 2021 in Kooperation mit dem Berliner Planerinnennetzwerk n-ails e.V. erstmals in einem Ausstellungsformat präsentiert. Der Fokus lag hierbei auf Zahlen und Fakten zu strukturellen Ungleichheiten in der Architekturbranche. Zudem wurde auf Entwicklungen verwiesen, die nicht zuletzt aus den Erkenntnissen der Studie hervorgingen.

GEMEINSAM ANSTATT GEGENEINANDER!

TUM PARITY JOUR FIXE 12 & 13 – PROF MIKALA HOLME SAMSOE FRAGT WIE WIR STUDIERENDE ERMÄCHTIGEN KÖNNEN UND DIE PROFESSUR URBAN DESIGN DISKUTIERT EINE KOLLABORATIVE STUDIOKULTUR

Ausbildung

Die Selbstdarstellungen des meist männlichen Lehrpersonals an Universitäten reproduziert ein Idealbild »des Architekten«, das mit männlichen Eigenschaften aufgeladen ist. Oftmals entsteht eine Art Schüler-Meister-Beziehung, in der es für die Studierenden schwierig ist, die Eigenschaften, die sie mit ihren Lehrern verbinden, unabhängig von deren Geschlecht zu betrachten. Zudem schließt die Studienkultur lange Arbeitszeiten und Nachtschichten ein. Schon in ihrer Ausbildung wird von Architekt*innen die volle Hingabe zum Beruf und eine Unterordnung des Privatlebens gefordert. Diese Kultur ist problematisch: durch das idealisierte Bild der Architektur wird es erschwert, sich für gerechte und angemessene Arbeitszeiten und -formen einzusetzen. Probleme, die durch eine solche Arbeitssituation entstehen, erscheinen als individuelles Problem und führen eher zu Selbstzweifeln als zu einer Kritik an den Arbeitsverhältnissen.

Wissenschaftliches Personal
im Fachbereich Architektur
an der TU München
(2014-2016)

Wallpaper FIA – Zahlen, Daten, Fakten

essorinnen

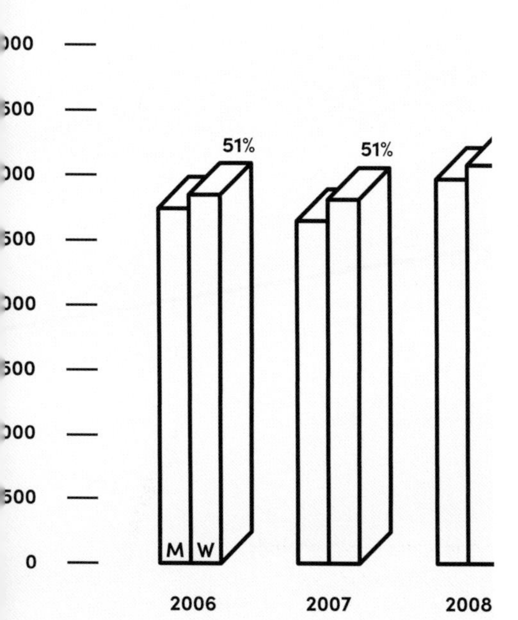

Am Department of Architecture der TU München entstand 2018 in Zusammenarbeit mit dem Lehrstuhl Soziologie und Gender Studies der Ludwig-Maximilians-Universität München eine Studie mit dem Titel „Frauen in der Architektur". Das WIA-Festival in Berlin 2021 bot die wunderbare Möglichkeit, die Ergebnisse dieser Untersuchung einer breiten Öffentlichkeit vorzustellen.

Die Studie untersuchte, wie sich Architektinnen beruflich entwickeln. Sie ging den Fragen nach, ob ein struktureller Drop-out existiert und welche fachkulturellen Exklusionsmechanismen Frauen in ihrer Karriere behindern. Ergänzend zu einer Analyse der zur Verfügung stehenden Daten erfolgte eine qualitative Untersuchung mittels Expert*inneninterviews.

Mit der Befragung weiblicher und männlicher Architekturschaffender aus unterschiedlichen Beschäftigungsverhältnissen, sowie Personen, die ein Architekturstudium absolviert haben, den Beruf aber nicht ausführen, wurde ein tieferer Einblick in die Fachkultur herausgearbeitet.

Möchte man sich ein Bild über die Geschlechtergerechtigkeit in einem Berufsfeld machen, blickt man zunächst auf den Frauenanteil im Studium. 2006 waren die Architekturstudiengänge in Deutschland erstmals paritätisch besetzt. 2019 lag der Anteil von Absolventinnen eines Architekturstudiums an deutschen Hochschulen bei knapp 59 Prozent. Geht der Blick über das Studium hinaus, fällt auf, dass sich der hohe Anteil an Studentinnen weder in Führungspositionen im akademischen Bereich noch in der Berufspraxis widerspiegelt.

WIR WOLLEN EIN PRIVATLEBEN

SECTION OF ARCHITECTURAL WORKERS: DIE MITGLIEDERGEFÜHRTE GEWERKSCHAFT UVW-SAW SETZT SICH GEGEN ÜBERLASTUNG UND FÜR TRANSPARENTE UND FAIRE ENTLOHNUNG IM BAUSEKTOR DER UK EIN

Unvereinbarkeit

Auch wenn viele Frauen den Wunsch hegen, trotz Familiengründung weiterhin zu arbeiten, scheitert dies häufig an fehlender Vereinbarkeit. Der Architekturberuf wird als ein sehr zeitintensiver Beruf mit hohen Ansprüchen erlebt, der eine 100-prozentige Verfügbarkeit erfordert und zu einer starken Entgrenzung von Privat- und Berufsleben führt. Damit die Vereinbarkeit gelingen kann, ist demnach ein/e Partner*in notwendig, der/die unterstützend tätig ist. Es stellt sich hier die Frage, inwiefern die Realisierung des Architekturberufs keine Mutterschaft zulässt, da diese mit dem berufsspezifischen Habitus nicht vereinbar ist. Somit handelt es sich nicht um ein individuelles Problem, sondern um einen gesellschaftlichen Missstand. Sowohl gesamtgesellschaftlich wie auch fachspezifisch muss eine hierarchisierende, geschlechterspezifische Arbeitsteilung kritisch hinterfragt werden.

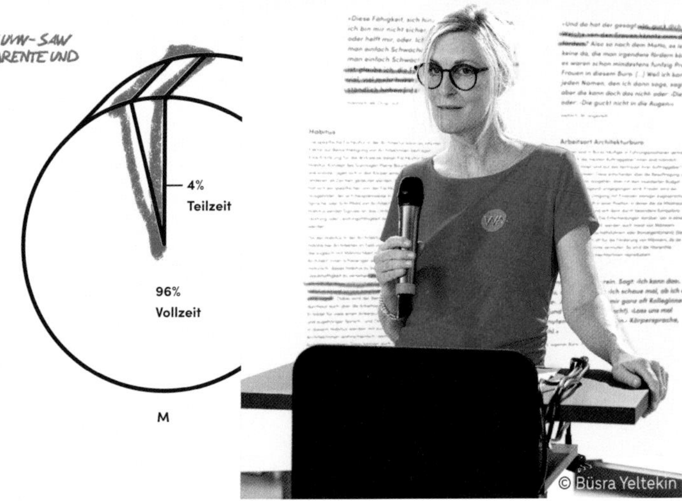

© Büsra Yeltekin

Von den Top 20 der Architekturbüros wird im Jahr 2021 nicht ein einziges allein von einer Frau oder einem Team von Frauen geführt. Darüber hinaus liegt das Einkommen von in Vollzeit angestellten Architektinnen nach wie vor unter dem ihrer männlichen Kollegen.

Die Gründe für diese Unterrepräsentation von Architektinnen bei gleichzeitig finanzieller Benachteiligung sind unterschiedlich. Hier wirken sogenannte „harte" und „weiche" Faktoren zusammen. Neben den nicht nur in der Architekturbranche wiederzufindenden Vereinbarkeitsdefiziten von Care-Arbeit und Beruf und den vergeschlechtlichten Vorurteilen, die hier zum Tragen kommen, spielen Mechanismen einer spezifischen Berufskultur eine wesentliche Rolle: Der Idealtypus des Architekten, dessen Beruf mit Berufung einhergeht, entspricht einem stark männlichen geprägten Typus, der wiederum auf einer langen Tradition beruht. Die mit der Profession assoziierten Eigenschaften werden nach wie vor eher Männern als Frauen zugetraut. Das umfasst (technische) Kompetenzen, Umgang mit Finanzen und Durchsetzungsvermögen bei Auftraggebenden, Planungspartner*innen und auf der Baustelle. Im Feld der Architektur als Profession verweist der Forschungsstand auf strukturelle Widersprüche zwischen Berufsethik und professioneller Praxis einerseits und historisch bedingten Geschlechterstereotypen andererseits. Demgegenüber steht eine weitverbreitete Berufskultur, die Kreativität und Professionalität mit ständiger Verfügbarkeit und langen Arbeitszeiten verknüpft.

Empirische Ergebnisse und die aktuelle Datenlage machen deutlich, dass Geschlecht im Architekturberuf ein Thema ist, das nicht allein durch Abwarten geregelt wird. Der Status quo muss Anreiz sein für Veränderungen und die Entwicklungen einer neuen Kultur in der Architekturbranche.

Innerhalb des Department of Architecture der TU München suchen verschiedene Veranstaltungen und Initiativen nach emanzipatorischen Perspektiven. So wurde 2019 das Parity Board zur Stärkung der Gleichstellungsarbeit gegründet. Neben der Verankerung von Gleichstellungsgrundsätzen, stellt ein durchgehendes Monitoring eines der formulierten Ziele dar: Eine durchgängige Datenerhebung und eine damit verbundene Selbstverpflichtung zur Kontrolle der Parität dienen als wesentliche Mittel zur Umsetzung der Gleichstellungsziele.

Regelmäßig stattfindende *Parity Jour Fixe* fördern eine gerechte, diverse und inklusive Arbeits- und Forschungskultur am TUM Department of Architecture der TU München. Sie dienen der Sensibilisierung für alltägliche Machtverhältnisse und Ungleichheiten in Bezug auf Verteilung von Wissen, Geldern und Sichtbarkeit in der Architektur und bieten gleichzeitig die Möglichkeit zum Austausch mit eingeladenen

STUDIE
Prof. Hermann Kaufmann
Sandra Schuster Projektleitung
Anne Niemann
Mirjam Elsner
Professur für Entwerfen und Holzbau (TUM)

Prof. Dr. Susanne Ihsen †
Dr. Tanja Kubes
Jenny Schaller
Elisabeth Wiesnet
Professur für Gender Studies in den Ingenieurwissenschaften (TUM GOV)

Prof. Dr. Paula-Irene Villa Braslavsky
Marlene Müller-Brandeck
Professur für Soziologie und Gender Studies (LMU)

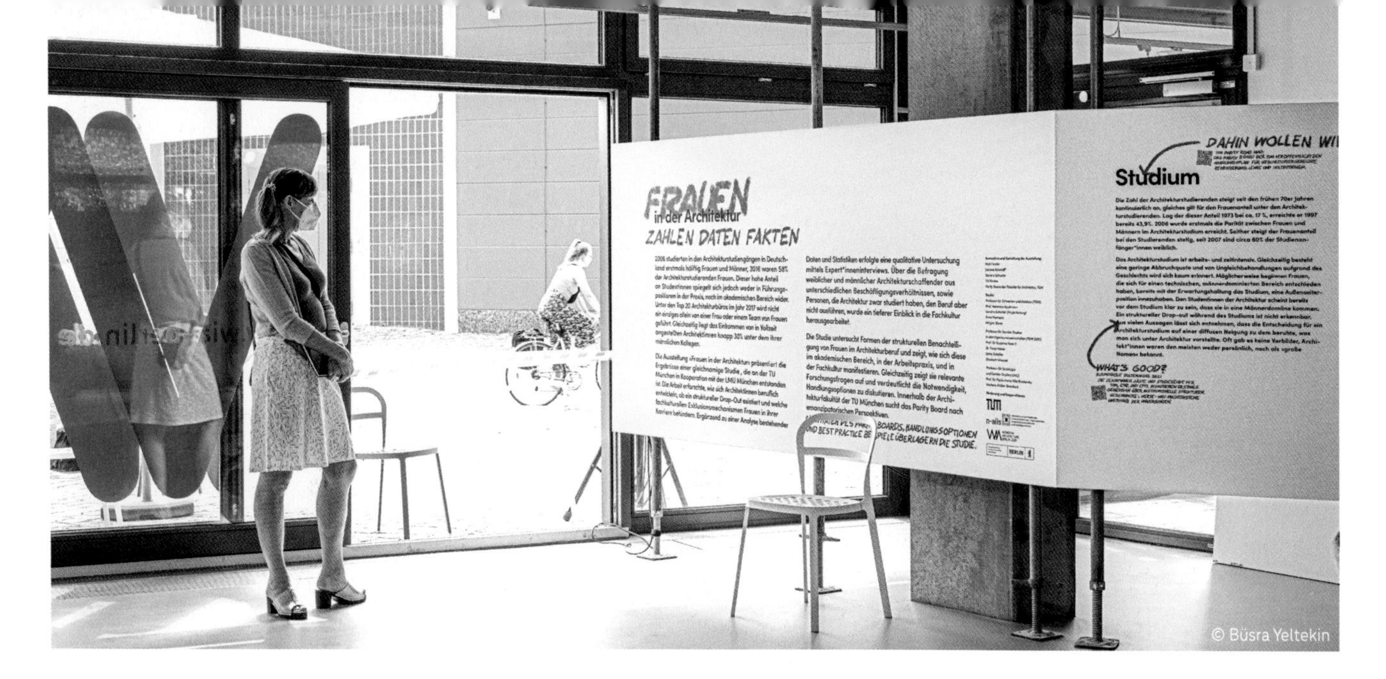

© Büsra Yeltekin

Gästen und anderen Universitäten zu den Themen Chancengleichheit, Geschlechtergerechtigkeit und Diversität. Um Geschlecht als selbstverständlichen Aspekt in der Architekturlehre zu vermitteln, werden in jedem Semester zwei Lehraufträge durch die Frauenbeauftragten vergeben. Die Lehraufträge im Bereich *Gender Studies in Architecture* sind an Geschlechterthemen gebunden. Sie behandeln aktuelle Fragestellungen aus Wissenschaft und Gesellschaft und dienen der Stärkung von Frauen in der Lehre.

SANDRA SCHUSTER

»Ich glaube, das ist wirklich ein Riesenproblem mit den Vorbildern. Ja, auch mit dem Zutrauen. Ich glaube jetzt eigentlich weniger, dass die Herren, die da tätig sind, wirklich absichtlich die Frauen klein halten. Ich glaube, das ist mehr so ein ›Das war schon immer so, also machen wir das auch weiter.‹«

weiblich, 50, Drop-out

»Aber ich finde, […], dass doch in der Öffentlichkeit eigentlich nur der männliche Name zum Vorschein kommt. Oder die männlichen Namen zitiert werden, eingeladen werden zu Jurys. Dass eigentlich im Grunde die Frauen, die im Hintergrund ziemlich viele Wettbewerbe machen und ziemlich viel entwurfstechnisch das Büro beeinflussen und auch Teams leiten, eigentlich gar nicht in der Form zelebriert werden oder reflektiert werden.«

weiblich, 31, eigenes Büro

Repräsentation

Es scheint in der Architekturbranche ein Repräsentationsproblem weiblicher Führungskräfte als Rollenvorbilder zu geben. Architektinnen, die eine Führungsposition in einem Büro innehaben, erhalten seltener als Architekten die Gelegenheit, öffentlich aufzutreten und so Aufmerksamkeit und Anerkennung für ihre Arbeit zu bekommen. Intern sind Frauen für den Erfolg des Büros von entscheidender Bedeutung, es fehlt aber öffentliches oder fachkulturelles Ansehen. Architektinnen, die mit männlichen Partnern zusammen ein Büro leiten, leiden unter der Verkennung ihrer Position.

Eine starke Identifikation mit dem Beruf und Vorbildern ist hilfreich für den eigenen beruflichen Erfolg. In der öffentlichen Wahrnehmung ist der Architekturberuf nach wie vor eine Männerdomäne. Dies wird unterstützt durch das Narrativ, in dem ein ganzes Team, bestehend aus beiden Geschlechtern, auf einen vermeintlich führenden Kopf reduziert wird. Das ist meist der etwa im Büronamen stehende Mann. Der Auftritt in der Öffentlichkeit steht im engen Zusammenhang mit der Selbstdarstellung: Eine Selbstinszenierung unter Architekten wird am stärksten, wenn Baumeister und Werk miteinander verschmelzen.

THIS IS NOT A ONE MAN SHOW

PETITION WID 2013 PRITZKER PREIS 1991: HARVARD GSD STUDENTINNEN BELEBEN »WOMXN IN DESIGN« UND FORDERN DIE RÜCKWIRKENDE ANERKENNUNG VON DENISE SCOTT BROWN ZUR EHRUNG DES GEMEINSAMEN WERK MIT ROBERT VENTURI

© Klemens Renner

Der Bau(ch) der Architektin

GESPRÄCH

AKTEUR
Bund Deutscher Architektinnen und Architekten BDA Berlin

Gibt es weibliche Kompetenzen und Denkweisen, die einen Einfluss auf das Gebäude haben? Und deckt die Scheu davor, sich mit solchen Fragen auseinanderzusetzten, eine jahrhundertelang beigebrachte, tief sitzende Zurückhaltung auf?
Bei der Diskussion im Rahmen des Talks im Deutschen Architektur Zentrum (DAZ) wurde deutlich, dass Architektinnen in ihren Meinungen so divers sind wie die Gesellschaft selbst. Eine der Moderatorinnen, selbst ausgebildete Architektin und Redakteurin der Fachzeitschrift *Bauwelt*, gibt einen Rück- und Ausblick auf diese Diversität.

Die Architekturszene ist gut darin, Makel und Mängel zu verschweigen: Fehler in der Planung, Mehrkosten in der Bausitzung, Unterbezahlung, Überstunden, Überforderung, Diskriminierung und Sexismus im Büro und auf der Baustelle. Die Sozialisation des Herunterspielens beginnt bereits im Architekturstudium, wird verinnerlicht, bis die Selbstausbeutung für den Beruf mit Leidenschaft und Hingabe verwechselt wird. Auf Podien und in Diskussionsrunden über Mängel oder persönliche Erfahrungen zu sprechen, fällt umso schwerer.

Und man kann es Architekt*innen nicht verdenken. Die Szene in Deutschland, ja in jeder Stadt, ist klein. Wie würde man denn vor den anwesenden Angestellten oder Kolleg*innen dastehen? Wie kommt es bei dem Verband oder womöglich den Bauherr*innen an, wenn ich mich öffentlich so äußere? Denn zu der Sozialisation der Architektenschaft gehören auch Züge des Impostor-Syndroms: Man hat scheinbar alles im Griff, Kritik wird gekontert, die eigene Position leidenschaftlich verteidigt. Im Zuge des vom Bund Deutscher Architektinnen und Architekten (BDA) initiierten Talks wurde die provokante Frage gestellt, ob es weibliche Architektur gibt. Und sie wurde abgetan. Man müsse sich nur einmal die Arbeit von Lina Bo Bardi oder Zaha Hadid anschauen – Beweis genug: Es gibt keine. Und die Bemerkung ist richtig, formal gibt es sie nicht. Doch scheint die Frage bei manchen direkt zu implizieren, dass weibliche Architektur lieb, zart und filigran ist. Die hieran anschließende zweite Frage: Gibt es weibliche Kompetenzen – die durchaus auch Männer haben können – und Denkweisen, die einen Einfluss auf das Gebäude haben? Die Zusammenarbeit in einem weiblichen Team ist anders als in einem paritätisch zusammengestellten.

Es gibt unterschiedliche Strategien, wie man mit Macht, Druck und Anfeindungen umgeht. Auch dieses Thema sollte unbesprochen bleiben.

Deckt die Scheu davor, sich mit solchen Fragen auseinanderzusetzen, eine jahrhundertelang beigebrachte, tief sitzende Zurückhaltung auf? Oder die oben beschriebene Sozialisation von Architekt*innen? Bei der Eröffnung der Diskussion wurde nämlich allmählich deutlich, dass Architektinnen in ihren Meinungen so divers sind wie die Gesellschaft selbst.

Während die eine das Eintragen der Menstruation in den Outlookkalender vorschlägt, zur Verdeutlichung, dass Frauen nun mal anders sind als Männer, ist das anderen zu privat oder progressiv. Die Zweite schafft eine gute Zusammenarbeit auf der Baustelle, wenn sie hohe Schuhe und Rock trägt, diese Sexualisierung des weiblichen Körpers geht einigen zu weit. Die Dritte arbeitet bewusst doppelt so hart, um Erfolg zu haben, und wird dafür kritisiert, unerfüllbare Erwartungen an Frauen im Beruf zu schüren. Und doch haben die drei Beispiele gemeinsam, dass sie jeweils eine persönliche Form des Sichtbarmachens und des sich Gehörverschaffens sind.

Es macht einmal mehr deutlich, dass Sichtbarkeit nicht in Form von steigendem Frauenanteil in Verbänden, Vereinen und Universitäten geschaffen werden kann: Jede einzelne Architektin muss sie immer und immer wieder zum Thema machen. Es braucht Sichtbarkeit im Arbeitsalltag, Sichtbarkeit von Architektinnen in der Gesellschaft, Anerkennung, dass es eine weibliche Nutzung von Räumen und Stadt gibt, dass gendergerechte Architektur immer noch kaum umgesetzt ist. Und es darf nicht mit den Frauen enden. Inwiefern sind LGBTQIA+, Migrant*innen oder Menschen mit körperlichen und psychischen Abweichungen in der Architektur sichtbar? Aber ob in der patriarchischen Architekturwelt nach Gleichberechtigung gesucht werden sollte oder nicht eher ein eigenes, losgelöstes Netzwerk aufgebaut werden müsste, das sollte eigens betrachtet werden. Hoffnung besteht, denn schon mehr als die Hälfte aller Architekturstudierenden ist weiblich. Abschlüsse werden immer früher gemacht, das heißt, die Architektur wird jünger und weiblicher und diverser. Wenn diesen jungen Architekt*innen auf Augenhöhe begegnet wird, können sie neue Strukturen etablieren, Arbeitsweisen und Prozesse verändern – aus der zweiten Reihe in die erste Reihe treten, wie es am Ende des BDA-Talks hieß. Es ist notwendig, immer wieder Gespräche zu initiieren, offene Formate und einen intensiven Austausch über Mängel im Beruf voranzutreiben. So kann dazu beigetragen werden, die Sozialisation der Architekt*innen zu brechen.

BEATRIX FLAGNER

MODERATION
Beatrix Flagner
Marie Bruun Yde
Bauwelt

EINFÜHRUNG
Anne Lampen
Anne Lampen Architekten

PODIUM
Margit Sichrovsky
LXSY Le Roux Sichrovsky Architekten
Laura Fogarasi-Ludloff, Architektin
Ludloff Ludloff Architekten BDA
Jaqueline Karpa
Architektin, Bloggerin
(Der ~~weibliche~~ Architekt)

KOORDINATION
Petra Vellinga

© Klemens Renner

© Theresa Keilhacker

Frauen WertSchätzen

DIALOG

AKTEUR
Aktiv für Architektur AfA

Eine Veranstaltung des Netzwerks Aktiv für Architektur (AfA) aus der Gesprächsreihe *StadtWertSchätzen*.

TEILNEHMERINNEN
Kristin Engel Architektin
Uta Henklein Landschaftsarchitektin
Theresa Keilhacker Architektin, Präsidentin der Architektenkammer Berlin
Elena Lauf Architektin
Gudrun Sack Architektin, Geschäftsführerin Tegel Projekt GmbH
Wencke Katharina Schoger Innenarchitektin
Dagmar Weidemüller Stadtplanerin
Pauline Bolle Stadtplanerin
Anja Beecken Architektin

MODERATION
Ulrike Eichhorn Architektin

In der Gesprächsrunde standen die persönlichen Erzählungen von Frauen, die sich im Fachgebiet Stadtplanung, Architektur, Landschaftsarchitektur und Innenarchitektur bewegen, im Zentrum. Dabei ging es um die Frage, wie die eigene Biografie und Vorbilder sie – nicht immer auf direktem Weg – zu diesem Beruf gebracht haben und sie heute noch in ihrem Schaffen beeinflussen. „Das ist ja nicht nur ein Raum, sondern es geht eigentlich viel mehr um das dahinter: das Klima, das wir schaffen." Sie berichteten von internationalen Erfahrungen und der engen Gemeinschaft unter den Kommiliton*innen. Doch nach dem Studium entstehe oft eine Konkurrenzsituation, die die Bedeutung von beruflichen Netzwerken, sowohl für Aufträge als auch zur gegenseitigen Unterstützung, umso wichtiger erscheinen ließe und der gemeinsamen berufspolitischen Haltung und Artikulation diene. Themen wie Wettbewerbsvergabe, Umweltgerechtigkeit oder das Verhältnis der Architektur zu wirtschaftlichen Interessen und gesellschaftlichem Wandel erforderten aus Sicht der Referentinnen dringend ein gemeinschaftliches Handeln des Berufstandes.

Gerade in Hinblick auf die Rolle von Frauen in der Architektur wünschten sie sich mehr gegenseitige Unterstützung und Solidarität. Die Begeisterung, mit der die Referentinnen über ihr Schaffen sprachen, drückte sich beispielsweise in folgender Aussage aus: „Architektur erfüllt das ganze Leben." Zwar könne sich das auf die Vereinbarkeit von Beruf und Kinder auswirken, sollte aber vor allem als Chance für Frauen gesehen werden, selbstbewusst auch außerhalb tradierter Rollenbilder aktiv zu werden. „Wir sind mit Leib und Seele Architektinnen. Genauso müssen wir auch gesehen werden", fasste es eine Teilnehmerin zusammen.

GESPRÄCH

AKTEUR
Bund Deutscher Landschafts-architekt:innen bdla Berlin-Brandenburg

TEILNEHMERINNEN
Flavia Moroni
planung.freiraum
Hendrikje Unteutsch
sophora landschaftsarchitektur

„Natürlich machen wir unsere Karriere selbst, da kann man nicht warten, dass es gemacht wird", formulierte Senatsbaudirektorin Regula Lüscher auf dem Podium.
Es ist an der Zeit, dass Landschaftsarchitektinnen durchstarten und an passenden Formaten für sich feilen.

Neue Formate: Grüne Lounge

Neue Formate in Planungsprozessen, ob Multiautor*innenschaft oder Partizipation, hat sich die Profession erfolgreich seit geraumer Zeit erarbeitet. Zwar sind auch diese von Fragen nach Chancengleichheit begleitet, aber insgesamt spiegeln sie den Weg hin zur besseren Planungskultur. Auch der Vorschlag von Regula Lüscher, analog zur Bildungszeit oder zu Krankentagen eine sogenannte „Partizipationszeit" zu schaffen, könnte helfen, in Mitwirkungsformaten von bis dato erforderlichen Abendterminen zu entlasten, um mehr Teilhabe zu ermöglichen.

Wo es aber um das persönliche Standing geht, sind Frauen eher privat auf Rückenstärkung angewiesen oder müssen Coaching wie Fortbildungen entlohnen. Mit der Grünen Lounge während des Festivals *Women in Landscape Architecture* (WILA 24h) wurde von Flavia Moroni und Hendrikje Unteutsch das klassische Networking unter Frauen wiederbelebt, um die gläsernen Decken zu durchbrechen und sich gegenseitig zu fördern. Netzwerke greifen, wenn durch Moderation eine persönliche Ebene herstellbar ist. In der Grünen Lounge erhielten Teilnehmerinnen Tipps für den Einstieg in die Karriere oder den Start im neuen Büro, Infos zu Technologien und (Bau-)Methoden in anderen Ländern, zum Agieren auf der Baustelle. „Wir werden den produktiven Austausch fortführen zur Entwicklung der persönlichen Kompetenzen, aber auch zur gegenseitigen Inspiration, zur Themenrecherche, und zur Stärkung und Verbreitung unserer doch eher kleinen Profession", stellte Astrid Zimmermann für den Bund Deutscher Landschaftsarchitekt:innen (bdla) in Aussicht: ein Versprechen, das seit Ende des Festivals *Women in Architecture* (WIA) schon vier Mal als monatlicher WILA-Stammtisch eingelöst wurde – offen für alle, kommuniziert auf Instagram.

VERA HERTLEIN-RIEDER, SUSANNE ISABEL YACOUB

© Standke Landschaftsarchitekten GmbH

WORKSHOP

AKTEUR
Bund Deutscher Landschafts-architekt:innen bdla Berlin-Brandenburg

TEILNEHMER:INNEN
Gesine Agena
Amadeu Antonio Stiftung
Prof. Dr. Michaela Sambanis
FU Berlin
Peer Achilles
Versorgungswerk der Architektenkammer Berlin

„Mit WILA 24h – *Women in Landscape Architecture* – wollen die Organisatorinnen Wege aufzeigen, wie alle Gender im Berufsfeld gleich stark gemacht werden können. Es ist Zeit, weibliche Vorbilder in den Mittelpunkt zu rücken", sagt Prof. Astrid Zimmermann, Gründerin von Zplus Landschaftsarchitektur und Vorstandsmitglied der Landesgruppe Berlin-Brandenburg im Bund Deutscher Landschaftsarchitekt:innen (bdla).

Let's do it. Standing our ground

Wie fassen Frauen Stärke auf, wie gehen sie um mit ihrer Position? Tragen Landschaftsarchitektinnen selbst zu Rollenklischees bei? Wie halten Frauen es aus, wenn sie in der Rolle als Bauleiterin auf unterschwellige Ressentiments stoßen, weil ihnen nicht alles zugetraut wird? Katrin Fischer-Distaso wurde ernstgenommen und brachte ihre ganze Erfahrung ein, als sie im UNESCO-Welterbe mitten im sandigen Babelsberg eine hügelige Wasserlandschaft aufleben ließ – kunstvoll, akribisch, denkmalgerecht. Das königliche Parkszenario aus dem 19. Jahrhundert war unter Erdschichten verschwunden. Herausforderungen, begründet in der Fachpraxis, sind stemmbar, zweifelhafte Rollenmuster hingegen lästig. Workshops im Rahmen von WILA 24h setzten hier an.

Im Werkstattgespräch *Frau Planerin – Baustelle Rollenklischees* ergründeten die Bauleiterinnen Theresa Gläßer und Laure Aubert, warum es viele Vorurteile gibt, aber immer noch zu wenig Vorbilder. Quintessenz: Ja, Frauen planen und bauen anders: inklusiver, kreativer, rücksichtsvoller. Das Projekt- oder Baumanagement kann eigentlich nur gewinnen, wenn Frauen entscheiden. Und: Zusammen sind wir stärker. Der Erfahrungsaustausch, der durch WILA 24h ins Leben gerufen wurde, festigt Kolleginnen für leitende Positionen in einer männerdominierten Branche.

Eine gute Nachricht kommt aus der Neurowissenschaft. Prof. Dr. Michaela Sambanis von der FU Berlin referierte, was Landschaftsarchitekt:innen über Lernprozesse wissen sollten. Was setzt sich fest, wie weit ist unser Gehirn bereit, über Jahrhunderte geprägte Verhaltensmuster zu ändern? „Sich Zeit nehmen für das Umlernen. Unser Gehirn, Lernorgan und Steuerzentrale, ist veränderbar. Nicht nur das, was wir tun, auch was wir denken, zählt", kommentierte Sambanis und riet, Negativerfahrungen einfach mal vorbeirauschen zu lassen, dann hinterließen sie auch nicht so viele Spuren im Bewusstsein. Ein Lernansatzpunkt, den jede befolgen kann, wie das tägliche Zähneputzen.

Stichwort Selbstfürsorge: Der Workshop mit dem Versorgungswerk der Architektenkammer Berlin adressierte Eigenverantwortung. Unbezahlte Care-Arbeit, Teilzeitbeschäftigung, Erziehungszeiten führen zu geringerem Rentenanspruch und treffen oft Frauen und Mütter. Hier innerhalb von Familie und Partnerschaft rechtzeitig einen fairen Ausgleich auszuhandeln, lässt sich lernen, denn Vertrauen ist gut, Vorsorge ist besser. Und das sollte ebenso für das eigene Wohlergehen gelten, wie Britta Deiwick mit ihrer YogaBreak „Aufrecht ins Meeting" aufzeigte.

„Was wir gemeinsam hier erfahren haben, bedeutet dass wir eigentlich weitermachen sollten", lautete eine Stimme auf der Finissage. Das schönste Schlusswort aber fand Barbara Willecke, eine der Veranstalterinnen, als sie in der Abschlussrunde gebeten wurde, nachhaltige Freiräume zu definieren: „Die Aspekte von Nachhaltigkeit sind Ökologie, Ökonomie und auch das Soziale. Die Gestaltung könnte das sein, was die drei Nachhaltigkeitsaspekte zusammenbindet, zum Leuchten und zum Funktionieren bringt."

VERA HERTLEIN-RIEDER, SUSANNE ISABEL YACOUB

© Standke Landschaftsarchitekten GmbH

© Standke Landschaftsarchitekten GmbH

ORGANISATORINNEN
Laure Aubert
SINAI Gesellschaft v. Landschaftsarchitekten mbH
Britta Deiwick
Freie Planungsgruppe Berlin, IORA Yoga
Katrin Fischer-Distaso
Standke Landschafts-architekten GmbH
Heidrun Fehr
hochC Landschaftsarchitekten PartGmbB
Theresa Gläßer
SINAI Gesellschaft v. Landschaftsarchitekten mbH
Lioba Lissner
hochC Landschafts-architekten PartGmbB
Flavia Moroni
planung.freiraum
Mareike Schönherr
SCHÖNHERR Landschaftsarchitekten PartmbB
Eva Sittenauer
gruppe F Freiraum für alle GmbH
Barbara Willecke
planung.freiraum
Prof. Astrid Zimmermann
Zplus Landschaftsarchitektur

DIALOGRAUM

AKTEUR:INNEN
Hannah Dziobek
Ida Steffen
Lilli Bieler
Studentinnen der FH Potsdam
n-ails e.V.

TEILNEHMERINNEN
Laura Käufel, Theresa Ehrhardt
Arbeitsgruppe Equal von nexture+
Lisa Tiedje, Juliane Aleithe
Architektinnen, Lehrende
an der UdK Berlin
Matthäa Ritter-Wurnig
Architektin, Gleichstellungs- und
Frauenbeauftragte TU Berlin

(UN-) GLEICHHEIT?!

Das Festival *Women in Architecture* (WIA) hat sich vor allem mit beruflichen und gesamtgesellschaftlichen Perspektiven befasst. Uns als studentischen Mitarbeiterinnen des Festivalteams aber war es wichtig, auch das Thema Hochschule einzubringen. Dafür haben wir Studierende der Berliner und Potsdamer Architekturfakultäten eingeladen, mit fünf Gästinnen und uns sowohl über die aktuelle Situation an den Hochschulen zu sprechen als auch über Themen, die im Studium eine Rolle spielen, zum Beispiel Sichtbarkeit, Vorbilder oder den Berufseinstieg.

Ab Oktober 2021 bis zum Festival selbst durften wir, vier Architekturstudentinnen der FH Potsdam, das Team von WIA und n-ails e.V. bei der Organisation unterstützen. Im Laufe der Vorbereitungen wuchs der Wunsch, auch selbst eine Veranstaltung ins Leben zu rufen, um die studentische beziehungsweise Nachwuchsperspektive und die Situation an den Hochschulen noch stärker im Festivalprogramm vertreten zu sehen. Gemeinsam mit zwei weiteren Studentinnen der FH Potsdam luden wir daher zu einem Dialogabend ein, an dem drei Hauptthemen besprochen werden sollten: die Situation an den Hochschulen – wo stehen wir zurzeit, wo wollen wir hin? Vorbilder und Sichtbarkeit in der Lehre; sowie das Thema Berufseinstieg und die Bedeutung von Netzwerken.

Wir konnten uns über ein reges Interesse freuen. Gästinnen waren Laura Käufel und Theresa Ehrhardt aus der Arbeitsgruppe Equal von nexture+, Lisa Tiedje und Juliane Aleithe, Architektinnen und Lehrende an der UdK Berlin, sowie Matthäa Ritter-Wurnig, Architektin sowie Gleichstellungs- und Frauenbeauftragte an der TU Berlin. Nach einer kurzen Runde von Inputvorträgen ging es mit den Referentinnen in drei *Breakout Rooms*, im abschließenden Plenum teilten wir Ergebnisse und Erfahrungen und freuten uns über die empowernden Schlussworte.

Es war uns ein wichtiges Anliegen, eine Möglichkeit zu bieten, Erfahrungen, Wünsche und Gedanken miteinander zu teilen, sich außerdem im Raum Berlin-Potsdam miteinander zu vernetzen und Impulse mitzunehmen – für jede*n selbst oder um, im Kleinen oder Großen, an den Hochschulen Veränderungen anzuregen. Und tatsächlich hat diese Veranstaltung gemeinsam mit der Erfahrung des Festivals an sich dazu geführt, dass sich an der FH Potsdam das Kollektiv perspektiv;wechsel (Instagram: @perspektivwechsel_fhp) gründete – eine Gruppe von Studierenden, die sich für mehr Sichtbarkeit, Gleichstellung und vor allem neue Perspektiven und Vorbilder an der Hochschule einsetzen.

Ein weiterer Erfolg war es, anknüpfend an die spannende Diskussion im Rahmen der Veranstaltung *(UN-)GLEICHHEIT?!*, die Ausstellung der TU München, *Frauen in der Architektur*, im Anschluss an das Festival auch an die FH Potsdam zu holen. Von Oktober bis März war sie im Foyer des Hauptgebäudes zu sehen, somit konnten wir an den spannenden und inspirierenden Dialog unserer WIA-Veranstaltung anknüpfen.

Wir freuen uns sehr, dass durch unsere wachsende Vernetzung mit den Berliner Hochschulen die Ausstellung nun auch an weiteren Universitäten gezeigt wird und so der Austausch innerhalb der Hochschulen und miteinander lebendiger wird. Es war wichtig und ermutigend zu sehen, wie viele Studierende und Lehrende zu der Vernissage kamen und mitdiskutierten. Wir sind der FH Potsdam, dem WIA-Team und der TU München dankbar für ihre Unterstützung.

Im Sommersemester 2022 ist eine von unserem Kollektiv organisierte Vortragsreihe gestartet, zudem haben wir angefangen, uns mit einigen anderen „Baustellen" an der FH Potsdam zu beschäftigen: Eine der Studentinnen konnte beispielsweise bewirken, dass die Prüfer*innen der Bachelorthesis nun seit zwei Semestern paritätisch besetzt werden.

Als Studierende und damit als Architekt*innen und Planende von morgen ist es wichtig, dass wir unsere Chancen und Verantwortung erkennen, entsprechend handeln und in einen Dialog treten. Wir freuen uns daher auf die Dinge, die wir in Zukunft noch anpacken und bewirken können, und sind froh, dass die studentische Veranstaltung im Rahmen des WIA-Festivals so viel anstoßen konnte.

Es ist spannend, zu sehen, wie wichtig Vernetzung ist und wieviel es ausmachen kann, einen Raum des Austauschs zu schaffen und den Anwesenden durch spannende Referentinnen interessante Impulse und Empowerment mitzugeben.

HANNAH DZIOBEK

© Sarah Gottschalk

PlanM
Mut_Machen_Mentoring

DIALOGRAUM

AKTEUR:INNEN
Bettina Dessaules
Plan.M
n-ails e.V.

Mut.Machen. Mentoring.

Mit Plan.M soll ein Mentoring-Programm für Architektinnen und Planerin entwickelt werden, denn der Nachwuchs ist (auch) weiblich. Ziel ist die Etablierung eines Programms, das durch gezielte Patenschaften für Planerinnen den beruflichen Werdegang von der Ausbildung zur Fachkraft begleitet.

IDEE: Ein Landesgleichstellungsgesetz (LGG) und eine Frauenförderungsverordnung (FFV) bringen nicht zwangsläufig eine Planerin in eine gleichberechtigte Position zu ihren männlichen Kollegen. Mit der Entwicklung eines Mentoring-Programms zur Förderung weiblichen Nachwuchses in der Bau- und Planungslandschaft übernehmen Pat*innen die ideelle, materielle und administrative Förderung für eine Planerin mit Beginn der Ausbildung bis zum Berufseinstieg als profilierte und *sichtbare* Fachkraft. Die Idee ist, ein Netzwerk an etablierten Planungsbüros, Ausbildungsbetrieben und Verbänden zu entwickeln. Jede*r Pat*in profiliert seine*ihre Patenplanerin. Kampagnen kommunizieren dieses Programm und begleiten die Patenschaft. Ziel wäre die Etablierung eines Zertifikats „Von Frauen geplant!".

WAS GROSS KLINGT, MUSS KLEIN BEGINNEN! Der Dialog beim Festival *Women in Architecture* (WIA) war der erste Schritt und gab in kleiner Runde wichtige Anregungen, gerade im Hinblick auf mögliche Partner*innen und Akteur*innen. So wurden die jeweiligen Architektenkammern als relevante Unterstützerinnen dieses Programms genannt, die nicht nur die Gleichstellung von Architektinnen und Planenden in ihren Statuten verankert haben, sondern auch an jungen und aktiven Neu-Mitgliedern interessiert sind. Unisono wird ein Mentoring-Programm als wichtig und notwendig erachtet.

STAND DER DINGE: Aus den Impulsen des Dialogs hat sich – auch Plattformen wie LinkedIn sei Dank – eine kleine Gruppe von Frauen gefunden, die sich seitdem einmal im Monat trifft, das Konzept schärft und Netzwerke bedient. Die Idee eines Mentoring-Programms liegt bei einigen schon in den Schubladen und muss nun umgesetzt werden.

NETZWERKTREFFEN

AKTEUR
Kompetenzzentrum für Berliner Handwerkerinnen
Ein Projekt des bfw-Unternehmen für Bildung

TEILNEHMERINNEN
Dorothea Beleites
Carola Parniske-Kunz
Frauen im Handwerk

Kompetenzzentrum Handwerkerinnen

Stark in der Vielfalt – als Netzwerkprojekt für Berliner Frauen in Handwerk, Technik und baunahen Branchen wollen wir die Präsenz von Frauen sowohl in der Handwerks- als auch in der Baukultur stärken.

Als Netzwerkprojekt für Berliner Frauen in Handwerk, Technik und baunahen Branchen stehen wir hinter dem Anliegen des Festivals *Women in Architecture* (WIA) Berlin 2021. Wir wollen die öffentliche Präsenz von Frauen auch in der Baukultur stärken, ihr Wirken und ihre Werke sichtbar machen – dies zum einen als sichtbare Rollenvorbilder und Impulsgeberinnen, auch für weibliche Nachwuchskräfte; zum anderen, um neue Wege der Zusammenarbeit auszuloten und an der Erschaffung einer neuen Baukultur mitzuwirken. Einer Baukultur, in der es normal ist, dass Menschen gleichberechtigt zusammenarbeiten, einer Baukultur, in der Gremien und Führungsetagen paritätisch besetzt sind.

In diesem Sinne finden wir es wichtig, dass Frauen in der Baubranche sich austauschen, vernetzen und gegenseitig unterstützen. Unsere Veranstaltung machte die Zusammenarbeit von Frauen aus Handwerk und Architektur sichtbar, aber auch den besonderen Beitrag von Handwerkerinnen zur Baukultur im öffentlichen Raum: in der Bildhauerei und Grabmalgestaltung, mit nachhaltigen ökologischen Bauprojekten im Strohballen- oder Lehmbau, in der Bauvergolderei, in der Tischlerei – und im Metallbauhandwerk, in der Restauration und der Denkmalpflege.

Unser Fazit: Der Dialog um mehr Sichtbarkeit, Diversität und eine paritätische Baukultur geht alle an! Wir sehen hier auch weiterhin eine wichtige Aufgabe von Handwerk und Architektur insgesamt, über Geschlechtergrenzen, Berufsgruppen und Institutionen hinweg. Es geht um die Gestaltung von Baukultur, Arbeits- und Kommunikationskultur auf Augenhöhe. Das beginnt beim Individuum und zieht sich durch alle Strukturen. Wir haben schon viel geschafft und es gibt noch viel zu tun. Also bleiben wir dran, gemeinsam!

PRÄSENZ

wahrnehmen. respektieren.
präsentieren.

Ins Rampenlicht wollen nicht alle – dennoch gibt es Potenzial zur Transformation. Lange standen Architektinnen im Schatten veralteter Strukturen. Auch heute noch zeigt sich ein ernüchterndes Bild: Nur circa 10 Prozent wagen den Schritt in die Selbstständigkeit, und an den Lehrstühlen beträgt die Frauenquote lediglich 5 Prozent. Diese Zahlen spiegeln sich in allen einflussreichen Positionen wider.

Doch wo ein Ungleichgewicht herrscht, besteht auch viel Potenzial für Transformation – und ja, die Branche befindet sich im Wandel. Obwohl die männliche Perspektive in der Öffentlichkeit weiterhin dominiert, vollzieht sich in den letzten Jahren eine positive Entwicklung. Immer mehr Frauen kommen zu Wort, Podien und Kongresse verlangen vermehrt nach weiblichen Speakern. Frauen bringen eine holistische und experimentierfreudige Sichtweise auf die Bauwelt mit. Sie setzen sich aktiv für die Sichtbarkeit von Frauen ein – für sich selbst, für ihre Kollegin, für die Architektin von morgen. Erst wenn Frauen gesellschaftlich der Rücken gestärkt wird, können strukturelle Veränderungen herbeigeführt – und kann durch Diversität auch ein neues Maß an Qualität erreicht – werden. Architektinnen in Leitungspositionen geben der jüngeren Generation Mut, den eigenen autonomen Weg einzuschlagen. Besonders heute, da neue Ideen für nachhaltiges Bauen dringend benötigt werden, können Frauen innovative Ansätze bieten und den Status quo für die nächste Generation verbessern – dazu müssen sie als Vorbilder in die erste Reihe, ins Rampenlicht.

CHRISTIANE FATH

DIE BÜHNE DEN ARCHITEKTINNEN

Karin Hartmann

Die gesellschaftliche Debatte um die Gleichberechtigung von Frauen hat in den vergangenen drei Jahren an Geschwindigkeit und Intensität zugelegt. Insbesondere die Covid19-Pandemie und ihre Diskussion um eine Retraditionalisierung von Frauen[1], hat den Diskurs um strukturelle Benachteiligungen rückblickend differenziert – und deutlich beschleunigt.

Auch in der Planungs- und Baubranche hat die Anzahl der Veröffentlichungen, Initiativen und Aktivitäten zum Thema Chancengleichheit zugenommen: Der Status quo in Büros und Universitäten wird, besprochen, visualisiert und verhandelt. Publikationen und Einzelausstellungen stellen das zu wenig wahrgenommene Werk von Planerinnen und Architektinnen explizit vor. In den sozialen Medien zeigen sich Initiativen, die selbstverständlich ihre eigenen Inhalte behandeln, Netzwerke bilden und Diskurse prägen.[2]

Das Festival *Women in Architecture* machte diese Vielfalt und somit die Stimmen von Frauen in der Architektur im Längs- und Querschnitt sichtbar, sei es in ihrer Rolle als klassische Architektinnen oder Kuratorinnen, als Bauherrenvertreterinnen oder als Teil eines feministischen Kollektivs.

Aber was ändert sich in den Strukturen? Heißt auf Podien zu sprechen auch, im Anschluss den großen Auftrag zu erhalten? Die Ausgangslage weiblicher Karrieren im klassischen Architekturbetrieb bleibt weiterhin alarmierend. Seit 2006 schließen mehr Frauen als Männer das Architekturstudium ab. Sie machen jedoch seltener Karriere und bleiben eher in weisungsgebundenen Positionen. Im Jahr 2020 betrug der Frauenanteil der angestellten oder selbstständigen eingetragenen Architekten 35 Prozent.[3]

Wie sich diese Entwicklung in der Vergangenheit in den Strukturen deutscher Architekturbüros im Ergebnis niedergeschlagen hat, zeigt sich bei einer 2022 veröffentlichten Auswertung des BauNetz-Ranking Top 100 national: „Eine Auszählung der Partnerinnen oder Geschäftsführerinnen führt zu folgenden Ergebnissen: Von 100 Büros sind 64 in rein männlicher Hand. Weitere 32 werden gemeinsam geführt – hier aber selten paritätisch und nicht ein einziges Mal in weiblicher Überzahl – allein vier Büros sind in rein weiblicher Hand. [...] Natürlich ist es kein *Problem*, die erste Arbeitsstelle als Absolventin in einem Büro mit männlicher Geschäftsführung zu beginnen. Aber es ist augenöffnend, sich einmal das Gegenteil vorzustellen, macht es doch die Situation klar, die jeder Absolvent der Architektur nun einmal nach dem Abschluss vorfindet. Als Absolventin in einem renommierten Büro lernen zu wollen und dabei 64 Büros mit weiblicher Führung zur Auswahl zu haben und nur vier mit männlicher, ist kaum vorstellbar."[4]

Diese Veranschaulichung ist nur ein Indiz von vielen dafür, welche Situation junge Frauen in der Architektur erwartet. Forschungsergebnisse legen nahe, wie exkludierende Mechanismen bereits in der Ausbildung angelegt sind.[5] Hinzu kommen die Rahmenbedingungen einer in der Tendenz unterschiedlichen Sozialisierung von jungen Frauen und Männern, eine weiterhin ungleiche Verteilung von Care-Arbeit bei einer zunehmenden Rate der Frauenerwerbstätigkeit und familienpolitischen Anreize, die mit der Situation in der Architektur und ihrer eher traditionellen Arbeitskultur ungünstig zusammenwirken.[6]

Im Ergebnis fließt die Lebensrealität von Frauen, aber auch vieler anderer marginalisierter Gruppen proportional weniger in Planungsentscheidungen ein und unsere Umwelt wird vornehmlich aus der Perspektive einer im Verhältnis kleinen Gruppe der Gesellschaft geplant.

Architektinnen hingegen wenden sich anderen spannenden Perspektiven zu, die sie mehr willkommen heißen. Doch oft verlassen sie den geliebten Beruf nicht ganz, sondern entscheiden sich für architekturnahe, aber bauferne Bereiche und arbeiten in benachbarten Institutionen, Fachmedien, Stiftungen, in Verbänden oder im Mittelbau der Lehre – und prägen von dort aus Inhalte und Diskurse.[7]

Dieser Präsenz von Architektinnen außerhalb der Architekturkarriere aber ist es unter anderem zu verdanken, dass Frauen in der Architektur innerhalb einer relativ kurzen Zeit einen regelrechten Sichtbarkeitsschub erhalten. Als Planerinnen von Konferenzen, als Verlegerinnen, Kuratorinnen und Journalistinnen, als Forscherinnen und Aktivistinnen adressieren sie geschlechtsspezifische Themen, wirken gleichsam „von außen" auf ihr Fachgebiet und Berufsbild ein und setzen Frauen auf die Agenda. Sie erhöhen die Präsenz von Planerinnen und die Wertschätzung ihrer Leistungen maßgeblich. Darüber hinaus prägen sie eigene und neue Diskurse. Einige Beispiele dieser Entwicklungen sind:

- Die erfolgreiche, vorwiegend ehrenamtlich geführte Bewegung Architects for Future wurde 2019 von drei Architekturabsolventinnen gegründet.[8] Als wichtigste Akteurin der Klimabewegung in der Architektur hat die Initiative ein in der Tendenz weibliches Gesicht.
- Berufspolitisch engagierte Frauenkarrierenetzwerke haben in den letzten Jahren einen enormen Zuwachs verzeichnet und sorgen dafür, dass geschlechtsspezifische Fragestellungen, zum Beispiel der Gender-Pay-Gap, Teilzeit und eine tradierte Arbeitskultur zunehmend innerhalb der Berufspolitik adressiert werden.[9]
- Seit einem Jahrzehnt setzen sich Planerinnern auf nationaler Ebene in mehreren Ländern für die Auslobung von Architekturpreisen für Frauen ein. Der in Deutschland gegründete Verein Diversity in Architecture e.V. lobt 2023 den ersten internationalen Award für das Werk von Architektinnen aus.[10]
- Die baukulturelle Bildung ist weiblich: Vornehmlich von Frauen geprägte Initiativen, wesentliche Publikationen und Forschungsprojekte setzen sich dafür ein, dass die baukulturelle Bildung Eingang in die schulische und außerschulische Bildung findet.
- Heute sehr beliebte Städte wie Kopenhagen, Paris, Barcelona oder New York haben wesentliche Transformationsprozesse auf sich genommen, um ihre Attraktivität zu steigern. Auch wenn diese Entwicklungen im Team entstehen, wurden sie von Frauen initiiert, verantwortet und vor allem durchgesetzt. Tina Saaby, Anne Hidalgo, Ada Colao und Janette Sadik-Khan prägten ihre Städte aus ihren Positionen im öffentlichen Dienst maßgeblich.[11]

Diese Liste ist nicht abschließend, und vor allem nicht ausschließend. Auch viele Architekten und Planer setzen sich für eine Veränderung des Berufsbilds hin zu mehr Chancengleichheit und gerechteren Rahmenbedingungen ein. Unterstützend wirkt ebenso ein neues, interessiertes Publikum, das explizit und im Zuge eines größeren Interesses an Diversitätsthemen, an weiblichen Perspektiven interessiert ist: Planerinnen aller Fachrichtungen bekommen aktuell nicht nur eine Stimme, sondern ihnen wird interessiert zugehört.

Diese Präsenz auf mehreren Ebenen trägt zu einem Wandel der Wahrnehmung von außen bei. Sie ist ein wesentlicher erster Schritt, um die historische, institutionelle und strukturelle Diskriminierung in der Architektur abzubauen. Ein Kulturwandel von innen und eine damit verbundene Veränderung der Statistik müssen mitbringen, dass Frauen sie selbst bleiben, mehr noch, dass ihre Fähigkeiten und Erfahrungen das System ändern dürfen. Ein systemischer Wandel erfordert Forschung, auswertbare Daten zum Status quo und eine ehrliche Selbstreflexion der Branche. Er ist nicht nur *nice to have*: Auf dem Arbeitsmarkt fehlen die gut ausgebildeten Frauen. Dazu ruft insbesondere die gemeinsame Bewältigung der Herausforderungen der Klimakrise nach neuen Herangehensweisen und Handlungspraktiken außerhalb eines klassisch-kompetitiven Selbstverständnisses.

Die Früchte der Transformation der Planungskultur können wir in Zukunft hoffentlich in tieferen und breiteren Diskussionen und Aushandlungsprozessen beobachten und insbesondere in Städten und Landschaften erleben, die allen Lebensrealitäten gerecht werden und die gesamte Vielfalt unserer Gesellschaft abbilden.

Auswärtiges Amt, © Jürgen Hohmuth

BAM Adlershof © Philip Winkelmeier

AKTEUR
Bundesamt für Bauwesen und Raumordnung BBR

TEILNEHMERINNEN
Petra Wesseler
Präsidentin BBR
Dagmar Ruscheinsky
Leiterin des Leitungsstabes BBR
Eva Jedelhauser
Abteilungsleiterin BBR
Sonja Böckenholt, Pia Bornkessel, Andrea Koller-Ayrilmaz, Sybille Zittlau-Kroos
Referatsleiterinnen BBR
Beate Boenick
Projektleiterin BBR

Die Architektur ist weiblich

Referatsleiterinnen des Bundesamtes für Bauwesen und Raumordnung (BBR) stellten in einer Vortrags- und Gesprächsrunde zunächst Großprojekte vor, die sie maßgeblich steuern oder gesteuert haben. In einer anschließenden Podiumsdiskussion erörterten Akteurinnen mit verschiedenen Funktionen, Rollen und Lebensläufen in Architektur und Bauwesen die besonderen Herausforderungen ihres Berufsalltages und ihrer Karrieren in der nur noch scheinbaren „Männerwelt" Bau.

Petra Wesseler diskutierte mit Professorin Almut Grüntuch-Ernst, Margot Ehrlicher, Eva Jedelhauser, sowie Beate Boenick im BBR. Dagmar Ruscheinsky moderierte das Gespräch. Die Teilnehmerinnen erörterten in dieser Runde unter dem Titel „Frauen bauen. Die Architektur ist weiblich" aktuelle Fragen des Metiers und vermittelten ihre Erfahrungen und Sichtweisen, unter anderem zum Thema Gleichberechtigung an Hochschulen und in Architekturbüros.

Welche Argumente sprechen für einen Werdegang im öffentlichen Dienst? Welchen Stellenwert nehmen Teamwork, Kommunikation und vernetztes Denken ein? Und wie lässt sich die Wahrnehmung von Architektinnen in der Öffentlichkeit an die Leistungen anpassen, die sie erbringen?

Vier Architektinnen, die als Referatsleiterinnen im BBR umfangreiche Baumaßnahmen betreuen, stellten in Kurzvorträgen Projekte vor, die die Architektur der Hauptstadt prägen. Auf diese Weise verdeutlichten sie eindrücklich die Vielseitigkeit ihrer Arbeit, aber auch die damit verbundenen Herausforderungen.

Sybille Zittlau-Kroos war als Projektleiterin für den Neubau der Zentrale des Bundesnachrichtendienstes in Berlin verantwortlich. Sie erläuterte die in einem solchen Prozess notwendigen komplexen Abstimmungen mit Externen und die für einen erfolgreichen Projektverlauf erforderlichen Strukturen innerhalb des BBR. Andrea Koller-Ayrilmaz stellte exemplarisch aktuelle, bereits abgeschlossene und anstehende Baumaßnahmen vor, die das BBR unter ihrer Leitung in Berlin für das Auswärtige Amt steuert und umsetzt. Das Aufgabenspektrum reicht hierbei von Bauunterhalt über Umbauten, Sanierungen und Erweiterungen bis hin zu Neubauten – eine Generationenaufgabe.

Die Kolleginnen Sonja Böckenholt und Pia Bornkessel teilen sich erfolgreich seit mehreren Jahren die Leitung eines interdisziplinär aufgestellten Referats, das die Baumaßnahmen der Bundesanstalt für Materialforschung und -prüfung betreut. Dieses bisher im BBR nicht übliche Jobsharing einer Führungsaufgabe, bei der beide mit reduzierten Arbeitszeiten und Arbeitstagen tätig sind und somit als Doppelspitze fungieren, hat sich auch aufgrund des hervorragenden Koordinationsvermögens und der exzellenten Kommunikationsfähigkeiten beider Persönlichkeiten bewährt.

Die eingangs gestellten Fragen wurden in der Gesprächsrunde intensiv und unter Berücksichtigung vielfältiger, auch persönlicher Aspekten erörtert. Die Analyse zeigt, dass Planen und Bauen durchaus weiblich geprägt sind, dies aber von der allgemeinen Öffentlichkeit weniger wahrgenommen wird. Durch gezielte Öffentlichkeitsarbeit und Berichterstattung mit Fokus auf die zahlreichen Fachfrauen ließe sich dies perspektivisch ändern.

Bei einem zukunftsorientierten nachhaltigen Planen und Bauen sind interdisziplinäres Arbeiten, vernetztes Denken sowie strukturierte Kommunikation und der Mut, Althergebrachtes konstruktiv zu hinterfragen, unabdingbar. Die persönlichen Entscheidungen für einen Werdegang im öffentlichen Dienst sind vielfältig und individuell. Schwerpunkte wie die gute Vereinbarkeit von Familie und Beruf sowie die interessanten Großprojekte, die Prominenz der Nutzenden und die Vielseitigkeit der Aufgabenfelder im BBR zeichnen sich als Motivation ab. Die als Aufzeichnung online verfügbare Veranstaltung zeigte eindrücklich, wie präsent und gleichberechtigt Frauen im Bundesbau sind.

GÄSTE
Almut Grüntuch-Ernst
Architektin, Professorin,
Grüntuch Ernst Architekten
Margot Ehrlicher
Prüfingenieurin für Brandschutz,
Beirätin hhpberlin

BND-Neubau, © Alexander L. Obst & Marion Schmieding

© A. Schoen

FÜHRUNGEN

AKTEURIN
Vereinigung für Stadt, Regional- und Landesplanung e.V. SRL

Die Vereinigung für Stadt-, Regional- und Landesplanung (SRL) ist ein Verein von Personen, die in der räumlichen Planung tätig und sich ihrer mit dieser Tätigkeit verbundenen gesellschaftlichen Verantwortung bewusst sind. Der Verein ist politisch unabhängig und wirtschaftlich eigenständig.

Planungen in Berlins Mitte

Für die Vereinigung der Stadt, Regional- und Landesplanung ist es seit den 1980er Jahren selbstverständlich, Frauen gleichwertig in die Planung, in Institutionen und als Planende einzubeziehen. Dies wurde damals von den Planerinnen im Verband durchgesetzt, die eigene Fachzeitschrift entsprechend von *Planer* in *PlanerIn* umbenannt.

Nun muss darauf geachtet werden, das Erkämpfte und Erreichte nicht als selbstverständlich zu erachten, sondern die Erfolge zu erhalten. Daher hat der SRL am Festival *Women in Architecture* (WIA) mit einer Stadtführung zu Projekten der Berliner Mitte mitgewirkt – auch um Vorbild für die jüngere Generation zu sein.

Der Spaziergang führte zu Projekten von gesamtstädtischer Bedeutung, die stadtplanerisch interessant und aktuell sind. Vor allem ging es darum, die Bandbreite von stadtplanerischen Aufgaben und Herangehensweisen zu präsentieren: ein räumlich großflächiges Regionalmanagement, einen umfassenden Bürgerbeteiligungsprozess, eine Freiraumplanung sowie Projekte in einem Entwicklungsgebiet.

Bei allen Planungen leisteten Frauen einen maßgeblichen Beitrag beziehungsweise spielten bei deren Realisierung Frauen eine bedeutende Rolle. Deutlich wurde, dass Frauen wichtige Positionen einnehmen können und auch eingenommen haben. An den jeweiligen Orten stellten sie ihr Projekt, die Ziele, den jeweiligen Projektstand und das weitere Vorgehen vor. Neben dem Kennenlernen der Planungen ging es darum, unterschiedliche Verantwortlichkeiten und Vorgehensweisen zu präsentieren und die Arbeit von Frauen in der Stadtplanung sichtbar zu machen, ihre Wahrnehmung in der (Fach-)Öffentlichkeit zu fördern.

ANNALIE SCHOEN

: Standortmanagement

In der Debatte über die Entwicklung der Berliner Mitte, ausgehend von dem Raum am Alexanderplatz, wurde die Idee eines Standortmanagements entwickelt, das im Laufe der Bearbeitung 2018/2020 die Gebiete des Klosterviertels, den Molken- und Spittelmarkt, die Friedrichstadt, das Kulturforum, das Gleisdreieck, den Hauptbahnhof/Europacity einbezog. Das Planungsgebiet weist sehr unterschiedliche Funktionen aus: Regierungssitz, wirtschaftliches, kulturelles und wissenschaftliches Zentrum, touristischer Hotspot und urbaner Lebensort.

VORSTELLUNG
Susanne Jahn
Gründerin und ehemalige Geschäftsführerin Jahn, Mack & Partner, Berlin
Kerstin Lassnig
Inhaberin urbos, Berlin

Das Projekt „Kooperative Standortmanagement Berliner Mitte" wurde vom Bezirksamt Mitte verantwortet in enger Zusammenarbeit mit dem Bezirksamt Friedrichshain-Kreuzberg, der Senatsverwaltung für Stadtentwicklung und der Senatsverwaltung für Wirtschaft. Begleitet wurde der Prozess durch eine Lenkungsrunde der beteiligten Verwaltungen und finanziert als wirtschaftsfördernde Maßnahme aus Mitteln des Regionalbudgets der Gemeinschaftsaufgabe zur Verbesserung der regionalen Wirtschaftsstruktur (GRW). Beauftragt mit der Bearbeitung wurde 2018 das Büro Jahn, Mack & Partner in Zusammenarbeit mit urbos.

Wesentliche Ziele des Standortmanagements waren die Bildung eines Netzwerks der Akteure aus Wirtschaft, Kultur und Verwaltung, insbesondere der Interessen- und Standortgemeinschaften, Initiativen, Kulturinstitutionen und Einzelunternehmen, sowie die Herausbildung einer gemeinsamen Identität und gemeinsamer Images bei Wahrung der Spezifika der Teilräume. Im Dialog zu den Themen Stadtraum und Erdgeschosse, Tourismus, Verknüpfung von Standorten, Verkehr, öffentlicher Raum, Freiflächen sowie zur Leipziger Straße wurden Perspektiven und Vorgehensweisen vorgestellt und miteinander ausgetauscht.

: Stadtdebatte + Stadtwerkstatt

Der Gründungsort Berlins zwischen Fernsehturm und Spree wurde durch den Zweiten Weltkrieg zerstört und die DDR-Moderne hat dort eine große gestaltete Freifläche geschaffen. Marienkirche, Neptunbrunnen und das Berliner Rathaus sind als historische Wahrzeichen integriert. Seit der Wende gab es mehrere Konzepte für diesen Raum, aber keine politische Entscheidung. Dies sollte sich durch die 2015 initiierte ergebnisoffene Stadtdebatte der Senatsverwaltung für Stadtentwicklung und Umwelt ändern.

VORSTELLUNG
Ulla Hömberg
Projektleiterin, Senatsverwaltung für Stadtentwicklung und Wohnen

Insgesamt diskutierten über 10.000 Berliner*innen und Besucher*innen über die Zukunft der Berliner Mitte. Die Mehrheit der Bürger*innen will einen „Ort für alle", frei von Kommerzialisierung, mit Raum für kulturelle und politische Aktivitäten. Eine vollständige Bebauung wurde abgelehnt. Mit der Verabschiedung dieser Anforderungen als Bürgerleitlinien und deren Beschluss seitens aller Fraktionen im Juni 2016 im Abgeordnetenhaus wurde die Grundlage für die weitere Entwicklung geschaffen.

2018 wurde die Beteiligung mit ausgedehntem Projektgebiet und festem Veranstaltungsort als Stadtwerkstatt weitergeführt. Bürger*innen erhielten durch sie wieder die Möglichkeit, sich an stadtplanerischen Prozessen der Verwaltung zu beteiligen. Innerhalb der Stadtwerkstatt wurden Empfehlungen für die Politik erarbeitet.

Dies betraf vor allem die Berliner Mitte mit mittlerer Spreeinsel, dem Rathausforum, dem ehemaligen Staatsratsgarten/Flussbad, aber auch Projekte außerhalb: City West, Siemensstadt und Friedrich-Ludwig-Jahn-Sportpark. Die teils umfangreichen städtebaulichen Projekte wurden von den zuständigen Senatsverwaltungen in die Stadtwerkstatt eingebracht und von verschiedenen Projektträger*innen umgesetzt.

: Umfeld Humboldt Forum

VORSTELLUNG
Ellen Kallert
Landschaftsarchitektin, Büroleiterin bbz landschafts-architekten Berlin; Lehrauftrag Berliner Hochschule für Technik (BHT)

Das Berliner Stadtschloss war über lange Zeit der Geschichte Berlins urbaner Mittelpunkt, der mit dem Abriss verloren ging. Die Reurbanisierung des historischen Zentrums setzte sich nach der Wiedervereinigung durch – mit einem Gebäude in der Kubatur des ehemaligen Schlosses, dem heutigen Humboldt Forum.

Für den umgebenden Freiraum sieht der 2013 prämierte Wettbewerbsentwurf eine zeitgenössische Gestaltung vor. Er greift die historischen Spuren auf, vermittelt zum Lustgarten sowie zur Breiten Straße und entwickelt das Spreeufer zu einem attraktiven Stadtraum. Ein Dreiklang aus steinernen Bankmonolithen, bequemen Lehnbänken mit Holzbelattung und einer freien Bestuhlung unter den Baumhainen schafft vielfältige individuelle Sitzgelegenheiten.

Die ehemaligen Schlossterrassen bilden ein räumlich vegetatives Verbindungselement zum Lustgarten. Mit breiten Granitmauern gefasst, bieten die Terrassen einen herausgehobenen grünen Aufenthaltsort. Dort entsteht ein neuartiges, stimmungsvolles Pflanzbild, das das Forschen Alexander von Humboldts in Form von sich wiederholenden Vegetationstableaus erfahrbar werden lässt.

Der südliche urbane Vorplatz wird durch große skulpturale Bankelemente mit vielfältigen Sitzmöglichkeiten gegliedert, er übernimmt aber auch verschiedene für das Humboldt Forum erforderliche Funktionen (z. B. Feuerwehrzufahrten, Aufstellflächen) und verkehrlichen Anforderungen (mobilitätseingeschränkte Personen). Durch die Mischverkehrsflächen sowie die großzügigen Pflasterflächen um das Humboldt Forum wird die Vielzahl funktionaler Anforderungen in einer der Bedeutung des Ortes angemessenen Weise erfüllt. Neben dem Freiheits- und Einheitsdenkmal entsteht eine Freitreppe zum Spreekanal.

© Lichtschwaermer_bbz

: Projekte am Petriplatz

VORSTELLUNG
Annalie Schoen
Ehemalige Leiterin des Hauptstadtreferates der Senatsverwaltung für Stadtentwicklung und Wohnen

Der Petriplatz bildet mit Petrikirche, Lateinschule und Köllnischem Rathaus den Mittelpunkt Cöllns, einer der beiden mittelalterlichen Gründungsstädte Berlins. Die letzte neogotische Petrikirche vom Architekten Strack wurde im Zweiten Weltkrieg schwer zerstört und 1962–1964 abgebrochen. Die archäologischen Grabungen 2007–2009 führten zur Umplanung des städtebaulichen Konzepts, umgesetzt im 2016 festgesetzten Bebauungsplan. Mit der zukünftigen Bebauung wird der älteste Ort der Berliner Mitte attraktiver.

Den Architekturwettbewerb für ein archäologisches Zentrum gewannen 2012 Florian Nagler Architekten mit C. Kautz. In ihrem Entwurf werden die Grundmauern der ausgegrabenen Lateinschule, die Werkstätten und archäologischen Prozesse präsentiert. Richtfest war im Juni 2021, die Eröffnung ist für Mitte 2023 geplant. Der als „archäologisches Fenster" gestaltete neue Petriplatz liegt als Plateau über Straßenniveau und ermöglicht Einblicke in die Grabungsebene unterhalb des Platzes. Auf Initiative der evangelische Kirchengemeinde St. Petri wurde die Idee eines interreligiösen Zentrums am Ursprungsort des Sakralbaus entwickelt. Aus dem dafür ausgelobten Architekturwettbewerb gingen Kuehn Malvezzi Architekten als Gewinner hervor. Ihr Konzept sieht auf den Grundmauern der Petrikirche das House of One vor. Dieses steht mit dem archäologischen Haus (PETRI Berlin) auf einem Sockel, sie bilden ein Ensemble. Die drei Religionen (Judentum, Islam, Christentum) erhalten im House of One je einen eigenen Gottesraum, angeordnet um einen kuppelüberwölbten Zentralraum in einem 44,5 Meter hohen Turm. Im Mai 2021 wurde der Grundstein gelegt, ab 2022 wird ein nutzbarer Rohbau entstehen, die endgültige Fertigstellung ist aber noch offen.

Grundmauern Lateinschule–Archäologie 2009, © A. Schoen

© Björn Schumann

FÜHRUNG

AKTEUR
Bundesamt für Bauwesen und Raumordnung BBR

TEILNEHMERINNEN
Barbara Große-Rhode
Referatsleiterin
Astrid Marlow
Projektleiterin
Pergamonmuseum
Miriam Plünnecke
Projektleiterin
James-Simon-Galerie

In einem virtuellen Rundgang auf der Berliner Museumsinsel erläutern drei Architektinnen des Bundesamtes für Bauwesen und Raumordnung (BBR) den Masterplan für das UNESCO-Weltkulturerbe und geben Einblicke in aktuelle Entwicklungen.

Drei Frauen für die Museumsinsel

Mit erfahrenem Blick auf das Pergamonmuseum und die James-Simon-Galerie auf der Museumsinsel berichtet die verantwortliche Referatsleiterin und studierte Architektin Barbara Große-Rhode gemeinsam mit den Projektleiterinnen Astrid Marlow und Miriam Plünnecke in dem Film *Drei Frauen für die Museumsinsel. Ein Bauprojekt als Generationenaufgabe* über Aufgaben und Arbeitsabläufe im Zusammenhang mit diesen umfangreichen Baumaßnahmen.

Diese drei Frauen stehen exemplarisch für die zahlreichen Architektinnen und Architekten sowie Bauingenieurinnen und Bauingenieure des BBR, die mit eigener baufachlicher Kompetenz die Bauprojekte des Bundes in Berlin, Bonn und im Ausland von den ersten Ideen und Masterplänen über Wettbewerbe und Vergabeverfahren bis zur vollständigen Fertigstellung verantworten. Der Bauunterhalt und Umbauten gehören ebenfalls zum Aufgabenspektrum.

Besonders herausfordernd bei den im Rundgang präsentierten Projekten ist, dass stets ein Großteil der Museen der Öffentlichkeit zugänglich bleiben muss. Dabei verantworten die Mitarbeiterinnen und Mitarbeiter des BBR sensible Abstimmungen, unter anderem mit dem Landesdenkmalamt, der Stiftung Preußischer Kulturbesitz als Bauherrin, der Beauftragten der Bundesregierung für Kultur und Medien sowie den Museumsleitungen.

Darüber hinaus kommt dem BBR als Bundesoberbehörde eine besondere Vorbildfunktion in Fragen der Nachhaltigkeit, der Barrierefreiheit und der Baukultur zu.

FÜHRUNG

AKTEUR
Bund Deutscher Baumeister, Architekten und Ingenieure BDB

ORGANISATORINNEN
Anja Beecken
Architektin
Jennifer Uka
Ingenieurin

TEILNEHMERINNEN
Margit Flaitz
Innenarchitektin
Marianne Mommsen
Landschaftsplanerin

KunstCampus Europacity

Moderiert von Anja Beecken und Jennifer Uka, präsentierten Innenarchitektin Margit Flaitz und Landschaftsplanerin Marianne Mommsen ihre Arbeit im Stadtviertel Europacity. Es entsteht unweit des Berliner Hauptbahnhofs auf dem Gebiet des ehemaligen Niemandslandes der einst geteilten Stadt.

Die Führungen stellten die Arbeit von Planerinnen in den Mittelpunkt – dort, wo sich gerade dem ungeübten Auge planerische Zusammenhänge oft verschließen. Dieses Ziel wurde dank der fachkundigen Vortragsweise der beiden Planerinnen auch erreicht.

Den Auftakt machte die Innenarchitektin Margit Flaitz. Sie präsentierte die bauliche Umsetzung ihres Entwurfs des Empfangsbereichs des KunstCampus, eines Gebäudes mit über 100 Wohnungen im Europacity-Quartier. Frau Flaitz, die seit vielen Jahren ihr eigenes Büro führt und eine Vielzahl von teils ausgezeichneten Projekten im In- und Ausland durchführte, erläuterte den trotz großer Hitze angereisten Gästen ihr ausgeklügeltes Raum-, Leit-, Akustik- und Lichtkonzept. Optisches Highlight: die kunstvolle Wandbeleuchtung, die einen hinter dem Haus fließenden Seitenkanal der Spree thematisch aufgreift. Im Anschluss ging es ins Freie: Die Landschaftsarchitektin Marianne Mommsen, die mit ihrem Büro relais Landschaftsarchitekten die parkähnlichen Außenanlagen des KunstCampus plante, erläuterte den Teilnehmer:innen ihr Konzept und dessen Umsetzung. Sie ging auch auf die schwierige Zusammenarbeit mit dem zuständigen Bezirksamt und der Stadt Berlin ein, die das Projekt vor die eine oder andere Herausforderung stellte. Frau Mommsen ist seit 2020 Mitglied im Gestaltungsbeirat Öffentliche Räume in Berlin und war Preisrichterin bei etlichen Ausschreibungen und Wettbewerben.

Beiden Referentinnen sowie Anja Beecken und Jennifer Uka gebührt großer Dank. Frau Beecken ist Inhaberin eines Architekturbüros und Stellvertretende Landesvorsitzende des Bundes Deutscher Baumeister (BDB) Berlin-Brandenburg. Frau Uka ist Inhaberin eines Ingenieurbüros und Beraterin im Bildungswerk des BDB.

THOMAS BUSSEMER

© Landschaftsarchitektur+Video

Landschaften, die glücklich machen

GESPRÄCH

AKTEUR
Bund Deutscher Landschafts-architekt:innen bdla Berlin-Brandenburg

***Women in Landscape Architecture* (WILA 24h) – ein Beitrag von Frauen unter dem Dach der Landesgruppe Berlin-Brandenburg des Bundes Deutscher Landschaftsarchitekt:innen (bdla).**
Die Herausforderungen an die Landschaftsarchitektur und ihre Protagonist:innen spielen sich zwischen Ökologie und Technik, Chancengleichheit und Durchsetzungsfähigkeit ab. Schönheit und soziale Nachhaltigkeit sind dabei Aspekte, die über der drängenden Klimawandeldebatte nicht vergessen werden sollten. Das lange Wochenende der Landschaftsarchitektur bot Best-Practice-Vorgehen, Formate gegen Rollenklischees, eine Filmpremiere und Möglichkeiten zum Networking.

„Wir sind die Kerndisziplin für die Anpassung der Städte an den Klimawandel", sagt Antje Backhaus in *Loop the Landscape*, einem Kurzfilm, entstanden zum Festival *Women in Architecture* (WIA), in dem Susanne Isabel Yacoub Berliner Landschaftsarchitektinnen und ihre herausragenden Projekte im Zeitraum von 2011 bis 2021 porträtiert. Was sich inzwischen als Begriff der Grünen Infrastruktur im Bewusstsein der Öffentlichkeit fortgepflanzt hat, nämlich die Bedeutung von Freiräumen für die Klimaanpassung, danach planen Landschaftsarchitektinnen seit Langem. Somit sind sie längst schon wieder einen Schritt weiter: Neben den technischen Aufgaben, die unsere Landschaften und Stadträume zukünftig für Regenwassermanagement, Energiegewinnung oder Klimaanpassung übernehmen müssen, darf die Gesellschaft ihre ebenso wichtige Bedeutung für Teilhabe, aber auch Gefühl, Schönheit und Poesie nicht vergessen. Mehrfach fällt in dem Film mit seinen zehn Protagonistinnen das Wort Glück.

„Wiedergutmachen, etwas heilen können, ist tatsächlich eine Mission", beschreibt Barbara Hutter ihre berufliche Motivation und betrachtet sich als erfolgreich, weil sie ihrem „Spaß am Fabulieren" vertrauen kann. In Sachsen-Anhalt verwandelte sie das Gebiet um eine ausrangierte Zuckerfabrik in einen preisgekrönten Park.

Auch Mareike Schönherr schwört auf „Witz" als Mittel zur Erfüllung der „ernsthaften" Aufgaben ihrer Profession. Für eine Baugruppe im Berliner Bezirk Prenzlauer Berg gelang ihr mit BIGyard ein schmaler Innenhof, in dem bis zu 60 Kinder spielen können, ohne sich und erwachsene Mitbewohner:innen zu stören. Sei es angesichts solch vertrackter Herausforderungen an die Toleranz unter Nachbar:innen oder die vielbeschworene räumliche Funktionalität, sei es im Klima-, Boden- oder Artenschutz:

Frei-Raum ist immer auch metaphorisch zu verstehen. Das bewiesen auch alle Führungen während des WIA-Festivals, als Landschaftsarchitektinnen vor Ort ihre Lösungen für die Stadtgesellschaft von morgen präsentierten.

14 Jahre verfolgten Ulrike Böhm und ihr Team hartnäckig einen Entwurf – vom gewonnenen Wettbewerb bis zur Realisierung; bis aus dem zuvor verschwundenen Ufer der Südpanke zwischen Wedding und Berlin-Mitte ein naturnaher Grünzug wurde. Direkt gegenüber des hermetisch abgeschirmten Bundesnachrichtendienstes kann man heute spazieren gehen. Lioba Lissner holte – konkurrierend um verfügbaren Platz – ein Optimum an individuell gestalteten Vorgärten, Spielräumen, Plätzen und Fahrradgaragen heraus für den autofreien Möckernkiez: Berlins bislang größtes Baugruppenmodell – ein ökologisch ausgerichteter neuer Stadtteil in Kreuzberg.

Am Letteplatz in Reinickendorf erreichte Barbara Willecke durch Beteiligungsformate eine entscheidende Wende für diesen zentralen Kiezplatz, der ausgelöst durch Drogenkriminalität sozial zu kippen drohte. Heute toben hier konfliktfrei Kinder aus aller Welt über die grüne Wiese, gehen Menschen jeden Alters unbeschwert wie in einem Wimmelbild ihren Freizeitinteressen nach, bewegen sich Sportbegeisterte neben Stadtflaneur:innen. Kriminalität ist kein Thema mehr.

Nicht erst die Pandemie hat die wichtige soziale Funktion städtischer Freiräume vor Augen geführt. So stehen Landschaftsarchitektinnen als Gestalterinnen des öffentlichen Raums in immenser gesellschaftlicher Verantwortung. Denn wenn Räume nicht funktionieren, liege das am Raum, nicht an den Menschen, „weil er den Menschen ein Miteinander nicht ermöglicht", erklärt Barbara Willecke. Inklusiv zu planen, als dienende Disziplin, ruft sie zum Maßstab des Handelns aus. Dafür braucht es Gerechtigkeit auf vielen Ebenen: Flächen, Budget, Beteiligungsmöglichkeiten. Es geht darum, die „Einschreibemöglichkeiten" für die Entwicklung der Städte gendergerechter, sozial gerechter und inklusiver zu machen, fordert Undine Giseke.

Gibt es eine weibliche Herangehensweise an Planung? Das ist eine Frage, die immer wieder am WILA-Wochenende aufkam. Auch weil Frauen nach wie vor den größten Teil der Care-Arbeit schultern, entwickelt sich ein anderer Blick auf den Stadtraum. Wer sich etwa mit einem Kinderwagen fortbewegt, weiß bald, wo es an der Barrierefreiheit des städtischen Raums hapert. Es gibt Methoden der Zusammenarbeit, eine Sicht der Dinge, die mit Kolleginnen häufiger zu teilen ist als mit Kollegen.

„Es gibt keinen weiblichen Gestaltkanon, aber es gibt einen diverseren Diskurs", analysierte die damalige Berliner Senatsbaudirektorin Regula Lüscher in der WILA-Auftaktdiskussion.

VERA HERTLEIN-RIEDER, SUSANNE ISABEL YACOUB

AUFTAKTGESPRÄCH
Regula Lüscher
Senatsbaudirektorin
Prof. Barbara Hutter
Hutterreimann Landschaftsarchitektur GmbH
Prof. Undine Giseke
TU Berlin,
bgmr Landschaftsarchitekten
Antje Backhaus (Moderation)
gruppe F Freiraum für alle GmbH
Emeline Gayerie (Moderation)

FILMPREMIERE UND PUBLIKUMSGESPRÄCH
Meet the Stars
Susanne Isabel Yacoub
Landschaftsarchitektur+Video
Vera Hertlein-Rieder
(Moderation)

FÜHRUNGEN ZU PROJEKTEN
Berliner Landschaftsarchitektinnen

© hochC

© Klemens Renner

VERNISSAGE

AKTEUR
Bund Deutscher Architektinnen und Architekten BDA Berlin

KURATORINNEN BDA, v.l.n.r.:
Nataliya Sukhova, Marika Schmidt, Katja Pfeiffer, Petra Vellinga, Laura Forgarasi-Ludloff, Anne Lampen, Christiane Fath, Anna Hopp, Anna Lemme Berthod, Pia Maier Schriever

Das Gründerinnen-Paradox

Warum machen sich deutlich weniger Frauen in der Architektur selbstständig als Männer? Was sagen erfolgreiche Bürogründerinnen dazu? Und lohnt es sich – trotz Klischeegefahr –, eine „weiblichere" Architekturwelt zu fordern?

Fragt man erfolgreiche Bürogründerinnen danach, ob sie sich als Frauen in ihrem Beruf jemals benachteiligt gefühlt haben, bekommt man als Antwort nicht selten ein Nein zu hören. Kann man also schlussfolgern, dass eine Gleichstellung bereits erreicht ist? Sicher nicht.

Die paradoxe Situation hat vielmehr damit zu tun, dass die Frage an jene adressiert ist, die sich durch ihre Hingabe, Hartnäckigkeit und Risikobereitschaft bereits etabliert haben und mit völliger Selbstverständlichkeit ihrem Beruf nachgehen. Eigentlich müsste sich die Frage an diejenigen Frauen richten, die sich trotz ihrer Fähigkeiten und Neigungen *gegen* die Selbstständigkeit entscheiden oder diese gar nicht erst in Erwägung ziehen, denn die Zahlen deuten momentan nicht auf Chancengleichheit hin: Die Anzahl der Frauen, die sich mit eigenen Büros selbstständig machen, ist trotz der seit Jahren hohen Quote von über 50 Prozent Architekturstudentinnen weiterhin niedrig.

Die Gründe dafür sind vielfältig. Der Architekturbetrieb ist immer noch von männlichen Rollenvorstellungen durchdrungen, nicht nur in vielen Büros, sondern auch bei der Bauherrschaft, bei den Entscheidungsträger*innen in Gremien und in der Lehre. Zudem erfordert die Selbstständigkeit ein hohes Maß an Zeit, Kraft und Ausdauer – angesichts einer immer noch asymmetrischen Aufgabenverteilung im Familienleben und mangelnder Betreuungsangebote erscheint dies für viele Frauen nicht leistbar. Eine paritätische Aufteilung von Care-Arbeit wird in Partnerschaften zwar immer selbstverständlicher, dennoch ist es weiterhin eher die Frau, die sich beruflich zurücknimmt, in Teilzeit geht oder einer vermeintlich gesicherteren Profession nachgeht.

Dies wird verstärkt durch immer noch tief verankerte Vorurteile und Mechanismen der Benachteiligung gegenüber Mädchen und Frauen, die mitunter sehr subtil sind und oft schon bei der Erziehung einsetzen.

Um junge Architektinnen zu ermutigen, müssen Bürogründerinnen in der Architektur sichtbarer werden. Damit könnten sie nicht nur Vorbild sein für junge Frauen, sondern für alle, die in der Architektur den Weg der Selbstständigkeit beschreiten möchten. Die Anzahl kleinerer und mittelgroßer Architekturbüros in Deutschland nimmt in der Tendenz ab, die Qualität unserer gebauten Umwelt ist dadurch gefährdet; in anderen Ländern ist das Aussterben heterogener Bürolandschaften bereits Realität. Büroneugründungen sind daher bedeutsam und gerade mit Blick auf junge Architektinnen schlummert hier ein gewaltiges Potenzial. Zugleich muss insgesamt dafür gekämpft werden, dass junge Büros eine Chance bekommen. Insbesondere im Wettbewerbswesen, das früher deutlich öfter als Sprungbrett dienen konnte, sind die Zugangshürden für junge Büros heute oft kaum mehr zu überwinden.

Auch die Frage, wie ein größerer Frauenanteil sich auf die Architektur auswirkt, wie also eine „weiblichere" Architekturwelt verfasst sein könnte, erscheint nicht unproblematisch. Denn was heißt „weiblich"? Man will schließlich nicht die Klischees reproduzieren, die man eigentlich lieber hinter sich lassen würde. Dennoch lohnt sich der Blick dahin, wo unsere Vorstellungen von Architektur sowie der architektonischen Praxis noch stark von bestimmten Männlichkeitsbildern durchsetzt sind. Momentan ist eine zögerliche, aber deutliche Entwicklung zu spüren, die weg vom Ideal des weitgehend allein und genialisch agierenden (meist männlichen) Architekten führt und stattdessen kooperative und transdisziplinäre Prozesse in den Vordergrund stellt. Ebenso rücken soziale Gefüge sowie der Erhalt des baulichen Bestands in den Vordergrund – traditionell eher weiblich konnotierte Begriffe wie Sorgetragen und Empathie werden dabei gestärkt. Auch kommunikative und vermittelnde Eigenschaften, die man landläufig vielleicht eher Frauen zuschreibt, werden immer bedeutsamer. Insofern ist ein feministischer Ansatz in der Architektur nicht nur auf die Akteur*innen, sondern auch auf das Berufsbild, die Arbeitspraktiken und Denkmuster zu beziehen – das alles nicht als Selbstzweck, sondern um Architektur zu bereichern und Stimmen aus vielfältigen Lebensrealitäten berücksichtigen zu können. Wir sind inmitten einer Entwicklung, die sicher schon in die richtige Richtung führt. Die Frage ist nur, wie schnell wir in Richtung einer vollständigen Gleichstellung (die natürlich nicht bei Frauen aufhören darf) voranschreiten.

ELINA POTRATZ

© Klemens Renner

GESPRÄCH

v.l.n.r.:
Marika Schmidt (Moderation)
mrschmidt Architekten
Almut Grüntuch-Ernst
Grüntuch Ernst Architekten
Helga Schmidt-Thomsen
Pia Maier Schriever
Rustler Schriever Architekten

MUSIK
Jule Anderhalten

VIDEOTECHNIK
Architekturclips

AUSSTELLUNG

AKTEUR
Bund Deutscher Architektinnen und Architekten BDA Berlin

KURATORINNEN
Christiane Fath
Laura Forgarasi-Ludloff
Anna Hopp
Anne Lampen
Anna Lemme Berthod
Pia Maier Schriever
Katja Pfeiffer
Marika Schmidt
Nataliya Sukhova

KOORDINATION
Petra Vellinga

GAST
Doris Kleilein
jovis Verlag

Frauen sind im Architekturbetrieb noch immer zu wenig präsent: Kulturelle Konventionen führen dazu, dass eher dem männlichen Teil eines Teams die Autorenschaft zugeschrieben wird. Architektinnen, die ihr eigenes Büro gründen, hebeln diesen Mechanismus aus: Sie verschwinden nicht hinter ihren Partnern und sind dringend gesuchte *Role Models* – wie die US-amerikanische Architektin und Büroinhaberin Jeanne Gang, die sich gerne in Siegerpose vor einem ihrer Hochhäuser porträtieren lässt.

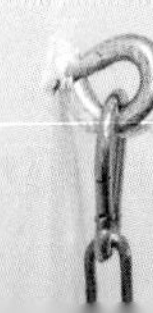

Werkschau BDA-Galerie, © Klemens Renner

Der Jeanne-Gang-Effekt

Natürlich gibt es auch in Deutschland Frauen, die Hochhäuser bauen. Dennoch denke ich beim Thema Präsenz von Architektinnen zuerst an Jeanne Gang, deren 262 Meter hohes Wohnhochhaus nahe dem Lake Shore Drive in Chicago in den Himmel mäandert. Die US-Amerikanerin fällt auf, nicht nur wegen ihrer preisgekrönten Architektur und ihrem eigenen Großbüro, sondern auch, weil sie sich mit einer Mischung aus Selbstbewusstsein und Lässigkeit in der Presse zeigt – mit Posen, die man sonst eher von männlichen Kollegen gewohnt ist: ohne Begleitung, mit verschränkten Armen. Ich kann mir kaum vorstellen, dass sie sich eine dieser Fragen gefallen lassen würde wie: Ist der Entwurf auch von Ihnen? Oder waren Sie eher für die Ausführungsplanung zuständig? Wäre sie die Hälfte eines *Power Couples of Architecture* (wie in den USA erfolgreiche Architekturehen bezeichnet werden), wäre sie dann auch so im Vordergrund zu sehen? Oder würde die Öffentlichkeit sie als Ehefrau des Architekten wahrnehmen? Das mag nach längst vergangenen Zeiten klingen, passiert aber selbst herausragenden Architektinnen bis heute: Ich denke nur an Denise Scott Brown, deren langjährigem Büro- und Lebenspartner Robert Venturi 1991 alleine der Pritzker-Preis verliehen wurde; oder an Lu Wenyu, die 20 Jahre später mit derselben Geste unter den Teppich gekehrt wurde (ihr Partner Wang Shu bekam den Preis).

Dabei soll es an dieser Stelle weder um das höchste Hochhaus noch um Männer-Bashing gehen: Die junge Architekturgeneration setzt ohnehin auf Post-Wachstum und Teamarbeit, nicht auf „höher – schneller – weiter" und einen Geniekult. Doch nach wie vor fehlt es an weiblichen Vorbildern, sind es die Männer, die im Rampenlicht stehen: „Wir wachsen mit Helden und Göttern auf, die alle männlich sind", stellte unlängst die britische Architektin Alison Brooks fest. Oder mit solchen, die mit

Werkschau BDA-Galerie,
© Klemens Renner

Männern zusammenarbeiten, würde ich ergänzen – denn das sind (bis auf Zaha Hadid) die Architektinnen, dir mir im Studium begegnet sind: von Lilly Reich über Ray Eames bis hin zu Liz Diller und Anne Lacaton. Das von Frauen gegründete und selbst oder mit einer Partnerin geführte Architekturbüro bleibt die Ausnahme: In Deutschland sind es aktuell 22 Prozent aller Büros.

Die meisten Kommilitoninnen aus dem Zeichensaal (wo Frauen mehr als die Hälfte ausmachen) kommen auf dem Weg abhanden, arbeiten anonym und angestellt, in Bürogemeinschaften oder weichen auf andere Felder aus. Dabei ist das eigene Büro noch immer das Ideal, das eigene Werk der Weg zur Professur. Wie viel selbstverständlicher wäre es für Absolventinnen, ein Büro zu gründen, hätten sie bereits bei einer Architektin gearbeitet oder eine Professorin gehabt, die sie förderte! Auch heute müssen sich Architekturstudentinnen ihre *Role Models* jenseits der Universitäten suchen: in Publikationen, bei Initiativen, in Ausstellungen, auf Festivals, in Vorlesungsreihen außerhalb des Lehrplans. Businesspläne, Karrierecoaching und Finanzierungsmodelle gehören nicht zur Architekturausbildung, sodass sich etablierte Strukturen wiederholen.
Genau genommen beginnt sich das hierarchisch organisierte Feld der Architektur erst seit der MeToo-Debatte zu verändern. 2018 schwappte sie zeitversetzt in Architekturbüros und Hochschulen und führte dazu, dass viel zu lange als unveränderbar hingenommene Zustände neu diskutiert wurden: der Gender-Pay-Gap, die Vereinbarkeit von Familie und Arbeit, die Abwesenheit von Frauen in Leitungspositionen. Erst seit dieser Zäsur sind ausschließlich männlich besetzte Gremien und Podien ein Zeichen für Rückständigkeit, wird das Festhalten an verkrusteten Hierarchien zum Wettbewerbsnachteil. Und damit sind wir bei dem eigentlichen Dilemma: Die Profession, die das tägliche Umfeld – von Wohnungen bis hin zu öffentlichen Räumen – gestaltet, bildet in Gender- und Diversityfragen leider alles andere als eine gesellschaftliche Avantgarde. Nicht nur Frauen, sondern allen, die das normative Schema nicht erfüllen, fehlen Vorbilder und Strukturen. Die großen Transformationen, vor denen Gesellschaften derzeit stehen, sind mit den bekannten Strategien nicht zu gestalten.

Von neuen Wohnformen bis zur CO_2-Einsparung beim Bauen: Ich wüsste nicht, wie die Architektur ohne strukturelle Veränderungen der Produktionsbedingungen vorne mit dabei sein könnte. Die Sichtbarkeit von Frauen gehört dazu.
DORIS KLEILEIN

Werkschau BDA-Galerie, © Klemens Renner

KATALOG

EINFÜHRUNG
Julia Dahlhaus
DMSW Architekten,
Anne Lampen
Anne Lampen Architekten,
Vorstand BDA Berlin

PRÄSENTATION
AUSSTELLUNGSKATALOG
Anna Lemme Berthod
Lemme Locke Lux Architektinnen

IM GESPRÄCH MIT
Doris Kleilein
jovis Verlag

Begleitend zur Ausstellung in der Berliner Galerie des Bundes Deutscher Architektinnen und Architekten (BDA), zu Talks und einer Plakataktion im öffentlichen Raum erschien der Katalog *ARCHITEKTINNEN.BDA* im jovis Verlag. 50 kurze Interviews geben Einblick in Haltung und Werk der Architektinnen und ergänzen die ausgewählten Architekturen.

Präsenz zeigen und die Bedeutung von Architektinnen für die zeitgenössische Baukultur sichtbar machen: Unter diesem Leitsatz stand die Werkschau *ARCHITEKTINNEN.BDA*, ein Beitrag des BDA Berlin zum Festival *Women in Architecture* (WIA) in Berlin 2021.

Die Ausstellung in der Berliner BDA-Galerie präsentierte die geballte weibliche Kompetenz des Berliner Landesverbands – als Gemeinschaft individueller Köpfe, die das Engagement für den Berufsstand und die Baukultur eint. Rund 50 Architektinnen und außerordentliche Mitglieder waren dem Aufruf des Kuratorinnenteams gefolgt, sich mit einer Auswahl ihres Schaffens zu präsentieren. Jede Teilnehmerin beteiligte sich mit drei Motiven ihres Werks. Ergänzend wurde eine digitale Präsentation im Schaufenster der Galerie gezeigt, welche die Arbeiten der Teilnehmerinnen auch während der Schließzeiten der Galerie erlebbar machte.

ARCHITEKTINNEN DER WERKSCHAU

Inken Baller . Christin Baumeister . Anne Boissel . Astrid Bornheim . Benita Braun-Feldweg . Vanessa Miriam Carlow . Julia Dahlhaus . Christine Edmaier . Christiane Fath . Ulrike Flacke . Laura Fogarasi-Ludloff . Silke Gehner-Haas . Doris Gruber Almut Grüntuch-Ernst . Heike Hanada . Saskia Hebert . Susanne Hofmann . Anna Hopp . Astrid Kantzenbach-Mola . Luise King . Brigitte Kochta . Anne Lampen . Anna Lemme Berthod . Kim Le Roux . Tanja Lincke . Cornelia Locke . Pia Maier Schriever Fuensanta Nieto . Nina Otto . Sarah Perackis . Katja Pfeiffer . Lydia Rintz . Sarah Rivière . Gudrun Sack . Christiane Sauer . Carola Schäfers . Susanne Scharabi Marika Schmidt . Helga Schmidt-Thomsen . Christiane Schuberth . Margit Sichrovsky Judith Simon . Susanne Sturm . Nataliya Sukhova . Susann Walk . Anna Weber Gesine Weinmiller . Beatrix Wuttke

: TO GO

Neben der Ausstellung in der Galerie des Bundes Deutscher Architektinnen und Architekten (BDA), in der knapp 50 Architektinnen ihre Werke zeigten, dem sogenannten Generationen-Gespräch zur Vernissage sowie dem *Bauwelt*-Talk im Deutschen Architektur Zentrum (DAZ) beteiligte sich der BDA Berlin auch mit einer besonderen Aktion: Rund 300 Litfasssäulen waren plakatiert mit Postern aus der Ausstellung – eine Aktion, die Aufmerksamkeit generierte und deren Dokumentation auf der Instagramseite des BDA auf breites Interesse stieß.

Ursprünglich war es als Notlösung gedacht. Angesichts der pandemischen Lage war lange unsicher, ob überhaupt eine Ausstellung in der Galerie möglich sein würde. Um sich aber auf jeden Fall zu beteiligen an dem Festival *Women in Architecture* (WIA) in Berlin im Juni 2021, entwickelte das Kuratorinnenteam die Idee, dass, falls die Interessierten nicht zur Ausstellung in die Galerie kommen könnten, die Ausstellung eben zu ihnen komme – in den öffentlichen Raum, mit Postern, plakatiert im gesamten Innenstadtbereich.

Eine ebenso kluge wie mutige Entscheidung: Zwar ist ein Plakat erst einmal per se eine Mitteilung an eine anonyme Gruppe von Empfängern, bei der man nicht weiß, ob sie den oder die Einzelne erreicht und wie diese(r) darauf reagiert, aber eine Botschaft an eine Öffentlichkeit jenseits der Fachwelt stellt die konsequente Umsetzung des Mottos der Ausstellung dar – nämlich den tagtäglichen Beitrag und die Bedeutung von Architektinnen für die Baukultur sichtbar zu machen.

Insgesamt 300 Litfasssäulen wurden mit je zwei DIN-A1-großen Postern plakatiert. Neben dem Plakat zur Ankündigung der Schau in der Galerie war jeweils eine der Ausstellungstafeln der teilnehmenden Architektinnen abgebildet, versehen mit dem Namen der Verfasserin und einem Schlagwort. Am Adenauerplatz in Charlottenburg und in der Torstraße in Mitte hingen zudem Banner, auf denen die Motive aller Teilnehmerinnen zusammengestellt waren. Interessant waren die von den Architektinnen selbst gewählten Schlagworte: Begriffe, die den Entwurfsprozess beschreiben wie Hinterfragen, Verändern, Begeistern, Gestalten, Denken; oder solche, die Aufschluss geben, womit sich die Architektin beschäftigt, beispielsweise Klima, Material, Licht, Holz, Konstruktion; oder solche, die beschreiben, um was es bei

Plakatbanner Wilmersdorfer Str. in Berlin-Charlottenburg, © Klemens Renner

der Architektur geht, wie Raum, Wandel, Stadt, Ressourcen, Zukunft, Weiterbauen, Dialog, Gemeinsamkeit; oder auch, was Architektur bewirken kann, nämlich Freiheit, Glück, Atmosphäre, Neugier.

PLAKATAKTION

KURATORINNEN BDA
Christiane Fath
Laura Forgarasi-Ludloff
Anna Hopp
Anne Lampen
Anna Lemme Berthod
Pia Maier Schriever
Katja Pfeiffer
Marika Schmidt
Nataliya Sukhova
Petra Vellinga (Koordination)

SICHTBARKEIT ALS SELBSTERMÄCHTIGUNG

Sichtbarkeit ist eine strategische Entscheidung. Zu zeigen, was man kann und was man will, ist eine Art der Selbstermächtigung. Eine Veröffentlichung in einer Fachzeitschrift oder der eigene Name auf oder in einem Buch ist wohl für jede besonders. Es ist eine Auszeichnung des Schaffens und eine Wertschätzung – etwas, was im alltäglichen Tun und während der langen, manches Mal durchaus herausfordernden Entstehungsprozesse oft untergeht.

Zwar trägt die Architektin mit ihren Bauten zur Stadtgestalt bei, aber als Verfasserin bleibt sie doch in der Öffentlichkeit in der Regel anonym. Auch die Ankündigungen von Architekturausstellungen sind oft zurückhaltend, sie werben eher mit Themen als mit Namen, außer wenn es sich um sogenannte Stararchitekten handelt. Wie also ist es, den eigenen Namen auf einem Plakat zu sehen neben anderen, die beispielsweise Ausstellungen von Künstlern ankündigen, deren Namen selbstverständlich genannt werden? Die teilnehmende Architektin Nataliya Sukhova erzählt, sie, die sich selbst eine „frauenspezifische Zurückhaltung" zuschreibt, habe die Erfahrung gemacht, dass es „cool ist, Präsenz zu zeigen". Eine weitere Teilnehmerin, Anna Hopp, berichtet von der großen Freude, die die Plakataktion bereitet hat. Wann immer ein Poster gesichtet wurde, riefen Freunde und Kollegen an, schickten Fotos.

Auf Instagram hat der BDA Berlin alle Ausstellungstafeln veröffentlicht, ebenso wie Aufnahmen der Poster an den Litfasssäulen als Stories. Da kann man feststellen, dass manchmal das abgebildete Haus und das Schlagwort wie ein Kommentar zu dem jeweiligen, zufälligen städtischen Kontext wirken.

Diese „Ausstellung to go" über die ganze Stadt verteilt war eine besondere Aktion, weil sie einmal für alle sichtbar ein Gebäude mit dessen Urheberin zusammengebracht hat und durch die Schlagworte eine andere Form der Auseinandersetzung mit und einen anderen Blick auf Architektur ermöglichte. Für alle Beteiligten war es eine besondere Erfahrung, die eine gewisse Euphorie auslöste. Dass die Begeisterung über den Kreis der Teilnehmerinnen hinausging, lässt sich wohl auch daran ablesen, dass die Instagram-Seite des BDA mit der Dokumentation der Plakataktion rund 500 neue Follower verzeichnete.

DAGMAR HOETZEL

This is what we do

© Ludloff Ludloff Architekten

DIALOGRAUM

AKTEUR:INNEN
Laura Fogarasi-Ludloff
n-ails e.V.

EINFÜHRUNG & MODERATION
Elke Duda

TEILNEHMERINNEN
Laura Fogarasi-Ludloff
Ludloff Ludloff Architekten
Prof. Bettina Götz
ARTEC Architekten
Andrea Hofmann
Raumlabor Berlin
Anna Weber
Orange Architekten

***This is what we do* – unter diesem Titel erschien vor 20 Jahren eine bemerkenswerte Standortbestimmung des britischen *All-Female*-Architekturkollektivs muf architecture/art. Der Titel war die ideale Referenz für ein Gespräch über Perspektiven und Möglichkeiten von Architektur, das Elke Duda mit den Architekt*innen Laura Fogarasi-Ludloff, Prof. Bettina Götz, Andrea Hofmann und Anne Weber führte. Die nebenstehende Textcollage versammelt daraus zentrale Statements.**

This is what we do

MÖGLICHKEITEN ANNA WEBER: Wir denken gerne über Details nach, die dann im Gefüge das Große bilden. Und unser großer Ehrgeiz ist es, einfach zu konstruieren. LAURA FOGARASI-LUDLOFF: Wahrnehmung und sinnliche Qualität von Architektur stehen im Zentrum unserer Arbeit. Bewusst überlagern wir Atmosphären und Bilder. ANDREA HOFMANN: Wir sind eine Gruppe von neun Architekt*innen. Uns alle verbindet ein Interesse an der urbanen und räumlichen Praxis und an gemeinschaftlichen Formen des Entwurfs. Wir sehen uns an der Schnittstelle von Stadtplanung, Architektur, Kunst und Interventionen. BETTINA GÖTZ: Wir arbeiten anhand projektspezifisch entwickelter Konzepte, die die Grundlage für alle weiteren (Detail-)Entscheidungen bilden – vom Großen ins Kleine.

PROGRAMMATIK LAURA FOGARASI-LUDLOFF: Jeder Bau stellt einen Eingriff dar, jedes Projekt beeinflusst den öffentlichen Raum. Wir sehen Bauten im räumlichen, wirtschaftlichen und sozialen Gewebe – und mit unserer Architektur legen wir diese Zusammenhänge bewusst offen. Unsere Häuser sind sowohl Schutzraum als auch Bühne für Begegnung. Diese beiden durchaus widersprüchlichen Anforderungen erschließen wir mit einfachsten Mitteln und loten die Grenzen maximaler Öffentlichkeit aus. ANNA WEBER: Wir müssen die Trennung der Nutzungen wieder überwinden. Gebäude, die wir heute bauen, sollen in 100 Jahren noch stehen und genutzt werden, wie die alten Fabriketagen in Berlin, die so viele Umnutzungen erfahren haben. BETTINA GÖTZ: Bei jeder Aufgabenstellung fragen wir uns: Was ist die programmatische Ebene? Wie können wir strukturell an einer Lösung arbeiten? Diese abstrakten Ansätze überlagern wir mit der konkreten Situation beziehungsweise Aufgabenstellung. Aufgrund unserer Arbeitsweise interessiert uns insbesondere der Wohnbau – als strukturelles Gebilde, dem eine abstrakte, nutzungsoffene Typologie zugrunde liegt, die aber immer projektspezifische Ausformungen erfährt. ANDREA HOFMANN: Wir schaffen Situationen – als Rahmen für soziale Interaktion, öffnen den urbanen Raum für temporäre, kollektive Nutzungen, erkunden seine Qualitäten und Möglichkeiten. Raumlabor interagiert mit architektonischen und sozialen Räumen, meist basierend auf gemeinsamem Machen, Kochen und Essen.

AUFTRAGGEBERSCHAFT ANDREA HOFMANN: Architekt*innen sollten einen politischen Standpunkt haben. Wir lehnen die Abhängigkeit der Architektur von den Marktkräften ab und versuchen, außerhalb davon zu agieren. Mit dem Fokus auf kommunale Projekte, der direkten Auseinandersetzung mit dem Bauen und unkonventionellen Förderstrategien initiieren wir selbst Projekte. So ermöglichen wir uns ein gewisses Maß an Eigenständigkeit. In solchen Fällen sind wir Architekt*in und Bauherr*in. LAURA FOGARASI-LUDLOFF: Unsere Projekte sind Teil einer forschenden Praxis. Wir sitzen nicht im Elfenbeinturm: Prozesse der Teilhabe und Diskurs auf Augenhöhe führen zu neuen Raumpraxen. Wettbewerbsteilnahmen sind für uns ebenso wie realisierte Projekte Testfelder der Zukunftsgestaltung. BETTINA GÖTZ: Ein gewonnener Wettbewerb ist für uns die beste Basis für ein Projekt, denn durch das Juryurteil ist die prinzipielle Qualität akzeptiert. Obwohl wir deutlich mehr Wettbewerbe verlieren als gewinnen, kennen wir noch immer kein besseres Verfahren, um Aufträge zu bekommen. ANNA WEBER: Wie organisieren wir das eigentlich, dass da zum Schluss ein Bauwerk steht, egal, ob groß oder klein? Durch die Beschäftigung mit dieser Frage haben wir immer intuitiv Bauherrenaufgaben übernommen. Und das zog sich wie ein roter Faden durch unsere Arbeit und mündete in einer eigenen Bauträger-GmbH, mit der wir eine textile Fassade entwickeln und ausführen konnten – unter dem Aspekt, dass Fassaden heutzutage nicht mehr hart, sondern weich sind. Dadurch hatten wir nicht das Problem einer Bauherrschaft, die so etwas nicht mittragen würde.

AUFGABE VON ARCHITEKTUR BETTINA GÖTZ: Architektur soll schlicht und einfach die Welt verbessern. Einer unserer Leitsprüche in diesem Zusammenhang stammt von Adolf Loos: „Jede Veränderung, die keine Verbesserung ist, ist eine Verschlechterung." ANNA WEBER: Große Vorhaben stehen allzu oft im Widerspruch zu Vielfalt und Detailfreude. Warum denken wir nicht anders? Umfassende Projekte könnten auch auf verschiedene Architekturbüros aufgeteilt werden – beispielsweise geschossweise. Dann bringt jede*r seine*ihre eigene Handschrift mit und Vielfalt entsteht. LAURA FOGARASI-LUDLOFF: In unseren Projekten versuchen wir, Antworten darauf zu geben, wie wir mit den begrenzten Ressourcen unseres Planeten umgehen sollen. Architektur ist für uns ein Medium, das Fragen nach unserem Zusammenleben im Ökosystem Erde mit Raumressourcen beantworten kann.

ROLLE VON ARCHITEKT*INNEN LAURA FOGARASI-LUDLOFF: Gibt es eine Ästhetik des Sozialen? Wir sehen unsere Projekte als Forschung und Beitrag zum Diskurs über eine neue Bildpolitik, mit der Bauen als soziale Praxis gelingen kann. BETTINA GÖTZ: Architektur schafft Raum – und der muss immer auch emotional sein, er muss Atmosphären, Gefühle und Erinnerungen provozieren. Wie alles Nicht-Rationale ist diese Anforderung an den Raum nicht eindeutig definierbar, im Gegensatz zu Funktionalem und Quadratmeterzahlen. Und die Aufgabe von Architekt*innen ist es, dafür zu sorgen, dass diese emotionalen Qualitäten von Raum Teil unserer gebauten Umwelt sind. ANDREA HOFMANN: Situationen, die wir schaffen, sind für uns soziale und räumliche Momente mit einer spezifischen Atmosphäre. Wir arbeiten an Prototypen für mögliche Zukünfte, transformieren Orte temporär und geben Rahmen für kollektives Handeln vor. Handeln ist für uns das Entscheidende. Ein erlebtes Potenzial ist besser als ein Konzept eines Potenzials, welches nie real wird.

Walden48, Scharabi Architekten mit Anne Raupach, © Andreas Meichsner

DIALOGRAUM

AKTEUR:INNEN
Susanne Scharabi
Scharabi Architekten
n-ails e.V.

Nachwachsende Häuser

Vier Architektinnen planen und bauen mit Holz, weil es ein nachwachsender Baustoff ist, der sehr viel Gestaltungsvielfalt ermöglicht. Dabei geht es in ihren Projekten darum, mit dem archaischen Baustoff Holz eine zeitgenössische Formensprache zu finden.
Im Rahmen des Dialogs *Nachwachsende Häuser* präsentieren die Architektinnen Minka Kersten, Elise Pischetsrieder, Susanne Scharabi und Susanne Sturm die Holzbauprojekte ihrer Büros und erörtern im anschließenden Gespräch ihre persönliche Herangehensweise an und Erfahrungen mit Gebäuden aus Holz.

Der urbane Holzbau spielt aufgrund der Dringlichkeit des Klimaschutzes, der Energiewende und der Ressourcenschonung eine immer größere Rolle.

Atmosphäre, Raumgefühl sowie der zukunftsweisende Umgang mit dem Baustoff Holz verbinden die Arbeit der vier Architektinnen. Einige der vorgestellten Projekte loten das aktuell Machbare des Holzbaus aus und haben damit Vorbildcharakter, insbesondere für den mehrgeschossigen Wohnungsbau und für den Schulbau.

Minka Kersten von Kersten Kopp Architekten stellt anhand einiger Berliner Holzbauprojekte Raumqualitäten im Bildungsbau vor. Das Material Holz wird für die Konstruktion und als Fassadenmaterial eingesetzt und ermöglicht als sichtbare Oberfläche besondere Qualitäten der Innenräume. Im Neubau des Waldorfcampus Berlin sind die landschaftlich erlebbaren Flure angenehme Aufenthaltsflächen und werden als Begegnungs- und Ausstellungsräume genutzt.

Susanne Sturm zeigt in ihrer Präsentation eine Übersicht über die Holzbauten, die im Büro CKRS-Architekten in fast 20 Jahren entstandenen sind: beginnend mit zwei aus Holzelementen konstruierten Schulerweiterungsbauten für die Annedore-Leber-Schule in Berlin, über fünf- und siebengeschossige Mehrfamilienhäuser wie das Baugruppenprojekt 3xGrün in Pankow bis hin zur energetischen Sanierung des Plattenbau-Schultyps „Erfurt" im Falle der Wilhelm-Gentz-Schule in Neuruppin.

Schwerpunkt der Arbeit von Susanne Scharabi von Scharabi Architekten ist der mehrgeschossige Wohnungsbau, insbesondere für Baugemeinschaften. Die Konzeption – ein Zusammenspiel aus flexiblen Grundrissmöglichkeiten und optimiertem Holztragwerk – wird bei jedem Projekt neu gedacht. Daraus resultieren unterschiedliche Konstruktionsweisen sowie eine Bandbreite an räumlichen und gestalterischen Qualitäten für die gezeigten Beispiele Holzhaus Linse, Holzhaus am Waldpark und Walden 48.

Für Elise Pischetsrieder von weberbrunner architekten ist es beim Bauen wichtig, die Kosten in Relation zu den Klimafolgen zu setzen, da die Wirtschaftlichkeit oft das Argument gegen nachhaltige Alternativen darstellt. In unten stehender Tabelle wird aufgezeigt, dass beispielsweise bei Verwendung einer Holzständerkonstruktion gegenüber einer Außenwand aus Kalksandsteinmauerwerk die Treibhausgasemissionen um 70 Prozent reduziert werden können. Das Büro hat mit dem Wohnungsbau sue&til, auch die „Neustadt aus Holz" genannt, den momentan größten Holzwohnungsbau in Mitteleuropa realisiert, welcher allein 12.000 Tonnen CO_2 einspart beziehungsweise als Speicher einlagert.

Die vier Architektinnen haben mit ihrer Begeisterung und Leidenschaft die gut besuchte Gesprächsrunde im Metropolenhaus vom modernen Holzbau überzeugt. Sie werden ihre Pionierarbeit fortsetzen und hoffen dabei auf eine leichtere Umsetzbarkeit und größere Akzeptanz von Holzbauten bei Behörden und Bauherrinnen in Berlin, damit in Zukunft noch viel mehr „Häuser nachwachsen können".

Außenwand (von innen nach außen)	Bauteildicke	Klimaschutz		
	in cm	Treibhausgasemissionen GWP/m² (Module A-C)		
Stahlbeton + WDVS (Mineralwolle)	48,0	146	kg CO2-Äqv.	118%
Ausgangsvariante Kalksandstein + WDVS (Mineralwolle)	48,0	119	kg CO2-Äqv.	100%
Poroton + Wärmedämmputz	52,0	101	kg CO2-Äqv.	-15%
Brettsperrholz (CLT) + WDVS (Steinwolle)	41,0	45	kg CO2-Äqv.	-62%
Holzständer + WDVS (Steinwolle)	32,0	36	kg CO2-Äqv.	-70%

Die Aufbauten sind projektspezifisch durch die entsprechenden Fachplaner zu prüfen.
Alle Aufbauten entsprechen denselben Anforderungen: Wärmeschutz < 0,15 W/(m²K), Brandschutz R 90, Schallschutz R'w,res ≥ 30 dB

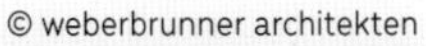
© weberbrunner architekten

TEILNEHMERINNEN
Minka Kersten
Kersten Kopp Architekten
Susanne Scharabi
Scharabi Architekten
Susanne Sturm
CKRS-Architekten
Elise Pischetsrieder
weberbrunner architekten
Elke Duda (Moderation)
n-ails e.V.

Waldorf Campus, Kersten Kopp Architekten, © Werner Huthmacher

DIALOGRAUM

AKTEUR:INNEN
Frauen in der Lichtplanung
Wonder Women
n-ails e.V.

Der Weg in einen unbekannten Fachbereich.

GÄSTE
Prof. Dr.-Ing. Carolin Liedtke
Professorin für Lichttechnik HAW Hamburg, LiTG-Vorstandsmitglied
MSc. Raquel Rosildete
Freie Lichtplanerin
Dr.-Ing. Aicha Diakite-Kortlever
Tageslichtforscherin
Britta Hölzemann
Freie Journalistin,
LiTG-Vorstandsmitglied
Dipl.-Ing. FH Nicole Schalenberg
International Specification Manager bei iGuzzini
M.Sc. Anke Rollenhagen
Fassadenplanerin,
Associate Europa Büro Happold
M.Sc. Aliénor Dahmen
Bauphysikerin bei Blue Monkey Engineering

Lichtplanung heute

Licht und Lichtdesign bieten Frauen vielfältige Beschäftigungsfelder und Gestaltungsmöglichkeiten – in Forschung, Industrie, Lehre, Planung und Anwendung, im Bereich des Journalismus, der Kunst und vielen anderen Sparten. Ihre unverwechselbaren Denkansätze prägen diesen Bereich der Architektur maßgeblich mit.

Lichtdesign geht über die Beleuchtungsplanung und die Diskussion der technischen Ausstattung von Architektur weit hinaus. Es geht um die Integration von natürlichem Tageslicht und elektrischem Kunstlicht, die Berücksichtigung biologischer Lichtwirkungen, um Energieeffizienzbetrachtungen, ästhetische Aspekte der Raumgestaltung, ökologische Anforderungen und vor allem um die funktionalen Bedürfnisse der Nutzenden. Bei der Lichtgestaltung der visuellen Umwelt steht der Mensch im Mittelpunkt.

Die Betrachtungsweisen der verschiedenen „Berufszweige im Licht" bereichern das Denken und die Art, wie wir Beleuchtung planen. Technische Neuerungen sowie die ökologische und biologische Notwendigkeit der größtmöglichen Tageslichtnutzung beeinflussen ebenfalls Design, Herstellung und Anwendung von Beleuchtungsprodukten. Insbesondere der „weibliche Blick" legt den Fokus auf das Thema Nachhaltigkeit: Es prägt die Art, zu bauen und Architektur zu gestalten.

Licht in all seinen Facetten zu denken und zu kommunizieren, ist unsere tägliche Arbeit, und wir lieben sie. Als „Frauen im Licht" sichtbar zu werden und uns mit anderen Frauen zu vernetzen, wird dazu beitragen, gemeinsam mehr zu erreichen. Wir danken *Women in Architecture* für die Möglichkeit, darzulegen, wie vielfältig und komplex unser Arbeitsfeld ist und dass Frauen ein wichtiger Teil davon sind.

DIALOGRAUM

AKTEUR:INNEN
Stephanie Tarelkin
Architektin
n-ails e.V.

Nischendenken Brandschutz

Die Architektin Stephanie Tarelkin referierte über eine Nische in der Architektur: den Brandschutz. Als Sachverständige für vorbeugenden Brandschutz und Sachverständige für brandschutztechnische Bau- und Objektüberwachung sprach sie über ihren Werdegang von der Architektin zur Sachverständigen und stellte verschiedene Projekte vor.

Die Nische – eine Sackgasse oder Chance auf mehr? Wer das in Bezug auf das Festival *Women in Architecture* (WIA) wissen wollte, besuchte den Vortrag von Stephanie Tarelkin; hier stellte sie verschiedene Projekte vor, bei denen sie als Sachverständige für vorbeugenden Brandschutz oder in der brandschutztechnischen Bau- und Objektüberwachung tätig war.

So stellte sie unter anderem eine Pflegeeinrichtung unter dem Dach eines siebengeschossigen Fabrikgebäudes vor. Die Evakuierung von mobilitätseingeschränkten Personen unter dem Dach war eine besondere Herausforderung im Bereich des abwehrenden und organisatorischen Brandschutzes. Die konstruktive Zusammenarbeit zwischen Bauherrnschaft, Architektin und Brandschutz machte es möglich, dass trotz strenger Sicherheitsanforderungen eine Genehmigung für die Nutzung als Pflegeeinrichtung möglich war.

Brandschutz bekommt im Genehmigungsprozess eines Gebäudes einen immer größeren Stellenwert, der besonders im Sonderbau aufgrund seiner Komplexität nicht mehr von den Architekten allein getragen werden kann. Auch die Bauaufsicht stellt sich im Brandschutz schon lange nicht mehr allein auf, sondern trifft die Entscheidung unter Einbeziehung eines Prüfingenieurs für Brandschutz. Planungsbeteiligte sind daher gut beraten, wenn sie schon in den frühen Leistungsphasen nicht auf die beratenden Tätigkeiten von Sachverständigen für vorbeugenden Brandschutz verzichten.

© ELEMENTE materialForum

VORTRAG

AKTEURIN
Sabine Raible
ELEMENTE materialForum

GÄSTE
Claudia Lüling
Professorin Universität
Frankfurt am Main
Paola Bagna
Architektin
Katharina Lehmann
Geschäftsführerin
Blumer-Lehmann AG
Rasa Weber
Designerin
Leya Bilgic
Designerin

Das Wirken von Frauen im weiten Feld architektonischer Werkstoffe bildete den Fokus des Vortragsabends.

FEMININ * Werkstoffe von Frauen

Die Beiträge unserer Referentinnen zeichneten ein vielschichtiges Bild aus den Bereichen nachhaltige Materialentwicklung, innovativer Holzkonstruktionsbau und sensible architektonische Anwendung.

Claudia Lüling, Professorin an der Universität Frankfurt am Main, sprach über ihre Arbeit mit nachhaltigen Verbundmaterialien aus geschäumten Textilstrukturen. Die Architektin Paola Bagna teilte ihre Erfahrungen mit, Räume und ihre Materialität in Einklang mit der Identität ihrer Nutzer*innen zu bringen.

Katharina Lehmann, die Geschäftsführerin der Blumer-Lehmann AG in der Schweiz, referierte über verschiedene Projekte von Frauen zum Thema umfassender Holzbaukompetenz von Freiformen bis hin zum Modulbau.

Die Designerinnen Rasa Weber und Leya Bilgic zeigten ihre Entwicklungen zum *Urban Mining*. Rasa Weber stellte ihren Urban Terrazzo aus städtischem Abfall wie Beton und Ziegel vor. Leya Bilgic präsentierte die ressourcenschonenden SHARDS-Fliesen aus Bauschutt.

Im Anschluss an jeden Vortrag gingen die Referentinnen darauf ein, welche Veränderungen ihrer Ansicht nach notwendig sind, damit Frauen sich in den verschiedenen Arbeitsfeldern der Architektur nicht nur ausbilden lassen, sondern auch tätig werden und bleiben, denn besonders bei den Recherchen zu unseren Veranstaltungen fällt auf, dass nur selten Büros, Firmen und Forschungsstellen von Frauen geleitet werden und auch in den nun zwölf Jahren der Veranstaltungsreihe *ELEMENTE* haben leider nur wenige Frauen referiert. Der Architekturbereich braucht jedoch eine ausgewogene Geschlechterverteilung, um neue Qualitäten zu erlangen.

Berlin sucht Frauen in technischen Berufen

PLAKATAKTION

AKTEURIN
Senatsverwaltung für Stadtentwicklung, Bauen und Wohnen Berlin

Frauen aus der Fachwelt, der Gesellschaft und der Politik haben Jahrzehnte dafür gekämpft, dass Städte so geplant werden, dass sie für unterschiedlichste Menschen in verschiedensten Lebensphasen aus diversesten sozialen und kulturellen Hintergründen lebenswert sind. Bauende und planende Frauen sind auf beiden Seiten vertreten – nicht nur auf der Seite derjenigen, die entscheiden, sondern sie sind auch als Frauen von Planung und Bauen besonders betroffen. Diese beiden Perspektiven sind im Blick zu behalten.

Frauen in der Architektur richteten ihr Hauptaugenmerk zunächst auf Frauen und ihre erhöhten Sicherheitsrisiken und -bedürfnisse im öffentlichen Raum. Sie ebneten denjenigen den Weg, die Gesellschaft als divers und Stadt als soziale Bühne begreifen. Der Erfolg heutigen und künftigen Planens und Bauens muss daran gemessen werden, in welchem Maß Projekte die Vielfalt an Lebensentwürfen ermöglichen oder sogar fördern. Das Geschlecht der Autorenschaft sollte dabei keine Rolle (mehr) spielen. Aber eins ist klar und noch nicht erreicht: Frauen gebürt Chancengleichheit auf allen Handlungsebenen.

Während des Festivals *Women in Architecture* warb SenStadtWohn mit dem Plakat „Frauen bauen Berlin" an CityLight-Säulen der Wall AG in der ganzen Stadt und machte damit nicht nur auf das Festival aufmerksam, sondern auch auf die Berufe und Studiengänge bei der Senatsverwaltung für Stadtentwicklung und Wohnen, bei der Senatsverwaltung für Umwelt, Verkehr und Klimaschutz und in den Stadtplanungs-, Bau- und Naturschutzämtern der Bezirke. Bei der Senatsverwaltung für Stadtentwicklung und Wohnen sind in Arbeitsgebieten, die nicht explizit einer technischen Ausbildung bedürfen, zu rund zwei Dritteln Frauen beschäftigt, im technischen Bereich ist das Verhältnis von Frauen und Männern nahezu ausgeglichen. Bauen ist keine Domäne von Männern. Wir wollen, dass es so bleibt, und wir kommunizieren, wie groß bereits in der Vergangenheit der Anteil von Frauen an der Entwicklung unserer Stadt war. Insofern sind wir ein Vorbild, das Schule machen sollte. Wir möchten junge Frauen weiter motivieren, sogenannte MINT-Studiengänge zu wählen. Derzeit haben Themengebiete wie Versorgungstechnik, Elektrotechnik und Geoinformation einen besonderen Bedarf an – auch weiblichen – Fachkräften.

VORTRAG

AKTEUR:INNEN
Sedus
n-ails e.V.

VORTRAGENDE
Jutta Werner
Farbdesignerin,
Gründerin zukunftStil
Livia Baum
Farbdesignerin,
Gründerin zukunftStil
Isabel Thelen (Moderation)
n-ails e.V.

Farbe – Spiegel der Gesellschaft

Die Farbdesignerinnen Livia Baum und Jutta Werner, Gründerinnen der Agentur zukunftStil, beschäftigen sich mit Farb- und Designkonzepten. Neben der Erstellung von Kollektionen entwickeln sie Trend- und Colorbooks, referieren zu aktuellen Trendthemen und veranstalten Workshops mit Fokus auf Farbe, Material und Stil.

Farbe vermittelt Emotionen, kann Produkten eine ganz individuelle Identität verleihen und steht für einen eigenen Zeitgeist. Dabei ist die Gesellschaft stets im Wandel, fordert neue Werte und drückt diese über innovative Farbkombinationen oder neuartigen Materialeinsatz mit spannenden Optiken und Haptik aus.

Die Farb- und Trendagentur zukunftStil aus Hannover macht diese Veränderungen in der Gesellschaft und im Design über die Farbe sichtbar – sie entwickelt für unterschiedliche Unternehmen aus den Bereichen Interior, Produkt und Fashion oder aus der Architektur Farb- und Trendkonzepte, die dann in Kollektionen, Messekonzepten oder Trendbooks umgesetzt werden. Bei den beiden Farbdesignerinnen steht die Farbe im Fokus und setzt sich bewusst mit deren Bezug zu Materialien, Strukturen, Formen oder Mustern auseinander.

Ein Projekt ist das *Farbkochbuch*, welches 2019 (zweite Auflage, 2021) mit dem Büromöbelhersteller Sedus für Architekten, Innenarchitekten, Bürofachberater und -planer entwickelt wurde. Hierbei werden einerseits die Trends im Officebereich anhand inspirierender Moodboards präsentiert, anderseits wird der Einsatz im Raum über konkrete Rezepte aus Farben, Textilien und Oberflächen passend zu den jeweiligen Sedus-Möbeln erlebbar gemacht. In einem Trendpanel wurden über 5000 Bilder mithilfe eines Scouting- und Monitoringprozesses analysiert, geclustert und anhand von Bedeutungscodes bewertet. Herausgekommen sind vier zukunftsweisende Trendwelten für die Bürogestaltung von morgen. Die Idee zum Buch entstand aus dem Wunsch heraus, ein übersichtliches, inspirierendes und anwendungsbezogenes Tool zu entwickeln, welches sich auf jede Officegestaltung adaptieren lässt.

JUTTA WERNER, LIVIA BAUM

AUSSTELLUNG

AKTEURIN
Mila Hacke
Dipl. Arch., MA. Arch.,
Architekturfotografin und Kuratorin
von Architekturausstellungen

Mila Hacke ist seit 2021 Mitglied im Verein n-ails, bei ICOMOS, im KulturerbeNetz.Berlin und Vorstandsmitglied im Bundesverband Architekturfotografie (BVAF). 2020 war sie nominiert für den Berliner Europa-Ehrenamtspreis.

Alliierte in Berlin – das Architekturerbe

Alliierte in Berlin – das Architekturerbe, eine Ausstellung von 2020 in der Urania Berlin anlässlich 70 Jahren Freiheitsglocke, wurde im Rahmen des Festivals *Women in Architecture* (WIA) Berlin 2021 und des Tags der Architektur als verkleinerte Fotoausstellung gezeigt. Ausstellungsort war das Studentendorf Schlachtensee: Mila Hacke machte dort Führungen zu ihren zwei Ausstellungen und der Architektur im Studentendorf. Im Haus 10 war die Dauerausstellung zur Geschichte des Studentendorfes untergebracht und im Rathaus die Fotoausstellung über die Bauten der Alliierten. Neueste Aufnahmen aus Karlshorst kombinierte sie mit Architekturfotos, *Revisited – Standorte der Alliierten* (Alliiertenmuseum, 2010/11), sowie ihrer Ausstellungsinitiative *Geschenke der Amerikaner* (Amerika Haus, 2009), die unter Projektträgerschaft der TU Berlin und der Genossenschaft Studentendorf Schlachtensee zum 50-Jahr-Jubiläum entstanden war.

Es wird hierbei der Versuch unternommen, mit dem heutigen Blick das Architekturerbe der vier Mächte zu betrachten. Die Fotos zeigen beispielhaft die Neubauten der Alliierten beziehungsweise Bauten, die für die drei West-Besatzungsmächte vom Bundesbauamt und von der DDR für die sowjetische Besatzungsmacht errichtet wurden: Infrastruktur und militärischen Bauten in Kasernen, aber auch Kulturbauten; in West-Berlin auch große alliierte Wohnsiedlungen. Eine Ausstellungsführung ist auf YouTube zu sehen (Digitalausstellung *Alliierte in Berlin*) und eine Website ermöglicht eigene Touren durch Karlshorst (https://www.karlshorst-tour.kulturring.berlin). Hacke betreibt das künstlerische Forschungsprojekt weiter mit dem neuen Schwerpunkt „Alliierte Flughäfen". Ab Juni 2022 zeigt das Militärhistorische Museum Gatow ihre Fotoausstellung.

KANON BAUKULTUR

forschen. rezipieren.
integrieren.

Als κανών bezeichneten die alten Griechen einen Leitfaden, den Maßstab, etwas Mustergültiges. Die Römer übernahmen den *canon* ins Lateinische und verbanden damit Norm und Regel. Wer setzt heute die Maßstäbe in der Architektur? Wer definiert heute die Regeln? Unsere Zeit ist geprägt von Vielfalt und von Vielstimmigkeit. Doch seit Jahrzehnten prägen Männer diesen Kanon der Baukultur: Architekturtheorie, Architekturpraxis, Architekturlehre, Architekturpreise, Architekturjournalismus. Die weibliche Stimme existiert schon lange, wurde aber – von einzelnen abgesehen – vielfach überstimmt oder überhört. Vielleicht führt diese Brücke zur Musik zu einem neuen Verständnis von einem Kanon in der Baukultur. Es geht nicht um Einzelleistungen. Es geht um den harmonischen Zusammenklang von vielen Akteurinnen unterschiedlicher Disziplinen, die diesen Kanon der Baukultur formulieren, komponieren, dirigieren und gemeinsam oder zeitversetzt zur Ausführung bringen.

Dieses Kapitel bringt sie zusammen: die Avantgardistin, die Wohnungsexpertin, die Berlinerin, die Pinonierin, die Ingenieurin, die vom Abriss Bedrohte, die Vergessene, die Stadterkunderin, die Professorin. Und diejenigen, die diesen Stimmen Gehör verschaffen: die Sichtbarmacherin, die Fotografin, die Journalistin, die Interviewerin, die Publizistin, die Influencerin. Längst sind sie keine Einzelfälle mehr. Und sie werden immer mehr. Gemeinsam stimmen sie den Kanon an und setzen neue Maßstäbe für Baukultur und Kommunikationskultur.

JAN R. KRAUSE

IM SCHATTEN IHRER KOLLEGEN – VERGESSENE ARCHITEKTINNEN

Kerstin Dörhöfer

Dem Thema „Vergessene Architektinnen" bin ich 1984 das erste Mal begegnet, als während der Internationalen Bauausstellung 84/87 in West-Berlin eine Ausstellung zur Architektinnenhistorie gezeigt wurde. Sie wurde präsentiert von der Union Internationale des Femmes Architectes, Sektion Bundesrepublik Deutschland e.V., und stellte 35 Architektinnen und Designerinnen vor. Ihre Werke umfassten einen Zeitraum von knapp 80 Jahren: von 1907 bis 1984.

Zur Ausstellung erschien ein Katalog. In ihrer Einleitung „Zur Konzeption der Ausstellung" schrieb die Herausgeberin Sonja Günther: „Es war daran gedacht, die Geschichte der Architektinnen – bislang vergessen, weil nicht geschrieben – zu visualisieren. Am Beginn der Nachforschungen kamen Zweifel auf, ob es möglich sei, den selbstgestellten Anforderungen gerecht werden zu können; verzeichnen doch die Lexika der Architekturgeschiche und die Künstlerkataloge der einschlägigen Fachbibliotheken kaum eine Architektin, selbst dann nicht, wenn deren Name in Fachkreisen hinreichend bekannt ist."[1]

Die Aussage, dass weibliche Namen in Architekturbüchern fehlten, galt auch noch zwölf Jahre später, als ich an der Universität der Künste ein Forschungsprojekt über „Bauten in Berlin von Architektinnen" startete, das zuerst als Architekturführer konzipiert war. Die Recherche dafür startete 1996 mit einem Fragebogen an alle in der Berliner Architektenkammer verzeichneten Architektinnen. Durch die Fragebogenaktion erhielten wir eine Fülle von Namen von Architektinnen, die vor allem in den 1970er bis 1990er Jahren tätig waren. Ihre Angaben bildeten den Grundstock für das spätere Architektinnenarchiv an der Universität der Künste (UdK) Berlin. Im Laufe der Bearbeitung wurde aber klar, dass ein Architekturführer nicht die Komplexität der historischen und gesellschaftlichen Zusammenhänge vorstellen kann, die für das Leben und Wirken der Architektinnen wissenswert sind. Ich habe deshalb den Zeitraum, den das Projekt umfassen sollte – vom Start der ersten Architektin 1907 bis zur Wiedervereinigung Deutschlands und Berlins 1989 – in drei Abschnitte untergliedert:

1. den Zeitraum zwischen 1907 und 1949, den ich als den der eigentlichen Pionierinnen in der Architektur bezeichnen möchte. Für diesen Zeitraum stehen 30 Architektinnen mit etwa 100 Projekten, die sich nicht alle in Berlin befinden;

2. den Zeitraum zwischen 1949 und 1969, in dem Berlin in Ost und West und Deutschland in die DDR und die BRD geteilt war. Für diesen Zeitraum hatten wir 45 Architektinnen ermittelt, 15 Ost- und 30 Westarchitektinnen;

3. den Zeitraum zwischen 1970 und 1989, also bis zur Wiedervereinigung. Für diesen Zeitraum standen 129 Namen von Architektinnen, 51 Ost- und 78 Westarchitektinnen.

Das zeigt schon eine ganz schöne Zunahme: 30 Architektinnen in den ersten 40 Jahren bis zur Teilung Deutschlands und 174 in den folgenden 40 Jahren bis zur Wiedervereinigung. Insgesamt hatten wir also 204 Berliner Architektinnen für die Zeit zwischen 1907 und 1989 gefunden. Weitere Namen kamen durch die Recherche in Zeitschriften, Büchern, Architekturführern bis zur Jahrtausendwende hinzu, sodass im Architektinnenarchiv der UdK rund 370 Akten zu finden sind.

Ich selbst habe mich dem ersten Zeitabschnitt gewidmet und ab 1998 eine gründliche Recherche in Archiven, an Hochschulen, bei Verbänden, in Galerien, in der Literatur, in Architekturführern und Zeitschriften sowie bei Privatpersonen und Hauseigentümern begonnen.

Den Zeitraum zwischen 1907 und 1949 habe ich noch einmal in drei Abschnitte untergliedert, weil zu viele historische Veränderungen stattgefunden hatten.

Im ersten Zeitabschnitt, der sich von 1907 bis zum Ersten Weltkrieg erstreckt, geht es um die frühen Pionierinnen, die noch im Kaiserreich studierten, als Privatarchitektinnen und zum Teil im Staats- und Militärdienst tätig waren und sich einem breiten Aufgabenspektrum widmeten, das Fabriken, Kasernen, Feuerwachen, landwirtschaftliche Gebäude, Gemeinschaftseinrichtungen, städtebauliche Ensembles, Villen sowie Heime einschloss. Am wirkungsvollsten in diesem Zeitabschnitt ist Emilie Winkelmann (1875–1951), die erste Architektin in Deutschland.

Im zweiten Zeitabschnitt der 1920er und frühen 1930er Jahre geht es um Architektinnen, die von dem Idealbild der „neuen Frau" geprägt waren. Sie studierten kurz vor und während des

Ersten Weltkriegs oder in der Weimarer Republik. Sie engagierten sich für „Neues Bauen, Neues Wohnen", also die Moderne. Nur wenige waren am Bauen im Nationalsozialismus beteiligt, einige an den Stadtplanungen zum Wiederaufbau der Städte nach dem Zweiten Weltkrieg. Fast alle waren im Wohnungsbau tätig. Eine Architektin dieser Zeit hat sich vorwiegend dem Geschäftsbau gewidmet und Modesalons, Schuhgeschäfte, Banken, ein Hotel und ein Kaufhaus in Ostrava im heutigen Tschechien errichtet: Marie Frommer (1890–1976), die auch die erste promovierte Architektin war.

Im dritten Zeitabschnitt von 1933 bis 1949 geht es um die Architektinnen, die während des Nationalsozialismus oder in der frühen Nachkriegszeit studierten. Sie waren im Zuge des Wiederaufbaus nach dem Zweiten Weltkrieg tätig, insbesondere im Wohnungsbau und in der sozialen Infrastruktur. Hier ist besonders Ludmilla Herzenstein (1906–1994) hervorzuheben, die mit Hans Scharoun und seinem Kollektiv an der Wohnzelle Friedrichshain arbeitete und später das Milchhäuschen in Weißensee entwarf.

Nach den ersten Erfolgen der Pionierinnen gab es einen tiefen Einbruch durch Nationalsozialismus und Zweiten Weltkrieg: Frauen wurden das Studium und die Berufstätigkeit wieder erschwert. Viele Architektinnen, die bis dahin studiert hatten, waren Jüdinnen aus liberalen Elternhäusern, die die Bildung ihrer Töchter förderten; sie waren geflüchtet oder verfolgt und vernichtet worden. Die Geschichte der Architektinnen und ihrer Werke geriet in Vergessenheit. Das erklärt auch, warum den Studentinnen der 1950er und 1960er Jahre die Vorbilder fehlten, als Personen wie als Bauwerke.

Die Darstellung, wie die Arbeiten der Pionierinnen von den Zeitzeugen rezipiert und welche Hoffnungen seitens der Frauen damit verbunden waren, dass ihre Geschlechtsgenossinnen nun an der Gestaltung ihres Lebensraums teilnahmen, schließt sich der Vorstellung der Personen und der Projekte in den drei Zeitabschnitten an. Sie zeigt, wie misstrauisch ihrem Eindringen in die Profession durch die Kollegen begegnet wurde. 25 der vorgestellten Projekte können noch besichtigt werden, wenn auch manchmal ziemlich verwandelt oder vom Abriss bedroht, wie das Haus von Marlene Poelzig in der Tannenbergallee. Dieses Haus ist übrigens ein Beispiel dafür, wie Architektinnen verschwinden. Bei meiner Recherche in den Heften der *Bauwelt* stieß ich auf einen Brief, den der damalige Präsident der Architektenkammer 1984 an den Chefredakteur geschrieben hat und dem er ein Foto beigefügt hatte. Es zeigt eine fröhliche Herrenrunde, die das Richtfest des Hauses in der Tannenbergallee feierte, das Marlene Poelzigs Werk war. Er schrieb: „Hans Poelzigs Frau Marlene war Architektin und hat das eigene Poelzigsche Wohnhaus in der Tannenbergallee in Berlin-Neuwestend alleine entworfen. Der Meister hat sie machen lassen, das ist Liebe.

Zugegeben: Diese Erinnerung ist nur ein Vorwand, um Ihnen ein Foto zu zeigen, das Fritz Jaenecke aus Schweden mitbrachte. [...] Das Bild zeigt beim Richtfest für das Haus in der Tannenbergallee vorne rechts Hans Poelzig, dahinter seinen noch schwarzhaarigen Sohn Peter, links vorne die linke Hand der Architektin (ob Fritz Jaenecke den Körper abgeschnitten hat?), dahinter die rechte Hand Poelzigs, den Bürochef Zimmermann, auch mit Zigarre, neben ihm Martin Wagner und im Hintergrund Jaenecke [...], der die Bauleitung der Marlene-Villa machte, darüber aber scheiterte."[2]

So stehen Architektinnen nicht nur im Schatten ihrer Kollegen, sie werden gänzlich unsichtbar.

2002 begann ich mit der Verlagssuche für mein Buch über die Pionierinnen. Ich habe an alle renommierten Architekturverlage ein Exposé geschickt. Die Absagen sind noch heute interessant: Es gäbe keinen Markt für dieses Thema, es sei zu historisch, zu regional eingegrenzt, zu speziell, zu wissenschaftlich. Ein Verlag schrieb: „Es gibt schon ein Buch über Architektinnen." Wie viele gab es allein über Walter Gropius?

Einer begründete seine Absage damit, dass die von mir vorgestellten Architektinnen nicht bekannt seien. Das war ja der Sinn dieses Projektes, sie bekannt zu machen, endlich dem Vergessen zu entreißen. Mein Buch erschien 2004 im Wasmuth Verlag Tübingen. Es ist längst vergriffen.

[1] Union Internationale des Femmes Architectes Sektion Bundesrepublik e.V. (Hrsg.): *Architektinnenhistorie. Katalog zur Geschichte der Architektinnen und Designerinnen im 20. Jahrhundert. Eine erste Zusammenstellung.* Berlin 1984, S. 6)

[2] Zitat nach Kerstin Dörhöfer: *Pionierinnen in der Architektur. Eine Baugeschichte der Moderne.* Tübingen 2004, S. 120

© Elke Duda
© Elke Duda

FRAUENTOUREN – Eine Spurensuche

STADTFÜHRUNGEN

AKTEURIN
FRAUENTOUREN
Claudia von Gélieu

Bauen Frauen anders? Eine historische Spurensuche zu Architektinnen, Bauingenieurinnen und Stadtplanerinnen. Wo waren und sind Frauen in Berlin an Stadtplanung und am Bauen beteiligt, und werden frauenspezifische Interessen dabei berücksichtigt?
Das waren die Fragestellungen bei drei Stadtführungen von Claudia von Gélieu von FRAUENTOUREN während des Festivals *Women in Architecture* (WIA) 2021. Von den zahlreichen Beispielen, Biografien und thematischen Aspekten werden hier von jedem Rundgang einige exemplarisch vorgestellt.

Bauen von Frauen und für Frauen. Rund um den Berliner Lustgarten zeigt sich, dass Frauen nicht mit der traditionellen Sichtweise auf die „Erbauer" berühmter Bauten zu entdecken sind: Der Lustgarten geht auf die Kurfürstin Louise-Henriette von Oranien zurück, die ihn Mitte des 17. Jahrhunderts am Berliner Stadtschloss anlegen ließ, und die Prachtstraße Unter den Linden auf ihre Nachfolgerin die Kurfürstin Dorothea. Auf dem Land zwischen Schloss und Tiergarten, das sich Dorothea zu ihrer Hochzeit 1668 hatte schenken lassen, entwickelte sie den ersten neuen Stadtteil vor den Toren Berlins. Die Promenade durch die Dorotheenstadt ließ sie mit Linden bepflanzen.

Die Bauten und Restaurierungen auf der Museumsinsel koordinierte für die Stiftung Preußischer Kulturbesitz von 1992 bis 2007 Gisela Holan und nach ihr Christina Haak. Der Berliner Dom bekam 2011 mit Charlotte Hopf erstmals eine Dombaumeisterin. 2019 übernahm Sonja Tubbesing diese Funktion. Der Wiederaufbau des Berliner Stadtschlosses / Humboldt Forum fiel als Gemeinschaftsprojekt von Bund und Land Berlin in den Verantwortungsbereich der Berliner Senatsbaudirektorin Regula Lüscher und der Präsidentin der Bundesbaubehörde Petra Wessler. Projektleiterin für die Grünflächengestaltung ist Wieschen Sievers von bbz landschaftsarchitekten.

NEUES BAUEN – GLÜCK FÜR FRAUEN? WELTKULTURERBE HUFEISENSIEDLUNG IN BRITZ: Die Tour zeigt, dass die als Alternative zu den inhumanen Wohnverhältnissen in den Berliner Mietskasernen im Stil des Neuen Bauens von 1925 bis 1930 entstandene kommunale Großsiedlung das patriarchale Frauenbild – im wahrsten Sinne des

Wortes – zementierte. Die Stadtrandlage erschwerte Frauen nicht nur die Vereinbarkeit von Familie und Beruf, sondern auch ihre Teilhabe am sonstigen städtischen Leben. Schon im Kaiserreich entwickelte Ideen von genossenschaftlich organisierten Gemeinschaftseinrichtungen zur Reduktion der Mehrfachbelastung von Frauen wie etwa die sogenannte Volksküche von Lina Morgenstern oder das Einküchenhaus von Lily Braun wurden nicht aufgegriffen. Statt die Zuweisung geschlechtlicher Arbeitsteilung infrage zu stellen und zu überwinden, machte Bruno Taut, einer der beiden Architekten der Hufeisensiedlung, die „Tyrannei des Staubtuches" für die Überlastung von Frauen und damit sie selbst verantwortlich. Sie müssten nur allen Krimskrams aus den Wohnungen entfernen und die Hausarbeit nach den tayloristischen Prinzipien der Fabrikarbeit durchrationalisieren. Um Störungen bei der Hausarbeit auszuschließen, müsse die multifunktionale Wohnküche zur reinen Arbeitsküche umgestaltet werden, wo die Hausfrau alles im Griff hat.

Literaturhinweis: „Hufeisensiedlung frauengemäß?", in: Claudia von Gélieu: *Wegweisende Neuköllnerinnen*. Berlin 1998, S. 199–207.

In einer Kleinküche ist es nicht mehr möglich, dass Mütter während der Hausarbeit Kinder beim Spielen oder bei den Hausaufgaben im Auge behalten, Hausfrauen an den Gesprächen der übrigen Familienmitglieder oder auch von Gästen am Küchentisch teilnehmen und sich in der Küche aufhaltende Personen zumindest zur Mithilfe bewegen.

In der Hufeisensiedlung blieb es in den Kleinwohnungen bei der traditionellen Wohnküche, um ein separates Wohnzimmer einzusparen. Größere Wohnungen wurden dagegen mit diesem an der bürgerlichen Wohnkultur orientierten Extraraum ausgestattet und verfügen nur über eine Kleinküche. Letztendlich ging es also vor allem um die Bau- und Mietkosten.

GENDER IN THE CITY: WEM GEHÖRT DIE STADT? RUND UM DEN POTSDAMER PLATZ: Der IBA-Frauenblock – Stresemann-, Ecke Dessauer Straße – ist das Ergebnis einer feministischen Intervention in die Internationale Bauausstellung (IBA) in West-Berlin 1984/87. An die Berücksichtigung von Frauen war nicht gedacht worden bei der Planung von Vorbildern für Neubau und Altbausanierung in der Innenstadt anstelle von Großsiedlungen am Stadtrand und von Wohnräumen für verschiedene Lebensformen statt sozialem Wohnungsbau für die Kleinfamilie. Doch Architektinnen und Frauen, die sich mit dem Thema Wohnen aus feministischer Perspektive beschäftigten, sprengten mit einem Go-in das männliche Experten-*Hearing* und erreichten, dass die IBA ein wissenschaftliches Gutachten zu frauenspezifischen Belangen in Architektur und Stadtplanung und eine Ausstellung zu Frauen in der Architektur in Geschichte und Gegenwart erstellen ließ – und schließlich für die Realisierung „emanzipatorischen Wohnens" ein Bauareal gegenüber dem Martin-Gropius-Bau zur Verfügung stellte.

Dort schufen die drei jeweils für einen eigenen Bauabschnitt zuständigen Architektinnen Zaha Hadid, Myra Wahrhaftig und Christine Jachmann und die Landschaftsarchitektin Hannelore Kossel, die die Freiraumgestaltung übernahm, mit ihren sehr unterschiedlichen Ansätzen den IBA-Frauenblock.

Den architektonischen Blickfang bildet das künstlerisch gestaltete siebengeschossige Eckgebäude von Zaha Hadid. Bei dem auf reine Funktionalität der Wohnungen ausgerichteten dreigeschossigen Wohnblock in der Dessauer Straße sticht nur die Gedenktafel hervor, die seit 2011 an seine Architektin Myra Wahrhaftig, die selbst auch hier einzog, erinnert. Ihr völlig neues Grundrisskonzept, das sie hier nach der in ihrer Dissertation entwickelten Theorie zur „Behinderung der Emanzipation der Frau durch die Wohnung und die Möglichkeit ihrer Überwindung" in die Praxis umsetzte, ist von außen unsichtbar: für alle Bewohner*innen ein Zimmer in gleicher Größer, eine zentrale Wohnküche als gemeinsamer Ort mit Blickkontakt zu den Kinderzimmern und Platz für berufliche Arbeit, je eine Loggia zur Straße und zum Innenhof.

© Initiative Haus Marlene Poelzig

DEMONSTRATION

AKTEURIN
Initiative Haus Marlene Poelzig

TEILNEHMER:INNEN
Hannah Cooke
Künstlerin
Hannah Klein
Gründerin von ato.vison
Antonia Noll
Architekturstudentin
Jan Schultheiß
Kunsthistoriker
Felix Zohlen
M.A. Architektur

Am 18. Juni 2021, im Rahmen des Festivals *Women in Architecture* (WIA), lud die Initiative Haus Marlene Poelzig zur Demonstration vor Ort ein.

Haus Marlene Poelzig

Das Atelierwohnhaus der Familie Poelzig in Berlin-Westend wurde 1930 nach dem Entwurf der Bildhauerin und Architektin Marlene Moeschke Poelzig errichtet – ein herausragendes Beispiel der Architektur der Moderne und Emanzipation von Architektinnen im frühen 20. Jahrhundert. Die Initiative Haus Marlene Poelzig kämpft sowohl für den Erhalt der Überreste des Hauses, als auch für die Anerkennung des Lebenswerks der Architektin.

Die Chronologie eines Abrisses beginnt am 18. Juni 2021: „Wer heute kommt, meint es ernst" – es ist weit über 30 Grad heiß, die Sonne brennt vom Himmel an diesem Freitagnachmittag im Berliner Westend. Die Architektin Ulrike Lauber und die Kunsthistorikerin Gabi Dolff-Bonekämper erzählen vom Leben Marlene Poelzigs und von der Initiative; rot-weiße Demonstrationsplakate lehnen an den Mauern des ehemaligen Wohn- und Atelierhauses von Marlene und Hans Poelzig.

Trotz der Hitze versammeln sich etwa 80 Menschen vor dem Haus. Das gibt Jan Schultheiß (Gründer der Initiative) Zuversicht. Die Bewegung stößt auf Zuspruch! Die Genehmigung zum Abriss ist längst erteilt – aber die Initiative Haus Marlene Poelzig, bestehend aus Bürger*innen, Baukulturexpert*innen und Interessierten, hält dagegen.

Als Höhepunkt enthüllt Petra Wesseler eine neue Plakette für das Haus, Gold auf Keramik. Kreiert von der Künstlerin Hannah Cooke, weist sie nun auf das Werk Marlene Poelzigs hin und erzählt vom gemeinsamen Leben und Arbeiten der Familie Poelzig. Abschließend überrascht Sebastian Urbanke mit der *Ballade vom Wasserrad* von Bertolt Brecht: „Denn dann dreht das Rad sich nicht mehr weiter und das heitre Spiel, es unterbleibt, wenn das Wasser endlich mit befreiter Stärke seine eigne Sach betreibt."

© Initiative Haus Marlene Poelzig

© Initiative Haus Marlene Poelzig

Erst schützen, dann stürzen! Die Demonstration klingt ebenso sympathisch und zugleich ernsthaft aus, wie sie begann. Heute steht das Haus noch! Und die Nachricht hat sich verbreitet. Im Anschluss holen sich einige Demonstrant*innen noch die wohlverdiente Abkühlung im nahe gelegenen Teufelssee, stürzen sich ins kühle Nass.

Unser Fazit: Frauen und ihre Leistungen werden in der Geschichtsschreibung häufig übergangen, und noch heute sind wir weit von wirklicher Gleichberechtigung entfernt, auch in der Architektur – das muss sich ändern. Die Demo zeigt: Das Interesse ist groß!

Ein halbes Jahr später kommen noch einmal viele Menschen vor dem Haus zusammen. So plötzlich, wie die Blätter sich verfärbten und der Winter kommt, wird das Haus ohne Vorwarnung abgerissen. Mit Rufen, Schildern und langen Gesprächen mit den Arbeitern in Baggern möchte die Initiative ein Moratorium erreichen.

Doch ein Gespräch mit den Eigentümern bringt nur ein paar Tage Aufschub, trotz des Engagements und der gewachsenen öffentlichen Aufmerksamkeit konnte das Haus nicht gerettet werden. Wieder einmal war der Preis des Grundstückes wichtiger als die enorme kulturelle Bedeutung des Hauses. Der Verlust ist immens, aber die Initiative setzt sich weiter für eine gleichberechtigte Zukunft im Bauwesen ein.

NADJA FRAENKEL, FELIX ZOHLEN

© Initiative Haus Marlene Poelzig

Astra Zarina vor einem Modell der Wohnbauten im Märkischen Viertel
© by permission of The Civita Institute

© Dr. Eduard Kögel

Astra Zarina – Unter Männern

VORTRAG

AKTEURE
Eduard Kögel
n-ails e.V.

Bei der Veranstaltung *Im Schatten ihrer Kollegen – Vergessene Architektinnen* ging es unter anderem um die Architektin Astra Zarina, die im Märkischen Viertel in West-Berlin zwischen 1966 und 1971 insgesamt 1148 Wohnungen realisierte, aber als Frau im Nachhinein in den Dokumentationen systematisch ausgegrenzt wurde.

Astra Zarina (1929–2008) stammte aus dem lettischen Riga und flüchtete 1944 mit ihrer Familie nach Süddeutschland, wo sie ab 1947 bis zum Vordiplom bei Egon Eiermann an der TH Karlsruhe studierte. Nach dem Umzug in die USA schloss Zarina 1953 ihr Studium in Seattle mit dem Bachelor ab, 1955 folgte der Master am MIT in Boston und eine Anstellung im Büro von Minoru Yamasaki in Detroit.

1960 erhielt Astra Zarina als erste Frau den Rome Prize der American Academy und ein Fulbright-Stipendium für Italien. Der Berliner Senatsbaudirektor Werner Düttmann lud sie ein, beim Märkischen Viertel mitzumachen. Ihre Pläne fanden jedoch nicht die Anerkennung der Bauherrenschaft und mussten mehrfach umgearbeitet werden, bis sie auf das gewählte Plattenbausystem passten.

Die Wohnbauten im Märkischen Viertel blieben ihr einziges großes Neubauprojekt. Ihre fachliche Expertise fokussierte sie in den folgenden Jahren auf den Erhalt historischer Bauten im 2500 Jahre alten italienischen Bergdorf Civita di Bagnoregio und auf die Ausbildung der Studierenden.

Obwohl außergewöhnlich talentiert, fand Astra Zarina zu Lebzeiten nie die Anerkennung, die ihr gebührt. Das ist deshalb ein Problem, weil die Architekturgeschichtsschreibung bis heute auf wenige weiße Männer verkürzt wird, die jedoch keinesfalls repräsentativ für die zweite Hälfte des 20. Jahrhunderts stehen. Um jedoch zu einer realistischen und diversen Architekturgeschichte zu kommen, die heute Relevanz hat, ist es dringend erforderlich, ausgetretene Pfade zu verlassen und neue Perspektiven zu eröffnen, die auch Gründe für die Unsichtbarkeit weiblicher Karrieren beleuchten.

© Elizabeth Scheu Close in den USA

VORTRAG

AKTEUR:INNEN
Judith Eiblmayr
n-ails e.V.

ORGANISATORIN
Leonie Pfistner
Studentin der Architektur

Sie gilt als die erste Architektin Minnesotas und zählt gemeinsam mit ihrem Mann Winston Close zu den wichtigsten Architekturschaffenden der Moderne im *Midwest* der USA. Nun soll ihr Schaffen auch im deutschsprachigen Raum und in ihrer Heimat Wien wieder bekannter gemacht werden.

Elisabeth Scheu Close – auf Umwegen

Manchmal muss man den Umweg über das Ausland gehen, um herauszufinden, wo eigentlich die Vorbilder für Frauen in der Architektur zu finden sind. Elisabeth Scheu Close, geboren 1912, wuchs in Wien im von Adolf Loos errichteten Haus Scheu auf. Sie wählte das Architekturstudium an der TH Wien, wechselte aber nach zwei Jahren – als Tochter einer Jüdin und eines Sozialdemokraten wohl unter dem zunehmenden reaktionären Druck in Österreich – an das MIT nach Boston und schloss dort ihr Studium ab. 1938 gründete sie mit Winston Close, ihrem späteren Mann, in Minneapolis ein Architekturbüro; Bauten aus der Hand von Close Associates waren für die nächsten 50 Jahre ein Garant für eine Moderne, die den Bundesstaat entscheidend prägte. Während Win an der University of Minnesota unterrichtete, leitete Lisl Close, die als die erste Architektin Minnesotas gilt, das gemeinsame Büro und zeichnete für die meisten Entwürfe verantwortlich. Schon an den ersten Bauten erkennt man ihre Handschrift: unaufgeregt modern, klar in Gestaltung und Materialität und mit deutlichen Wurzeln in der Wiener Moderne – „A touchstone of architectural modernism in Minnesota", schreibt der Architekturkritiker Larry Millett zu einem ihrer frühen Gebäude.[1]

2002 erhielt Elizabeth Scheu Close die Goldmedaille für ihr Lebenswerk von der AIA Minnesota. Lisl, wie sie zeitlebens auch in den USA genannt wurde, starb 2011 mit 99 Jahren. Sie bleibt eine beeindruckende Frau, die in der österreichischen Architekturszene allerdings nach wie vor gänzlich unbekannt ist. „In all ways, her long, remarkable life was dedicated to art", schrieb einer ihrer Söhne, Roy Close, in einem Nachruf 2012.

[1] Larry Millett: *Minnesota. Modern Architecture and Life at Midcentury*, 2015.

Gisela Schmidt-Krayer – Bauten und Projekte

BUCHPRÄSENTATION

AKTEUR:INNEN
Inken Baller
n-ails e.V.

Gisela Schmidt-Krayer gehört zu den wenigen Architektinnen ihres Jahrgangs, denen es gelungen ist, Familie und Büro erfolgreich zu verbinden. So kann sie auf ein Werk von 211 Projekten zurückblicken – zwar unbekannt in Berlin, ist sie im Oberbergischen Kreis jedoch sicher nicht vergessen.

Vor mir liegt das unter Mitwirkung der Designerin Rahel Melis zusammengestellte und dokumentierte Werkverzeichnis der Architektin Schmidt-Krayer mit 211 Arbeiten aus der Zeit von 1966 bis 2016. Ich kenne Gisela seit 1966 und selbst mich als langjährige Freundin und Wegbegleiterin hat die Größe, Qualität und Vielfalt ihres Werks überrascht. Es reicht von ganz kleinen Umbauten bis zu großen Fabrikhallen, von scheinbar sehr einfachen Aufgaben bis zu sehr anspruchsvollen, von Gebäuden in der unmittelbaren Wohn- und Büroumgebung Schmidt-Krayers bis zu Bauten im Ausland.

Gisela Schmidt-Krayer wurde 1938 in Duisburg geboren. Ihr Vater und ebenso ihr Großvater waren Architekten. Damit schien ihr der Architektenberuf schon in die Wiege gelegt worden zu sein. Doch auch in ihrer Familie war es selbstverständlich, dass der Sohn den Beruf und das Büro des Vaters übernahm, nicht die Tochter. Für Gisela stand die Berufswahl trotzdem ohne Zweifel fest, und sie hat ihren Weg konsequent durchgeführt. Nach ihrem Vordiplom 1959 in Stuttgart wechselte sie an die TU Berlin, zum Lehrstuhl von Bernhard Hermkes, und hatte das Glück, während ihrer Studienzeit immer wieder im Büro von Hans Scharoun arbeiten zu können.

Nach dem Diplom blieb sie jedoch nicht in Berlin, sondern folgte ihrer Liebe ins Oberbergische Land. Trotz der Führung eines repräsentativen Haushalts und drei Kindern ist es ihr gelungen, dort ein Architekturbüro aufzubauen. Der große Teil ihrer Bauten und Entwürfe liegen deshalb im näheren und größeren Umkreis des Wohn- und Arbeitsortes, der Gummershardt bei Berghausen – aber es finden sich auch Bauten in Italien, Spanien oder Norwegen. „Ich wollte immer, dass die Häuser bergen, dass sie Freibereiche haben, die man benutzen kann, dass das keine abgeschlossenen Kisten sind, ohne Bezug zum Garten, dem Ort und der Landschaft. Das war mir immer ganz wichtig, und damit konnte ich überzeugen." ZITAT AUS DEM IN DEM WERKVERZEICHNIS ENTHALTENEN INTERVIEW MIT URS FÜSSLER [1]

Ihre Bauten sind geprägt von fließenden und prägnanten Räumen, der Einpassung in den Kontext, einer engen Verbindung zwischen Innen- und Außenraum, einer sorgfältigen Materialwahl und Detaillierung sowie einer auf den Raum bezogenen Konstruktion.

Stellvertretend möchte ich auf zwei Bauten näher eingehen:

Die 1989 errichtet Industriehalle in Kaiserau (Tragwerksplanung Gerhard Pichler) sollte hohen Anforderungen an die gleichmäßige Belichtung, an den Lärm- und Wärmeschutz sowie an den Schwerlastverkehr genügen. Der Entwurf des Daches besteht aus fünf aneinandergereihten Stahldachzelten. Diagonal verlaufende Fachwerkträger formen jeweils das Dach, das Richtung Norden zu großen Dachfenstern aufgeklappt ist. Die vier Auflager der Dachpyramiden sind miteinander so verbunden, dass sie einen stabilen Ring bilden, durch den eine räumliche Bogentragwirkung entsteht. Nur so konnten das filigrane Tragwerk und die Luftigkeit des Raumes erreicht werden.

Mit dem evangelischen Gemeindezentrum Engelskirchen (1980) zeigte Gisela Schmidt-Krayer schon exemplarisch ihre Haltung zum Bestand: Obwohl in der Wettbewerbsausschreibung der Abbruch der alten Bausubstanz empfohlen wurde, erhielt sie diese, integrierte sie sensibel in ihren Entwurf – und bekam damit den ersten Preis. Sie war damit ihrer Zeit voraus: Umnutzung und Erhalt von Bestand sah sie schon damals als Schonung von Ressourcen und vielschichtige Verknüpfung mit der Tradition eines Ortes an.

Gisela Schmidt-Krayers Arbeiten sind immer auf die Aufgabe und auf den Ort bezogen, material- und funktionsgerecht, fern von Ideologien und Spektakulärem, aber angefüllt mit vielen leisen eigenständigen Tönen.

[1] Ihr Werk hat Gisela Schmidt-Krayer gemeinsam mit der Designerin Rahel Melis in einem Werkverzeichnis *Gisela Schmidt-Krayer. Bauten und Projekte 1966–2015* dokumentiert, begleitet von einem Essay von Inken Baller und einem ausführlichen Interview mit dem Architekten Urs Füssler.

Im Bild v.l.n.r.: Sigfried Giedion, Helena Syrkus, unbek., Le Corbusier. Wohnsiedlung Koło entworfen von Helena und Szymon Syrkus, Warschau, © Maja Wirkus, gta Archiv / ETH Zürich, Nachlass Carl Hubacher

BUCHPRÄSENTATION

AKTEUR:INNEN
Maja Wirkus
Architekturfotografin
n-ails e.V.

CIAM Archipelago.
The Letters by Helena Syrkus

Helena Syrkus – Avantgardistin

„In these troublesome times the best we have is the net of friendships going around this trembling ball", schrieb Walter Gropius in den Nachkriegsjahren an die Architektin Helena Syrkus (1900–1982). Sie war als Mitbegründerin der Künstler*innen- und Architekt*innengruppe Praesens eine der wegweisenden Figuren der polnischen Moderne und stand als stellvertretende Vorsitzende im Zentrum des internationalen Architektenkongresses CIAM (Congres Internationaux d'Architecture Moderne).

Das Buch spiegelt die weltweit zusammengetragene Korrespondenz Helena Syrkus' mit ihren engsten Weggefährt*innen der internationalen Bewegung des Modernismus. Es erlaubt einen Blick auf die Charaktere hinter den Namen der Architekturgeschichte, deren Netzwerk und dessen Bedingungen. Die Briefe sind Zeugnisse einer weltpolitisch so komplexen Zeit, wie sie sich mit dem Antisemitismus der 1930er Jahre, der Tragödie des Zweiten Weltkrieges, dem Entstehen des Sozialismus und dem Beginn des Kalten Krieges bis in die 1980er Jahre darstellt. In diesen in fünf Sprachen verfassten Briefen geht es um das Entwickeln und Verteidigen einer gesellschaftspolitischen, transnationalen Utopie, die sich in Architektur manifestiert. Es geht um die Grundbedingungen künstlerischer Arbeit und um den Zugang zu einer liberalen Wissenslandschaft. Es geht auch um die Flucht vor Krieg und Repression und um politische Strukturen, unter denen Hilfe möglich ist oder behindert wird.

CIAM Archipelago. The Letters by Helena Syrkus (Warschau 2019) gibt Einblick in die Ideengeschichte der Moderne und eröffnet eine Perspektive auf die vielen unbekannten, jedoch nicht weniger wichtigen Avantgardist*innen ihrer Zeit.

AUSSTELLUNG

AKTEUR
Architekturmuseum der TU Berlin

ORGANISATOR:INNEN
Marleen Hartermann
Dr. Hans-Dieter Nägelke
Franziska Schilling
Claudia Zachariae
BHROX bauhaus reuse

Sammlungen und Archive spiegeln die gesellschaftliche Realität mit einem Zeitversatz von einigen Jahrzehnten. Kein Wunder also, dass die Spuren praktizierender Architektinnen auf den ersten Blick noch viel dünner sind als im Entwurfsalltag der Gegenwart. Doch es gibt sie – wenigstens bis zum Diplom.

Bis zum Diplom – Archiv der TU Berlin

Studierende profitieren von den Arbeiten ihrer Vorgänger*innen. Schon im 19. Jahrhundert wurden an Bauschulen und Polytechnika Abschlussentwürfe gesammelt, damit nachfolgende Generationen von ihnen lernen konnten.

Besonders systematisch geschah dies an der TU Berlin, wo zwischen 1951 und 1974 insgesamt 1149 Diplomand*innen ihre Entwürfe für ein bautypologisch geordnetes Archiv zu Verfügung gestellt haben – freiwillig und deshalb längst nicht alle, nicht aus allen Lehrstühlen und auch nicht im Original. Modelle und Zeichnungen wurden in detailscharfen Fotos festgehalten und zusammen mit kurzen Titeln auf Karteikarten festgehalten. Über 8400 Karteikarten sind so zusammengekommen, die bis 2008 als Teil der „Dokumentation Gebäudelehre" zugänglich waren.

Dieser einzigartige, 2020/21 inventarisierte und digitalisierte Bestand erzählt von den Konjunkturen der Bauaufgaben und Darstellungsmoden ebenso wie von den Vorbildern und Visionen der jeweiligen Generation. Und er erzählt vom Geschlechterverhältnis in der Architektur – im Studium und jenseits der Sichtbarkeit im späteren Beruf.

Als Teil von *[FRAU] ARCHITEKT*IN* im BHROX bauhaus reuse zeigte die Ausstellung des Architekturmuseums nur eine kleine Auswahl.

Dauerhaft sichtbar bleiben alle Entwürfe unter architekturmuseum-berlin.de/WIA und natürlich im online recherchierbaren Archiv.

HANS-DIETER NÄGELKE

© Miriam Campomanes Pesantes

INTERVIEW

AKTEUR:INNEN
Leonie Pfistner
Architekturstudentin
Inken Baller
Architektin,
Professorin BTU Cottbus
n-ails e.V.

Inken Baller im Gespräch

„Das Damenprogramm ist im Nebenraum." Mit diesen Worten wurde Inken Baller, zu der Zeit Professorin und Dekanin an der Universität Kassel, 1992 zu einer Dekan*innenkonferenz an der Tür zum Hauptraum empfangen – ein Moment, in dem sie sich sicherlich im Schatten ihrer Kollegen gefühlt hat. Im Interview wird jedoch schnell klar, dass es von diesen Momenten in ihrer Karriere nur wenige gab und sie keineswegs eine „vergessene Architektin" ist. Stattdessen erzählt sie von ihrer Zuwendung zur Baustelle und ihren Erfahrungen als Architektin und Professorin.

Ob man in der Architektur nur erfolgreich ist, wenn man ein lauter, sich in die Öffentlichkeit drängender Stararchitekt ist? Das verneint die deutsche Architektin Inken Baller im Gespräch während des Festivals *Women in Architecture* eindeutig. Für sie steht das Projekt des Büros im Vordergrund und nicht die Darstellung der Person. Nebensächlich für die Architektur ist auch, ob sie von einer Architektin oder einem Architekten geschaffen wurde. „Das hängt einfach von den jeweiligen Persönlichkeiten ab." Unterschiedliche Persönlichkeiten schaffen eben unterschiedliche Architektur.

In ihrem eigenen Büro war sie da immer eher die rationalere, handfestere, ihr ehemaliger Büropartner Hinrich Baller hingegen emotionaler und dekorativer – also genau das Gegenteil der üblichen Geschlechterklischees. Ungleichheiten in der öffentlichen Wahrnehmung von Werken der beiden führt Inken Baller allein darauf zurück, dass ihr Partner bei der Bürogründung bereits mehr Erfahrungen gesammelt hatte, die sie erst machen musste.

Das Sammeln von Erfahrungen und das Streben danach, nie aufzuhören dazuzulernen, zuzuhören, nachzufragen und zu reflektieren, zieht sich durch Inken Ballers Karriere. Als besonders wertvoll empfindet sie im Gespräch ihr Baustellenpraktikum. In einer Kleinstadt als einzige Frau auf einer Baustelle zwischen Maurern und Zimmerleuten war sie eine echte Attraktion für Schaulustige. Später gab ihr diese Erfahrung viel Sicherheit. Eine Architektin aus dem Publikum stellt dazu noch eine These auf: Vielleicht ist es auch die „typisch weibliche" Eigenschaft, einfach nachzufragen und das eigene Ego beiseitezustellen, die eine gute, respektvolle und spannende Zusammenarbeit auf der Baustelle ermöglicht?

Während es auf der Baustelle also für sie nie Schwierigkeiten gab, hat Inken Baller auf anderen Gebieten durchaus kämpfen müssen. Durch die Arbeit im partnerschaftlichen Büro wurde ihr die Eintragung in die Architektenliste Berlin zunächst verwehrt, da ihr eigenes Werk in der Partnerschaft schwer nachzuweisen sei. Nur die Ankündigung eines offenen Briefes zum Jahr der Frau führte letztendlich zu einem Eintrag. Auch die Vereinbarkeit des Berufes mit Kindern war nicht einfach. Mit ihrem Mann und auch Gisela Schmidt-Krayer gründete sie eigene Kindergärten, die viel Engagement forderten, aber auch ein Ort waren, wo sie ihre Kinder gut untergebracht wusste. Auf diesem Gebiet, wo sie noch Pionier*innenarbeit leisteten, hat sich einiges getan, sodass es berufstätige Eltern heute einfacher haben.

Ein bedeutender Schritt in ihrer Karriere war die Rückkehr an die Hochschule. Inken Baller war zunächst als Professorin in Kassel und später in Cottbus tätig – eine Arbeit, die ihr viel Spaß bereitete, da sie ihre Erfahrungen aus der Praxis weitergeben und diese gleichzeitig reflektieren konnte. Die Auseinandersetzung zwischen Theorie und Praxis war für sie immer sehr spannend und eine einmalige Chance.

Verglichen mit ihrem eigenen Studium hat sich seitdem viel verändert. Der Anteil der Studentinnen, aber auch Professorinnen ist gewachsen: Inken Baller erinnert sich, dass es für sie damals nur ein weibliches Vorbild im Lehrkörper gab, die Landschaftsarchitektin Herta Hammerbacher. Heute ist das Bild diverser, für Architekturstudentinnen ein Gewinn. Inken Baller wünscht sich aber weiterhin ganz ausdrücklich mehr Professorinnen, vor allem im Entwurf, denn in der Praxis ist die Tendenz zurzeit leider rückläufig. Ihre Stelle in Cottbus wurde mit einem Mann besetzt. „Inzwischen ist die Stellung der Frau viel unbestrittener als damals, und ich hoffe, dass das auch weiter so geht. Aber man muss, auch in den Hochschulen, immer wieder darauf achten. Es ist keine Selbstverständlichkeit. Das ist eigentlich das, was ein bisschen frustrierend ist."

LEONIE PFISTNER

© WeiberWirtschaft, Florian Bolk

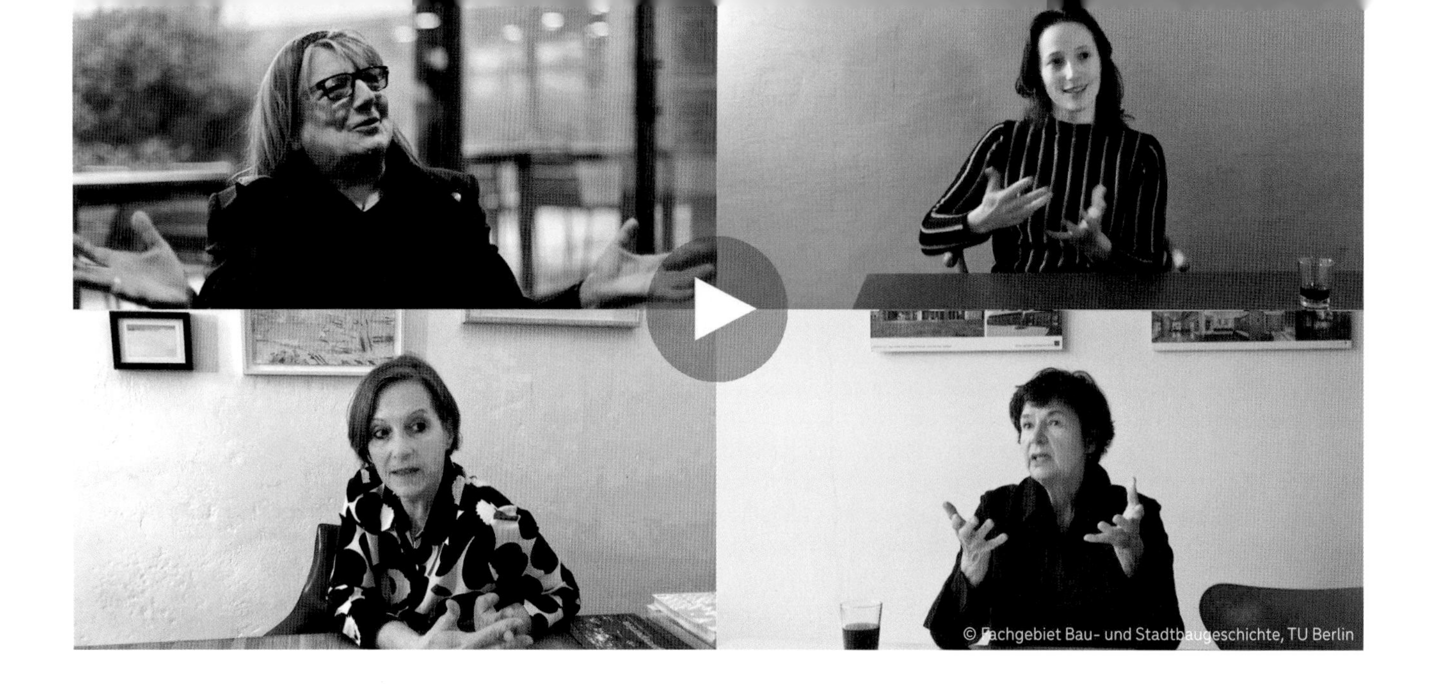
© Fachgebiet Bau- und Stadtbaugeschichte, TU Berlin

SEMINAR / AUSSTELLUNG

AKTEURIN
TU Berlin
Fachgebiet Bau- und Stadtbaugeschichte

PROJEKTTEAM
Sarah Rivière
Architektin,
TU Berlin, FG Bau- und Stadtbaugeschichte
Prof. Dr. Hermann Schlimme
TU Berlin, FG Bau- und Stadtbaugeschichte

Oral History

Im Projekt „Berliner Architekt*innen. Oral History" haben Student*innen der TU Berlin im Rahmen von zwei Seminaren 26 Videointerviews mit Architektinnen geführt. Dabei ging es um Architektur, um Lebens- und Berufswege der Architektinnen und um die Überwindung von Stereotypen und männlich dominierten Machtstrukturen im Berufsfeld. Die Student*innen haben in der Auseinandersetzung mit den Geschichten der Architektinnen ihre eigenen Stimmen in den Diskurs eingebracht und kritische Positionen entwickelt.

Was sollte Architektur leisten? Wie gestalten Architektinnen ihre Berufswege? Auf welche Stereotypen und Diskriminierungen stoßen sie dabei nach wie vor? Wie verändert sich das Berufsbild Architekt*in durch die stärker werdende Präsenz von Frauen insgesamt? Für das Projekt „Berliner Architekt*innen. Oral History" haben Student*innen der TU Berlin 26 Videointerviews mit Architektinnen geführt. Das Projekt fand im Rahmen zweier Seminare statt, die von Sarah Riviere und Hermann Schlimme unterrichtet und von der Architektenkammer Berlin fachlich und finanziell unterstützt wurden. In den Seminaren haben sich die Student*innen zunächst kritisch mit der früheren und jetzigen Situation von Frauen in der Architektur auseinandergesetzt.

Oral History ist eine Methode der Geschichtswissenschaft, die die Quellenbasis erweitert und allen Zeitzeug*innen eine Stimme gibt. Vertreterinnen einer breiten Architektinnenschaft kommen im Projekt zu Wort. In den Interviews beschreiben die Architektinnen, wie sie auf ihren Wegen die ursprünglichen, männlich dominierten Rollenbilder in Architektur und Gesellschaft hinterfragt und zum Teil hinter sich gelassen haben. So haben sie in den professionellen Strukturen Raum gefunden, um sich, ihr Talent und ihre Stimme einzubringen. In den Interviews interagierten die Student*innen mit potenziellen Rollenvorbildern. So entstand in den Seminaren ein Diskursraum, in den die Student*innen ihre eigenen Stimmen eingebracht haben und kritische Positionen zu Aussagen in den Medien und zu ihren eigenen Erfahrungen entwickeln konnten. Die Student*innen haben sich entschlossen, den Genderstern im Projekttitel in einer signalisierenden Weise zu nutzen und damit explizit auf die Diversität in der Architekturwelt hinzuweisen. Dass diese sprachliche Komponente durch das automatische Nutzen der männlichen Bezeichnung Architekt in der Vergangenheit die Sichtbarkeit der realen Diversität verhindert hat, zeigt sich gerade auch in den Namen von Institutionen und verschiedenen Publikationen.

In der gemeinsamen Arbeit wurde immer wieder deutlich, dass insbesondere der intersektionelle Feminismus ein Modell ist und Erfahrungen bietet, die die Gesellschaft nutzen sollte, um jedwede Form von Diskriminierung zu bekämpfen und dazu beizutragen, die Zukunft der Architektur gleichberechtigt und divers zu gestalten.

Ergebnisse der Seminare und die Interviews selbst wurden als Teil der Ausstellung *[FRAU] ARCHITEKT*IN* vom 3. Juni bis 8. Juli 2021 gezeigt.

Die Publikation mit den Transkriptionen der Interviews ist gedruckt im Fachgebiet Bau- und Stadtbaugeschichte erhältlich und kann kostenfrei heruntergeladen werden: https://fg.bsg.tu-berlin.de/berliner-architektinnen-oral-history-2/.

Die Interviews sind ebenfalls über die Website des Fachgebiets zugänglich: https://fg.bsg.tu-berlin.de/berliner-architektinnen-oral-history/.

INTERVIEWTE ARCHITEKTINNEN: Susanne Bellinghausen, Rita Brand, Benita Braun-Feldweg, Inken Bühring, Gabriele Dietrich, Elke Duda, Martina Gross-Georgi, Barbara Hoidn, Christine Jachmann, Theresa Keilhacker, Luise King, Stephanie Kloss, Bettina Kraus, Anne Lampen, Regine Leibinger, Felicitas Mossmann, Christina Nagel, Ellen Nausester, Sarah Perackis, Margit Renatus, Carola Schäfers, Brigit Schürmann, Kirstie Smeaton, Constanze Tibes, Ariane Wiegner, Karin Winterer.

STUDENT*INNEN WINTERSEMESTER 2019/20: Dayana Adzhemova, Kristina Baierl, Jasmina Brüschke, Delfina Capiglioni, Leonardo Freitag, Nelli Fritzeler, Linda Gehrenbeck, Dana Haddad, Helene Herrmann, Daria Hutanu, Lea Lackner, Emanuel Lucke, Katrina Malinski, Esin Erdinch Mehmed, Madelief Nobelen, Marta Ordinas, Milana Poggensee, Justine Rognon, Angelina Thierer, Noémie Tschabold, Francesca Turi, Paula Urig-Schon, Janina Valentin, Grietje van Bentum, Alessandra Zagorny.

STUDENT*INNEN SOMMERSEMESTER 2020: Ladina Bürgisser, Cheng Chi, Dana Haddad, Lara Jensen, Jule Jünger, Woojung Kim, Bassel Korani, Dandi Liu, Stella Loewer, Huiyan Long, Emanuel Lucke, Katrina Malinski, Elise-Phuong Ha Nguyen, Katjuschka Owusu, Lina Pleyer, Anatol Rettberg, Iman Saifo, Hannah Steinborn, Mailies Stichling, Noémie Tschabold, Paula Urig-Schon, Grietje van Bentum, Sina Wendl.

TUTOR*INNEN: Marcus Matznick, Esin Erdinch Mehmed, Thalia Staschok.

SARAH RIVIÈRE, HERMANN SCHLIMME

BILDNACHWEIS
v.l.n.r.:
Christine Jachmann
Foto Dana Haddad und Francesca Turi, 2020
Ariane Wiegner
Foto Nelli Fritzler und Paula Urig-Schon, 2019
Elke Duda
Foto Esin Erdinch Mehmed und Dayana Adzhemova, 2019
Anne Lampen
Foto Lea Lackner und Katrina Malinski, 2020

GRAFIK
Tamar Gürciyan

AUSSTELLUNG

AKTEURINNEN
Birgit Hartwig
Bauingenieurin
Nicole Parlow
Bauingenieurin
Anath Wolff
Bauingenieurin
Nicole Zahner
Bauingenieurin

IN KOOPERATION MIT
Architekturmuseum der TU Berlin
n-ails e.V.

AUSSTELLUNGSGESTALTUNG
Rahel Melis

KURATORIN UND KONZEPT
Ulrike Tillmann
Rahel Melis

Frauen sind gute Teamplayerinnen – und bleiben oft im Hintergrund. Dies sind beides keine Eigenschaften, die man mit Königinnen in Verbindung bringt. Häufig sind Ingenieurinnen allerdings die einzigen Frauen im Team, die einzige Bauingenieurin im Bekanntenkreis, sie werden als Vorbilder betrachtet und stehen im Rampenlicht, ob sie wollen oder nicht. Die Ausstellung richtete nun den Fokus auf sie und machte sie zu *Queens of Structure*.

QUEENS OF STRUCTURE

PROJEKTE UND POSITIONEN VON BAUINGENIEURINNEN

Diese Ausstellung zu Bauingenieurinnen schafft eine doppelte Sichtbarkeit. Sie zeigt nicht nur Ingenieurinnen und ihre Beiträge, auch die selten wahrgenommenen, oft verborgenen Leistungen der Profession an sich erhalten eine Würdigung. So präsentierte die als Außenausstellung konzipierte Schau *Queens Of Structure* im Garten des Architekturmuseums der TU Berlin zwölf Bauingenieurinnen, die mit ihren Projekten die weitgefächerten Tätigkeits- und Themenfelder des Bauingenieurwesens aufzeigten und mit ihren Positionen die Vielfalt der Herausforderungen und individuellen Herangehensweisen darin sichtbar machten.

Die porträtierten Frauen erzählen von ihrer Leidenschaft für ihre Profession und zeigen auf, wie sie mit großer Selbstverständlichkeit in einem männlich geprägten Berufsfeld agieren.

Sie haben Gelegenheiten ergriffen, Ideen vorangetrieben sowie kreativ umgesetzt und Technikkompetenz längst zu ihrem Programm gemacht. Ihre lehrreichen und aufregenden Erfahrungen machen sie zu ermutigenden Vorbilder für zukünftige Generationen von Bauingenieurinnen: können diesen helfen, ihren Platz im Bauingenieurwesen zu definieren und somit die Profession als Ganze voranzubringen. Initiiert wurde die Ausstellung von Birgit Hartwig, Nicole Parlow, Nicole Zahner und Anath Wolff, die alle als Bauingenieurinnen tätig sind.

Die Auswahl der Protagonistinnen entstand mit subjektivem Blick, aus persönlichen Interessen und eigener Begeisterung heraus und ist doch repräsentativ. Sie zeigt die Breite des Berufsfeldes und die Unterschiedlichkeit der Frauen, die in ihm tätig sind.

© Dieter Nägelke, AM

Im abgesenkten, von Herta Hammerbacher 1969 entworfenen Tiefgarten wurden Betonwände, der gepflasterte Hof und Fenster mit Postern beklebt, die jeweils ein Projekt und das Porträt der Bauingenieurinnen zeigten. Die Ausstellung wurde nach Ende des Festivals *Women in Architecture* (WIA) als Wanderausstellung konzipiert und an verschiedenen Stationen sowohl dem Fachpublikum als auch der interessierten Öffentlichkeit gezeigt.

Eine Übersicht zeigte historische Pionierinnen des Bauingenieurwesens. Sie macht sichtbar, wie Frauen mit ihrem Interesse am technischen Wissen in die ihnen lange verschlossene Berufswelt vorgedrungen sind.

Unter www.queens-of-structure.org sind in kurzen Podcasts die im Rahmen der Ausstellung geführten Interviews mit den Bauingenieurinnen ausschnitthaft wiedergegeben.
ULRIKE TILLMANN

AUSGESTELLTE BAUINGENIEURINNEN UND IHRE PROJEKTE

Roma Agrawal
seit 2017 Associate Director bei AECOM HOCHHAUS THE SHARD, LONDON

Anne Burghartz
VERHÜLLUNG DES ARC DE TRIOMPHE, PARIS. CARBON-SEILNETZFASSADE

Sukanya Duraisamy
seit 2020 bei RPB Rueckert GmbH als Tragwerksplanerin.
DESIGN BUILDING PROJEKT, BERLIN

„Wir wurden im Studium als Frauen als sehr fragil angesehen, unfähig, den Betonklotz für den Kompressionstest selbst zu heben. Aber gleichzeitig waren wir auch einfach nur gleichwertige Konkurrentinnen in einem sehr ehrgeizigen Wettstreit um gute Noten. Wir standen alle unter dem gleichen sehr hohen Druck. Da wollte man als Frau auf keinen Fall Schwäche zeigen."

Karen Eisenloffel
DÄCHER FÜR GÖBEKLI TEPE, TÜRKEI

Ulrike Elbers
HOLZ-HYBRID-HOCHHAUS, MÜNSTER

Ingeborg Friedrich-Keil
GRÜNDUNG ERWEITERUNG GSG-CAMPUS, BERLIN

Gabriele Henkens
SANIERUNG BRANDENBURGER TOR, BERLIN

Valentina Kumpusch
ZWEITE RÖHRE GOTTHARDSTRASSENTUNNEL, CH-TESSIN

Ines Prokop
seit 2020 Geschäftsführerin des Bundesverbandes Bausoftware
VOM EISENBAU ZUM STAHLBAU

„Es war für mich völlig normal, Ingeneurin zu sein, eine Familie zu haben und zu arbeiten. Ich habe das überhaupt nicht infrage gestellt. Diese Geschlechterdebatte spielte mit Anfang 20 für mich eigentlich keine Rolle. Das hat sich eher im Laufe der Jahre verändert."

Sarah Springman
MONASAVU-DAMM, FIDSCHI

Agnes Weilandt
seit 2010 Professorin für Baustatik, Baumechanik und Konstruktiven Ingenieurbau, Fachhochschule Frankfurt am Main. ROLEX LEARNING CENTER, LAUSANNE

„Zum einen herrscht für viele Mütter ein struktureller Organisationsdruck, den es zu lösen gilt, um Flexibilität zu generieren, die in unserem Job gebraucht wird. Die psychologische Seite ist aus meiner Sicht aber noch erheblicher: Wir müssen uns als Frauen die Frage stellen, ob es immer wir sein müssen, die automatisch die Betreuungssituation organisieren."

Jane Wernick
XSTRATA AERIAL WALKWAY KEW GARDENS, LONDON

© office for architectural thinking

DIALOG

AKTEUR
Deutscher Werkbund Berlin

ORGANISATOR:INNEN
Astrid Bornheim
Jan R. Krause

IN KOOPERATION MIT
Mies van der Rohe Haus

Journalism – Die Sichtbarmacherinnen

Rund 80 Prozent der führenden Fachzeitschriften und Onlineportale für Architektur, Innenarchitektur, Stadtplanung und Landschaftsarchitektur in Deutschland werden von Chefredakteurinnen geleitet. Das war nicht immer so. Noch vor zehn Jahren war das Verhältnis umgekehrt. In der Medienlandschaft ist ein Wandel zu beobachten, der Hoffnung macht: auf einen Perspektivwechsel, auf mehr Sichtbarkeit von Architektinnen, auf neue Themen, eine neue Führungs- und Kommunikationskultur.

Architekturjournalistinnen und -kritikerinnen gibt es schon lange in der deutschen Architektur- und Medienlandschaft. Inge Boskamp in Düsseldorf und Johanna Schmidt-Grohe in München wurden schon früh mit dem Preis des Bundes Deutscher Architektinnen und Architekten (BDA) für Architekturkritik geehrt. Helene Rahms, Doris Schmid, Martina Düttmann machten in Frankfurt am Main, München und Berlin Architektur und Stadtplanung zu ihrem Thema. Katrin Leydecker schrieb über Architektur unter anderem in *NZZ* und *FAZ* und Amber Sayah ist seit fast drei Jahrzehnten nicht wegzudenken als Architekturredakteurin der *Stuttgarter Zeitung*. Die Redaktion der Werkbund-Zeitschrift *Werk+Zeit* wurde über viele Jahre von Gina Angress-Köhler und Lore Ditzen geprägt, die als Pionierin in einer Männerdomäne und als Kulturredakteurin beim Sender Freies Berlin (SFB) auch Filme über Architektur produzierte.

In den 1990er Jahren zogen vermehrt Frauen als Redakteurinnen in die Verlagshäuser der Architekturmagazine ein. Die Führungspositionen aber blieben noch lange fest in Männerhand. Eine Ausnahme stellt Ingeborg Flagge dar: Bereits 1972 wurde sie Chefredakteurin der BDA-Zeitschrift *Der Architekt* und blieb es bis 1998.

Der Wandel setzte erst mit der Jahrtausendwende ein: Petra Stephan wurde Chefredakteurin der *AIT*. Es folgten Ulrike Kunkel als Chefredakteurin der *db*, Sandra Hofmeister zunächst als Chefredakteurin der deutschen *Domus*, später der *Detail*, Brigitte Schultz als Chefredakteurin des *Deutschen Architektenblatts* und Katja Reich als Chefredakteurin der *DBZ*. Der Wandel betraf nicht nur Print-, sondern auch Online-Redaktionen: Friederike Meyer wurde Chefredakteurin vom *Baunetz* und Susana

Ornelas wirkt als Herausgeberin der Wettbewerbsplattform *competitionline*. Zur neuen Generation der Medienmacherinnen zählen aber auch Gründerinnen neuer Formate und Plattformen wie Janina Poesch und Sabine Marinescu mit ihrem *PLOT Magazin* oder Katharina Benjamin mit ihrem reichweitenstarken Architekturmagazin *Kontextur* auf Instagram.

Nicht nur die Chefredaktionen der Architekturtitel, auch deren Redaktionen sind inzwischen frauendominiert. Wie erklärt sich dieser Wandel? Welche Folgen hat das für die Architekturvermittlung, Berichterstattung und Sichtbarwerdung von Frauen in der Architektur?

Produktion

Architektur- und Medienproduktion haben vieles gemeinsam. Es geht darum, räumliche und inhaltliche Qualitäten zu schaffen und zu vermitteln. Es geht um Weitblick und Perspektiven. Es geht um Recherche, Analyse, Kriterien, Schlussfolgerungen, Bewertungen und Entscheidungen. Gute Architektur und anspruchsvoller Journalismus wollen Orientierung geben und einen Beitrag zur Zukunftsgestaltung leisten. In der Architektur- und Medienlandschaft herrschen ganz ähnliche Produktionsbedingungen: Beides geschieht unter zeitlichem und ökonomischem Druck, unter Berücksichtigung gesellschaftlicher und ökologischer Rahmenbedingungen, unter dem Einfluss des Kontexts und neuer technologischer Entwicklungen.

v.l.n.r.:
Susana Ornelas,
May-Britt Frank-Grosse,
Brigitte Schulz,
Ulrike Kunkel

Keine Architektur ist Werk einer einzelnen Person. Gute Architektur entsteht immer im Dialog von Architekt:innen, Fachplaner:innen, Auftraggeber:innen, Nutzer:innen und Handwerker:innen. Ähnliches gilt für den Journalismus. Ob ganze Architekturzeitschrift oder einzelner Artikel: Architekturberichterstattung ist das Ergebnis von Diskurs, Reflexion und Multiperspektivität. Da sollte der neudeutsche Begriff Diversität eigentlich längst selbstverständlich sein.

Das Thema Diversität ist für Petra Stephan „relativ zeitlos. Wir haben schon immer gern für Frauen geschrieben", sagt die Chefredakteurin der *AIT*. Ihre Leserschaft besteht zu 50 Prozent jeweils aus Männern und Frauen – ihre weiblich geprägte Redaktion allerdings nicht: „Wir suchen immer nach einem Quotenmann, denn Durchmischung tut der Redaktion gut."

Der in den Medien festzustellende Wandel von mehr Frauen in Führungspositionen ist auch in der Architektur zu beobachten. „Frauen haben in der Architektur schon lange eine gewisse Präsenz", so Stephan, „und wir erleben immer mehr Architektinnen als Partnerinnen in Architekturbüros. Darunter sind relativ wenige reine Frauenarchitekturbüros. Aber wer hier recherchiert, wird fündig – das war vor 20 Jahren noch nicht so." Sie sieht es als eine Aufgabe der Redaktion, diese Entwicklung weiter an die Oberfläche zu bringen. Sie möchte „weitere Architektinnen ermutigen, an die Öffentlichkeit zu gehen, mehr Präsenz zu zeigen", sieht aber das „Problem, dass Frauen mit dem, was sie gut können, zu sehr hinter dem Berg halten."

Ganz ähnlich erlebt Friederike Meyer, Chefredakteurin des *Baunetz* die Situation: „Männer bewerben sich auf eine Stelle, wenn sie 50 Prozent der Kriterien erfüllen. Frauen würden das nur tun, wenn sie 120 Prozent der Kriterien erfüllen," so ihre Erfahrung. Sympathisch findet Meyer: „Frauen wollen nur das nach außen tragen, was sie wirklich können", sie benennt aber zugleich die Problematik: „Das ist in dieser Branche schwierig, in der es so sehr um Sichtbarkeit und Anerkennung geht." Und sie räumt mit einem weitverbreiteten Missverständnis auf: „Viele denken, wir müssten die talentierten Architektinnen entdecken. Aber wir Medien können nicht überall sein. Deshalb freuen wir uns, wenn Sie uns Ihre Projekte schicken, uns informieren und sich trauen, zu fragen, ob es uns interessiert."

Diesen ermutigenden Appell wiederholt Katja Reich, Chefredakteurin der *DBZ*: „Trotz des Hinweises in jeder Ausgabe auf die nächsten geplanten Themenhefte und der Aufforderung, Projekte einzureichen, machen davon nur wenige Gebrauch – Ingenieurbüros noch weniger als Architekturbüros, weil dort Öffentlichkeitsarbeit noch weniger als in Architekturbüros verankert ist." Sie geht aber noch einen Schritt weiter und empfiehlt umgekehrt den Journalist:innen und Redakteur:innen, nicht nur auf die Namensgeber:innen und Inhaber:innen der Architektur- und Ingenieurbüros zu schauen, sondern „vermehrt nach Frauen in leitender Funktion, auch in der zweiten Reihe". Dort finden sich „oft sehr kompetente und technisch versierte Planerinnen. Projektleiterinnen und Fachplanerinnen sollten mehr nach außen getragen werden. Die Medien sollten stärker kommunizieren, wer es gemacht hat. Dann würden auch mehr Namen von Architektinnen auftauchen und diesen zu Sichtbarkeit verhelfen", empfiehlt Reich.

Es geht aber nicht um Quote, es geht um Qualität. Petra Stephan ist überzeugt: „Wenn Männer und Frauen zusammenarbeiten, kommen immer bessere Lösungen raus. Je diverser der Ansatz, die Idee, die Ausbildung, die Lebensform, desto besser wird Architektur und Innenarchitektur. Denn so divers sind ja auch die Bauherr:innen und die Nutzer:innen der Gebäude." Es wird wohl noch etwas dauern, bis Planungssitzungen so divers und durchmischt sind, wie es in den Architekturredaktionen schon der Fall ist. Wie aber sind die Produktionsbedingungen, Arbeitszeiten und Arbeitsplatzmodelle in einer solchen Redaktion? Friederike Meyer berichtet von „lebendigen Diskussionen in täglich wechselnden Teams."

Die Flexibilität geht in der *Baunetz*-Redaktion so weit, dass in Teilzeit gearbeitet werden kann, und das auch an wechselnden Wochentagen. Organisatorisch ist das Modell eingeübt und wird im Diskurs der täglichen Redaktionskonferenzen als große Bereicherung empfunden. Susana Ornelas von *competitionline* schwärmt: „Als erste gewerbliche Baugruppe haben wir mit unserem Neubau unser eigenes Raumkonzept geschaffen, wo wir alles möglich machen können, was wir brauchen, um supermotiviert gute Arbeit zu machen." Jedoch: „Das Konzept, das wir unmittelbar vor Corona gestrickt haben, müssen wir jetzt wieder ganz neu denken, denn diese Zeit hat ganz neue Möglichkeiten aufgezeigt für die Vereinbarkeit von Beruflichem und Privatem. Das betrifft nicht nur Familien, sondern auch Kolleg:innen ohne Kinder. Das bringt viel Motivation zurück ins Unternehmen."

PROPORTION

60 Prozent der Studienanfänger:innen im Fach Architektur sind Frauen. Beim Abschluss liegt ihr Anteil immer noch über 50 Prozent. In der Praxis sind es deutlich weniger. Die Architektenkammer zählt 34 Prozent weibliche Mitglieder unter ihren 118.000 Hochbauarchitekt:innen. An den Hochschulen sind nur 20 Prozent Professorinnen zu verzeichnen. Ganz anders in Deutschlands Architekturredaktionen. 80 Prozent werden von Chefredakteurinnen geführt. Und auch die Redaktionsteams sind überwiegend weiblich geprägt. Das reicht von 60 Prozent bei der *DBZ* bis zu 100 Prozent bei *BaunetzID*. Die Medienlandschaft scheint hier eine Vorreiterrolle einzunehmen und hat eine ermutigende Vorbildfunktion in der männerdominierten Baubranche.

Welchen Einfluss hat das auf Sichtbarkeit, Themenorientierung und Sprache? „Ich sehe meine Aufgabe auch darin, Frauen sichtbarer zu machen", erklärt May-Britt Frank-Grosse, Chefredakteurin von *BaunetzID*. Sie versteht Chefredakteurinnen „als diejenigen, die das fördern müssen, weil wir die Möglichkeiten haben." Auch Brigitte Schultz, Chefredakteurin von Deutschlands auflagenstärkster Architekturzeitschrift, dem *Deutschen Architektenblatt*, will Frauen „Mut machen zur Selbstständigkeit, denn für selbstständige Architektinnen ist Familie und Beruf immer ein Thema." Sie ist aber interessiert an einer „guten Mischung". Auf eine Artikelserie über rein frauengeführte Büros gab es Reaktionen von „Männern, die sich gemeldet haben und sagten: ‚Ich führe auch seit vielen Jahren ein Büro, schaffe auch Job und Familie gleichzeitig und über mich schreibt keiner.'" Das sei zwar ernst zu nehmen, meint Schultz, aber: „Ich denke, die Männer haben ein paar Jahrzehnte Vorsprung, dann darf man jetzt mal die Frauen featuren. Das gleicht sich am Ende vielleicht wieder aus."

Auf Ausgleich achten die Chefredakteurinnen auch in Veranstaltungen und Gremien. So reflektiert Friederike Meyer vom *Baunetz*: „Seit Langem ist es bei uns Konsens, Frauen in der Architektur sichtbar zu machen, das wird in der Redaktion gelebt." Aber sie hat den Eindruck, bei Juryzusammensetzungen und Vergabe von Architekturpreisen seien viele noch in alten Strukturen verhaftet. Vielleicht werde nicht darüber nachgedacht, vielleicht sei es nicht aufgefallen? Auf jeden Fall werden allzu männerdominierte Podien von ihrer Redaktion hinterfragt und kommentiert. Auch May-Britt Frank-Grosse ist es wichtig, „bei Veranstaltungen für ausgeglichene Verhältnisse auf der Bühne zu sorgen. Das ist manchmal der schwierigere Weg, weil vielleicht der Architekt den bekannteren Namen hat." Das bestätigt Brigitte Schultz. Es sei „ärgerlich, wenn Veranstaltungen nur von Männern besetzt sind." Aber auch reine Frauenveranstaltungen findet sie „anstrengend. Vielleicht muss das eine Weile sein, sich auf die Frauen zu konzentrieren, aber dann geht das Pendel hoffentlich auch wieder in die gesunde Mitte. Am Ende geht es darum, dass wir alle in unserer Branche divers zusammenkommen. Es geht um Vielfalt. Das ist noch ein Weg. Das ist mit Arbeit verbunden."

Kann Sprache auf diesem Weg ein Mittel sein, ein neues Bewusstsein zu schaffen und Veränderung zu bewirken? „Wir leben in einer Zeit, in der das Gendern gar keine Diskussion mehr sein darf", meint May-Britt Frank-Grosse und bezieht sich auf Untersuchungen, nach denen sich „Architektinnen nicht angesprochen fühlen, wenn da Architekt steht und nicht Architektin." Dass die Diskussion hier aber noch nicht abgeschlossen sei, fürchtet Brigitte Schultz: „Sprachlich finde ich es eine Katastrophe, mit Sternchen zu arbeiten. Das hat mit meinem Gefühl für sprachliche Ästhetik zu tun. In der Regel schreibe ich Architektinnen und Architekten. Das macht den Text nur geringfügig länger." Ein Blick auf die Statistik im *Digitalen Wörterbuch der Deutschen Sprache* (DWDS) zeigt: Die Verwendung des Begriffs Architektin erlebt seit einigen Jahren einen steilen Anstieg. Die Kommunikation scheint sich mit der nächsten Generation zu verändern. „In Texten von Studierenden wird ganz selbstverständlich gegendert", beobachtet Nadine Schimmelpfennig vom Hochschulmagazin

v.l.n.r.:
Petra Stephan,
Friederike Meyer,
Katja Reich

Der Entwurf. Und Katharina Benjamin, die auf Instagram ein Stellenportal für Architekt:innen betreibt, stellt anhand der Reaktion von Leser:innen und Bewerber:innen fest: „Gendern in Stellenanzeigen ist ein Indikator für Progressivität."

Die Redaktion der BDA-Architekturzeitschrift hat einen besonderen Weg gewählt. Im Februar 2022 änderte sie nach 70 Jahren ihren Titel von *Der Architekt* in *Die Architekt*. Die Chefredakteur:innen Elina Potratz und Maximilian Liesner erklären dazu: „Jenseits von Fragen nach Geschlecht und Gender zeigt der neue Titel nun auch endlich eindeutig an, dass es sich nicht etwa um eine Person, sondern um *Die* (Zeitschrift) *Architekt* handelt. All jene, die bereits ein Sakrileg an der deutschen Sprache wittern, können beruhigt sein, da es sich dabei – grammatikalisch korrekt – um die rhetorische Figur der Ellipse, einer Auslassung, handelt."

Ein Schmankerl für Linguist:innen – für Architektinnen und Architekten jedoch nur bedingt nachvollziehbar, wie manche Kommentare zeigen. Die schreibende Zunft handelt pragmatischer. Das Mitgliederheft des Deutschen Journalisten-Verbandes (DJV) erscheint unter der Leitung von Chefredakteur Matthias Daniel seit Januar 2020 je zur Hälfte unter den Titeln *Journalist* und *Journalistin*. Die Auslieferung des jeweiligen Titels hängt vom Zufall ab.

Und noch ein Beispiel aus einer anderen Welt: Im Juni 2022 hat der Verlag Springer Medizin seine Zeitschriftentitel geändert. An die Stelle der Berufsbezeichnung rückt das Fachgebiet: Aus *Der Chirurg* wird Die Chirurgie, *Der Kardiologe* wird zu *Die Kardiologie*. Dazu schreibt der Verlag: „Für uns ist klar: Wenn eine männliche Berufsbezeichnung von vielen nicht als ‚generisch' wahrgenommen wird, sollte sie auch nicht mehr als Titel einer Zeitschrift dienen."

Es ändert sich etwas in der Medienlandschaft. Ändert sich durch die Chefredakteurinnen auch die Führungskultur? Ulrike Kunkel, langjährige Chefredakteurin der *Deutschen Bauzeitung*, nennt als wichtigste Veränderung: „Wir haben das Arbeiten im Team gestärkt und innerhalb des Teams die Expertise gefördert. Jede:r wird getragen durch das Team um sich herum." Gute Führung bedeutet für sie: „Mitarbeiterinnen und Mitarbeiter lesen zu lernen, zu beobachten, abzufragen, nach ihren Stärken einzusetzen und darauf zu verzichten, sie in Aufgaben reinzuzwingen." Darin bestätigt sie Susana Ornelas, Herausgeberin der Wettbewerbsplattform *competitionline*: „Unsere Erfahrung ist, dass mit gemischten Teams sehr gute Ergebnisse erzielt werden. Wir brauchen den Austausch über alle Teams, über alle Ressorts und über alle Ebenen. Wir brauchen viele Perspektiven für gute Entscheidungen."

© office for architectural thinking

v.l.n.r.:
Janina Poesch,
Sabine Marinescu,
Katharina Benjamin

Jedoch sieht sie einen wesentlichen Unterschied: „Eine Onlineredaktion muss man anders führen als eine Printredaktion aufgrund des anderen Zeitfaktors. Wir haben einen täglichen Sprint zum täglichen Newsletter. Es braucht gute Prozesse, um gute Entscheidungen in kurzer Zeit zu treffen. Dafür braucht es eine wenig hierarchische Organisation und eine flache, netzartige Struktur, in der auch eine gute, empathische Feedbackkultur herrscht."

Neben diesen begrüßenswerten Qualitäten in Unternehmens- und Führungskultur muss auch die ökonomische Seite von Frauen in Führungspositionen beleuchtet werden. Eine aktuelle Gehaltsstudie der Bundesarchitektenkammer zeigt deutliche Gehaltsunterschiede zwischen Architektinnen und Architekten bei vergleichbarem Berufsumfeld und vergleichbarer Position im Unternehmen.

Auch in der Medienlandschaft sind Gehaltsunterschiede zu beobachten. Was Einkommen und Honorare angeht, gibt es keine Transparenz, doch weisen die verfügbaren Zahlen eine klare Tendenz aus und lassen vermuten, dass der Gender-Pay-Gap in der Medienbranche überdurchschnittlich hoch ist. Der Deutsche Kulturrat nennt für Verlags- und Medienwirtschaft 25 Prozent. Laut der „Worlds of Journalism"-Studie liegt das Verdienstgefälle zwischen Männern und Frauen im Journalismus mit 23 Prozent über dem vom Statistischen Bundesamt ermittelten Durchschnitt von 21 Prozent.

Auch wenn man strukturelle und biografische Faktoren mit einberechnet, bleibt eine Lohnlücke. Der genaue, bereinigte Gender-Pay-Gap im Journalismus ist nicht bekannt. Der DJV schätzt, „dass auch Journalistinnen, die die gleiche Berufserfahrung haben und Vollzeit arbeiten, noch immer fast 6 Prozent weniger verdienen als ihre männlichen Kollegen."

PROJEKTION

Trotz dieser Differenzen scheint der Beruf der Architektin und der Redakteurin ungebrochen attraktiv zu sein. Das zeigt sich auch in neuen Bürogründungen und der Erfindung neuer Medienformate. Katharina Benjamin gründete 2017 zusammen mit Alen Linnemann das englischsprachige Architekturmagazin *Kontextur* – „a digital magazine spinning around architecture" – und betreibt das gleichnamige Architekturmagazin auf Instagram.

Das scheint ein mutiger Schritt, hat Deutschland doch die größte Fachzeitschriftendichte weltweit. „Wir haben uns als junge Generation in den Medien nicht repräsentiert gefühlt", schildert Benjamin ihre Motivation. „Es gibt eine Grenze, bis man als junge Architektin den Sprachraum bekommt. Wir wollen nicht die Architekt:innen präsentieren, die bereits erzählt sind. Wir wollen anderen Positionen eine Stimme geben. Auch eine Architekturabsolventin hat ein Recht auf ihre architektonische Position."

In Deutschland wird die Newcomerin der Medienszene zunächst skeptisch betrachtet. „Wir mussten über Bande spielen, um akzeptiert zu werden", schildert sie ihre Erfahrungen. Die ersten Interviews wurden mit Architekt:innen aus der Schweiz, Mexiko, Chile geführt. Nach knapp fünf Jahren erreicht sie rund 90.000 Follower:innen – fast so viele Leser:innen wie das *Deutsche Architektenblatt*. Eine Konkurrenz zur klassischen Fachpresse sieht sie nicht, eher eine komplementäre Ergänzung. „Uns geht es nicht um Aktualität neuester Projekte, sondern um Themen und Positionsfindung." Und sie sucht den intensiven Dialog, greift tagesaktuelle Fragen auf, zum Beispiel wenn eine Architektin eine unangenehme Situation in der Bauleitung erlebt, und stellt diese zur Diskussion – natürlich anonym. „Innerhalb von 30 Minuten hat man die Rückmeldung von etablierten Architektinnen", weiß Benjamin zu berichten. „Das ist für junge Architektinnen ganz toll, schnell eine Einschätzung zu bekommen. Damit haben wir ganz eigenständige Formate entwickelt, die nicht mit den klassischen Printmedien konkurrieren."

Auch Sabine Marinescu und Janina Poesch zählen zu den Gründerinnen neuer Medienformate. Mit *Plot* positionierten sie sich thematisch in einer Nische: „Eine Fachrichtung der Architektur hat sich herausgebildet, die immer mehr Aufmerksamkeit bekommt: Ausstellungsgestaltung, Inszenierung von Markenwelten, Kommunikation in Raum, Bühne und Film", erklärt Marinescu. Die Herausforderung: ein großes Spektrum, heterogene Zielgruppen. Ihr Leitgedanke: Menschen aus unterschiedlichen Bereichen mit unterschiedlichen Perspektiven zusammenzubringen. *Plot* ist Printmagazin, Onlineplattform und Netzwerk. „Weil sich der Medienkonsum stark gewandelt hat, mussten wir viel ausprobieren", erklärt Janina Poesch. „Wir mussten Facebook für uns entdecken, wir mussten Instagram erobern, wir haben mit virtuellen Magazinen experimentiert." Ihre Empfehlung: „Sich trauen, ausprobieren und Verbündete suchen."

Nadine Schimmelpfennig arbeitet an der Schnittstelle zur nächsten Generation. Als Chefredakteurin der Zeitschrift *Der Entwurf* hat sie die 38.000 Studierenden im Blick. Das Magazin ist eine Einladung zum Dialog. Entsprechend ist es fast ausschließlich in Interviewform verfasst. Auch hier spielt der Community-Gedanke eine große Rolle: „Wir wollen die Hochschulen mit dieser Zeitschrift vernetzen", sagt Schimmelpfennig. Sie beobachtet, dass Studierende sich wünschen, dass es keine kuratorische Auswahl gibt, sondern offene Plattformen, wo es möglich ist, jedes Projekt reinzustellen. Sie hält es aber für richtig, Filter zu setzen: „Journalisten haben hier einen aktivistischen Auftrag."

Wie aber kommuniziert die nächste Architekt:innengeneration? Kommunizieren Frauen anders als Männer? „Ich kenne den männlichen Studententyp, der schon im dritten Semester seine eigene Website hat und sein Portfolio zur Schau stellt", erzählt Katharina Benjamin. „Das ist legitim. Man muss in diesem konkurrenzbetonten Beruf nach vorne pushen. Aber ich kenne das von Studentinnen nicht." Sie stellt sich die Frage: „Müssen wir uns dem anpassen, müssen wir auf der Baustelle jetzt tiefer sprechen? Oder gibt es weiblich gelesene Eigenschaften, die man auch nutzen kann und die anzuerkennen sind?" Marinescu regt an: „An den Hochschulen sollte gelehrt werden, wie man sein Werk und sich präsentiert. Wenn das richtig gelehrt und gelernt wird, würden sich auch Frauen deutlich leichter tun, zu präsentieren: Das ist meine Arbeit und das möchte ich damit sagen."

Janina Poesch beobachtet bei Gründungen von Frauen, „dass die Öffentlichkeitsarbeit nicht als erstes auf der Agenda steht, weil weniger über sich selbst gesprochen wird. Viele denken: Wenn ich meine Arbeit gut mache, wird die Presse schon auf mich zukommen." Sie empfiehlt: „Man muss laut sein und darüber sprechen, was man gemacht hat, möglichst spannend über seine Arbeit erzählen – mit Relevanz!" Kann man auch auf eine intelligente, unaufdringliche, smarte Weise laut sein? Nadine Schimmelpfennig meint, das sei möglich, wenn wir „nicht nur auf das Gebäude schauen, sondern auf die Menschen dahinter: Wie lief der Prozess, wie kam es zu Entscheidungen, welche Geschichten lassen sich erzählen?" Sie verweist auf Erfahrungen aus dem Universitätskontext: „In den Berichten aus Hochschulen, die uns erreichen, wird viel mehr in Bildern über den Prozess erzählt, über Zusammenarbeit und Interdisziplinarität."

Dokumentation der Gespräche: siehe YouTube-Kanal des Deutschen Werkbunds Berlin.

Es gibt erste Indizien für einen sich abzeichnenden Wandel in Wahrnehmung und Positionierung. Im Masterstudiengang Architektur Media Management (AMM) an der Hochschule Bochum, dem einzigen auf PR im Architekturbüro spezialisierten, sind von rund 350 Alumni der vergangenen 20 Jahre 85 Prozent Frauen. Und auch im von Frauen gegründeten LinkedIn-Netzwerk „Architekturkommunikation" ist mehr weibliche als männliche Kommunikationskompetenz repräsentiert. Mit dieser weiblich dominierten Kommunikationsszene dürfte sich die Sensibilität für die Leistungen und

Werke von Architektinnen in nächster Zeit deutlich steigern lassen und die Sichtbarkeit von Frauen in der Architektur spürbar erhöhen.

Werden sich mit der Präsenz von Frauen in Architektur und Redaktion auch die Themen ändern? Katharina Benjamin beobachtet, dass über andere Bauaufgaben berichtet wird, zum Beispiel Frauenhäuser. Und Susana Ornelas ist sich sicher: „Das Hauptthema in Verlag und Planung ist Klimaneutralität. Das wird die nächste Generation von Planerinnen im Berufsalltag prägen. Es wird nicht mehr so weitergeplant und -gebaut wie bisher. Das wird jetzt starten und sich nicht mehr ändern. Darin liegt eine große Chance für die nächste Generation, Dinge anders zu machen und weniger Vorbilder zu suchen als Vorbilder zu schaffen, indem sie selber vorangeht." Das gilt gleichermaßen für Rollenvorbilder als praktizierende Architektinnen.

Janina Poesch hofft, „dass wir in Zukunft nicht mehr über Gleichberechtigung von Frauen und Männern reden müssen, sondern einfach Menschen sehen, die ihren Job mit Herzblut verrichten." Aber das sei wohl noch ein weiter Weg, fürchtet der Journalist Nikolaus Bernau, denn: „Nun sitzen die Frauen schon auf den ganz entscheidenden Posten in Verwaltung, in Selbstorganisation der Planer:innen, in den Medien, aber immer noch klappt es nicht mit der öffentlichen Wahrnehmung, wie man (und Mann) sich das vorstellt. Wo ist der Wurm? Eine weitere Debatte ist nötig."

ASTRID BORNHEIM, JAN R. KRAUSE

„Wie der Weg gefunden werden wird in der neuen Form, wer soll das wissen? Wohl nicht in den Spuren der heute maßgebenden Kreise. Gut Ding will eben Weile haben, und wesentlich wird auch hier sein, dass der Geist der Frau zur Sprache kommt, die sein will, was sie ist, und nicht scheinen will, was sie nicht ist."

LILLY REICH
Erste Frau im Vorstand des Deutschen Werkbunds

TEILNEHMERINNEN
Petra Stephan
AIT, Stuttgart
Friederike Meyer
Baunetz, Berlin
May-Britt Frank-Grosse
BaunetzID, Berlin
Susana Ornelas
competitionline, Berlin
Ulrike Schultz
DAB, Berlin
Ulrike Kunkel
db, Stuttgart
Katja Reich
DBZ, Berlin
Nadin Schimmelpfennig
Der Entwurf, Berlin
Katharina Benjamin
Kontextur, Dresden
Sabine Marinescu
Janina Poesch
PLOT Magazin, Stuttgart

DANK
Dr. Wita Noack
Direktorin Mies van der Rohe Haus

AUSSTELLUNG & BUCHPRÄSENTATION

AKTEURIN
aquabitArt gallery

IM GESPRÄCH
Ingrid von Kruse
Fotografin/Autorin
Irina Ilieva
aquabitArt gallery,
Architektin, Kuratorin

In der Galerie aquabitArt treffen die Porträts von vier Architektinnen unterschiedlicher Generationen der namhaften Fotografin und Buchautorin Ingrid von Kruse auf die poetischen Bilder der untergehenden Stadt Venedig und lassen den Blick ins Unendliche schweifen. Die in der Ausstellung *Zwischen Stein und Meer* gezeigten Porträts der vier Pritzker-Preisträgerinnen offenbaren die Sensibilität von Ingrid von Kruses fotografischem Auge und ihr profundes Interesse an Menschen.

Zwischen Stein und Meer

Ingrid von Kruses Porträts der Pritzker-Preisträgerinnen Zaha Hadid, Kazuyo Sejima, Denise Scott Brown und der Mies-van-der-Rohe-Schülerin Phyllis Lambert treten in einen poetischen Dialog mit der Architektur Venedigs der 1990er Jahre. Die großformatigen Fotoabzüge der Stadt bilden eine filmreife Kulisse für die Aufnahmen der vier Architektinnen.

Die beeindruckenden Porträts wurden bereits auf der Architekturbiennale 2014 in Venedig gezeigt, in Verbindung mit dem Buch *Eminent Architects: Seen by Ingrid von Kruse*. In der aquabitArt-Galerie scheinen die Architektinnen unterschiedlicher Generationen nun in einen Dialog miteinander und mit uns, den Betrachterinnen und Betrachtern, verwickelt zu sein.

Im Gespräch mit Ingrid von Kruse taucht Architektin und Galeristin Irina Ilieva tiefer in die Botschaften dieser Begegnungen und der beiden großen Bildbände ein: *Eminent Architects: Seen by Ingrid von Kruse* (jovis Verlag, 2011) und *Venedig – Stimmen zwischen Stein und Meer* (Hirmer, 1996; Neuauflage jovis Verlag, 2016). Eine Aufzeichnung ist online auf der Galeriewebsite verfügbar.

Von den unvergesslichen Erlebnissen und Blicken hinter die Kulissen erzählt Ingrid von Kruse in zwei weiteren Büchern, ebenfalls in der Galerie präsentiert: *Charakterbilder: Begegnungen unter fünf Augen* (zu Klampen Verlag, 2015) und *Begegnungen: Porträts und ihre Geschichte* (Osburg Verlag, 2019).

Ein wichtiger Teil der Ausstellung ist der Text der langjährigen Exekutivdirektorin des Pritzker-Architekturpreises, Martha Thorne, die einen kurzen Überblick über den Beruf der Architektin gibt und ihn im Kontext der Zeit betrachtet.

FRAUEN UND ARCHITEKTUR: EIN FEST

Der Weg für Frauen, als gleichberechtigte Partnerinnen in allen Lebensbereichen anerkannt zu werden, ist lang. Die Kämpfe und Hoffnungen scheinen sich in Wellen zu entwickeln, die im Laufe der Zeit ihren Höhepunkt erreichen und wieder abklingen. [...].

Einige der erfolgreichsten Architektinnen des späten 20. Jahrhunderts sind in dieser Ausstellung zu sehen. Auffallend ist, dass sie so unterschiedlich sind. Sie kommen aus verschiedenen Ländern; Kanada, Irak mit Wohnsitz in London, Japan und Südafrika mit einem Umzug in die USA. Und auch die Rollen, die sie auf dem Gebiet der Architektur gespielt haben, sind vielfältig. Die Arbeit der praktizierenden Architektinnen Zaha Hadid und Kazuyo Sejima zeigt sehr unterschiedliche Herangehensweisen an ihr Handwerk. Phyllis Lambert machte als ausgebildete Architektin Karriere, indem sie im Zusammenhang mit dem Auftrag für das Seagram's building dessen Bau beeinflussen konnte und damit als ermutigendes Vorbild die Architektinnen unterstützte. Sie schuf auch das beispielhafte Zentrum für Architektur in Montreal, um auf diese Weise das Verständnis für das Berufsfeld zu vertiefen. Denise Scott Brown, ein Schlüsselmitglied für Planung und Architektur bei der Firma VSBA und eine brillante Autorin und Lehrerin, hat ihre Spuren an vielen Orten und bei vielen Menschen hinterlassen. Zweifellos sind diese vier Frauen in der jüngeren Geschichte der Architektur wichtig, aber vielleicht sogar noch mehr als das; sie sind Symbole für die herausragenden Beiträge von Frauen zu unserem Fachgebiet – Symbole dafür, wie die Erweiterung des Berufs eine lebendigere, relevantere und integrativere gebaute Umwelt schaffen kann. [...].

Jetzt ist es an der Zeit, Frauen der Vergangenheit, der Gegenwart und der Zukunft für ihre Beiträge in diesem Bereich zu feiern. Diese Ausstellung zelebriert ihre Vielfalt und zeigt, dass wir stärker sind, wenn wir von mehreren Stimmen und verschiedenen Standpunkten lernen und sie schätzen können. [...].

Die Öffnung des Berufsstandes, um die vielen Talente der Frauen einzubeziehen, bedeutet, ihn für eine größere Relevanz für alle zu öffnen.

MARTHA THORNE
Auszüge Pressemitteilung

Regula Lüscher, Senatsbaudirektorin Berlin, © Anke Illing

Nandita Boger, NAN Architektur, Schweiz, © Anke Illing

PORTRÄTFOTOGRAFIE

Porträts – Neue Perspektiven

AKTEUR:INNEN
Anke Illing
Illing & Vossbeck Fotografie
n-ails e.V.

75 Schwarz-Weiß-Porträts von Architektinnen und Akteurinnen aus der Stadtgestaltung sind während des Festivals entstanden. Die porträtierten Frauen aus Deutschland, Österreich und der Schweiz trugen selbst zum Festival bei oder waren als Besucherinnen vor Ort. Die Fotos sollen sich an die ikonischen Fotografien bekannter Architekten des 20. Jahrhunderts anlehnen, jedoch eigene Charakteristika aufweisen.

Jeder kennt sie: die ikonischen Fotografien von Le Corbusier, Walter Gropius oder Marcel Breuer. Wo aber sind solche Porträts von renommierten Architektinnen zu finden?

Das Festival bot ein ideales Podium, um Akteurinnen aus den verschiedensten Bereichen zu einer Porträtsitzung einzuladen, mehr als 75 Frauen ließen sich darauf ein. Mit den beiden Möbelstücken von Charlotte Perriand, dem Drehstuhl LC7* und der Liege LC4* hatten sie die Möglichkeit, sich der Situation spielerisch zu nähern. Fast alle Frauen eigneten sich das Möbel auf ihre ganz persönliche Weise an. Das war kein zwingender Maßstab, die beiden Möbel ziehen sich jedoch wie ein roter Faden durch die Serie. Charlotte Perriand hat sich als eine der ersten Frauen Anfang des 20. Jahrhunderts in ihren Arbeitsbereichen Architektur und Design etabliert und engagierte sich zeitlebens in sozialen Projekten. Ihre Möbel sind heute gefragter denn je und ihr Werk ist international anerkannt.

Mein Wunsch war es, Frauen aus den unterschiedlichsten Bereichen der Architektur, der Stadtplanung und Stadtgestaltung sowie aus der Kommunikation zu fotografieren. Dabei war es mir wichtig, nicht nur Architektinnen mit eigenem Büro und Werk, sondern auch angestellte Planerinnen, Studentinnen, Frauen aus der Bereichen PR, Medien und Kommunikationsberatung, Autorinnen und Verantwortliche in der Stadtplanung und Stadtverwaltung sowie Professorinnen zu porträtieren; also auch Frauen, die im Team an unterschiedlichen Projekten arbeiten – weg vom Starkult und hin zu gemeinschaftlichem und sozialverträglichem Gestalten. Die Porträts sollen in einer Ausstellung und in einem Katalog gezeigt werden.

* Dank an Oliver Scholl von minimum Berlin für die Überlassung des LC4 und der LC7.

BIBLIOTHEK

AKTEUR:INNEN
Hannah Dziobek
Architekturstudentin
Nerine Buhlert
Architektin
n-ails e.V.

Fundus – Gender in der Architektur

Während der gesamten Festivaldauer war im Dialograum von n-ails e.V ein Büchertisch mit ausgewählten Werken zu Frauen in der Architektur, gendergerechter Planung und feministischen Thematiken in Architektur und Planung bereitgestellt. Die Besucher*innen der Veranstaltungen und Ausstellungen konnten nicht nur in den ausgelegten Büchern blättern, sondern auch über einen QR-Code auf die Website von *Women in Architecture* (WIA) gelangen, wo ausführliche PDFs mit Listen von Büchern, Essays, Filmen, Podcasts, Social-Media-Accounts, Netzwerken und Radiosendungen (weiterhin) zu finden sind. Wir bedanken uns für die freundliche Bereitstellung der Bücher bei den Verlagen Birkhäuser, Dietrich Reimer, Hatje Cantz und jovis sowie beim Elisabeth Sandmann Verlag und dem Jüdischen Verlag, beide im Suhrkamp Verlag.

Obwohl es immer mehr Veröffentlichungen zu den Themen des Festivals *Women in Architecture* (WIA) – Frauen in der Architektur, Gleichstellung in der Architektur, gendergerechte Planung usw. – gibt, so ist es dennoch oft schwierig, einen Überblick über diese Titel zu bekommen. Viele sind in Bibliotheken nur nach langer Suche und mit sehr spezifischen Stichworten zu finden, einige tauchen nur noch in Antiquariaten auf, auch wenn sie (leider) kaum an Aktualität eingebüßt haben, manche Filme sind online kaum verfügbar.

Unser Ziel war es deshalb, möglichst vollständige Listen anzufertigen, die einen Überblick bieten über die vielen und unterschiedlichen Bücher, Studien, Artikel, Filme, Podcasts, Social-Media-Accounts und Netzwerke, die es im deutsch- und englischsprachigen Raum zu Themen rund um Frauen und Gender in der Architektur und der Planung gibt. Sie sollen helfen, sich weiter und ausführlicher zu informieren, Material für wissenschaftliche Arbeiten zu finden, Tipps mit anderen zu teilen oder ganz neue Themen zu erschließen.

Ein wichtiger Punkt für uns ist, mit dem Büchertisch und den PDF-Listen zu mehr Sichtbarkeit und damit dem Empowerment von Frauen in der Architektur beizutragen und weiblichen Autorinnen eine Plattform zu geben.

Man sollte nicht unterschätzen, was für einen großen Unterschied es machen kann, wenn in den Semester-Literaturlisten der Hochschulen für Studierende mindestens gleich viele Werke von und über Frauen und Männer zu finden sind. Wir möchten einen Anstoß für die Zusammenstellung neuer Literaturlisten geben und so dem Argument entgegentreten, es gäbe nicht viel Material. Gerade im Social-Media-Bereich hat sich in den letzten Jahren viel getan. Dort gibt es inzwischen einige sehr erfolgreiche Accounts, die zum Beispiel auf strukturelle Probleme aufmerksam machen oder bedeutende Frauen der Architekturgeschichte vorstellen.

Zudem geht es uns um das eigene Empowerment und Selbstbewusstsein. Als Frau in der Architektur ist man leider immer noch viel zu oft Teil einer gern übersehenen Minderheit oder in der Unterzahl. Es ist wichtig, Referenzen zu kennen, Frauen, die den Weg vor einem selbst gegangen sind, die zu Vorbildern werden können und wiederum selbst zur Sichtbarkeit von Frauen beitragen, indem sie deren Werke weitertragen; sich also eigene Vorbilder und Perspektiven zu suchen, wenn die Hochschulen, übliche Publikationslisten und Bibliotheksbestände dies noch nicht ausreichend umsetzen.

Auch in der Architekturgeschichte sind die Hochschulen mit ihren üblichen Publikationslisten und Bibliotheksbeständen nicht selten auf längst überholtem Status. Um die Sichtbarkeit von Frauen in der Forschung zu verbessern, müssen die nötigen Referenzen zur Verfügung stehen, und es ist dafür zu sorgen, dass sich die Wissenschaft in Zukunft regelmäßig mit Frauen in der Architektur, gendergerechter Planung usw. auseinandersetzt.

Wir hoffen, dass wir mit dieser Initiative dazu beitragen können, den bestehenden Architekturkanon zu verändern, zu erweitern und zu aktualisieren.

HANNAH DZIOBEK

PERSPEKTIV WECHSEL

entgrenzen. hinterfragen.
erkunden.

„Change the System, not the Women“, fordern Barbara Holzer und Andrea Reiter im einleitenden Essay dieses Kapitels. Damit wird klar, dass es der feministischen Architektur nicht darum geht, Frauen so zu formen, dass sie ins männlich dominierte System des Entwerfens und Bauens hineinpassen, sondern darum, dessen Prägungen und Funktionsweisen aufzubrechen und das System an sich zu diversifizieren. In den Beiträgen zum Perspektivwechsel in der Architektur geht es ums Stadtmachen, ums visionäre Nachdenken über Entwurfs- und Bauprozesse, ums Erfassen von Realitäten aus neuen Blickwinkeln, ums kooperative Lernen und Gestalten, um neue Formate des Denkens, Handelns, Zusammenarbeitens und Kommunizierens. Es kristallisiert sich heraus, dass Architektur aus einem genderbewussten Blickwinkel ganz anders konzeptualisiert und praktiziert werden könnte, um das heutige gesellschaftlich-kulturelle Klima widerzuspiegeln, das starre binäre Ordnungen verwirft und das Mehrdeutige, Changierende, Nuancierte, Offene fördert. Ob ich als Frau oder als Mann oder als nicht binäre Persönlichkeit einen Tabula-Rasa-Entwurf à la Plan Voisin zeichne, ändert nicht viel an der Tatsache, dass derartiges Entwerfen alten Rollenmustern folgt: So, wie traditionell der Mann die Frau beherrscht, dominiert beim Plan Voisin der Entwerfer die Lokalität. Hier einen Perspektivwechsel zu vollziehen, bedeutet, Gender und Diversität im Verständnis vom Entwerfen und Bauen zu verankern und eindimensional-statische Ordnungen durch mehrdeutig-dynamische zu ersetzen. Wie das gehen kann, skizzieren die Autorinnen dieses Kapitels auf ganz verschiedenen Ebenen und mit zahlreichen Methoden.

LISA DIEDRICH

SHIFTING BOUNDARIES – ZWISCHEN VIRTUELLEM UND GEBAUTEM

Barbara Holzer, Andrea Reiter

„DIE WELT LÄSST SICH RETTEN. ABER NICHT INNERHALB DES SYSTEMS." NAOMI KLEIN

Wie definieren sich im Kontext gesellschaftlich variabler (Kultur-)Räume, einer sich immer stärker diversifizierenden Gesellschaft berechtigte Forderungen nach mehr Diversität und Chancengleichheit? Was muss bei Transformation und Zuordnung von Räumen, Architekturen und Stadt – bei simultan erstarkenden Mechanismen der Ausgrenzung unterschiedlicher Gruppen und Gruppierungen sowie der rasanten Entwicklungen digitaler Innovationen, die die Ungleichheit noch zu verstärken scheinen – beachtet werden? Wo haben wir als Architektinnen, Designerinnen, Planerinnen Möglichkeiten, auf die Berufswelt der Architektur und des Bauwesens und die *akademia* ebenso wie auf unser soziales Umfeld tatsächlich Einfluss zu nehmen? Wie können wir Gesellschaft nachhaltig verändern und prägen, und letztendlich Wege und Perspektiven eröffnen? Der Beitrag ist ein Exzerpt aus dem Podiumsgespräch mit Astrid Bornheim, Susanne Hauser, Barbara Holzer und Gabi Schillig, moderiert von Elke Duda.

Bedingt durch Klimawandel, soziale Bewegungen, gesellschaftliche Perspektivwechsel und nicht zuletzt die Pandemie haben sich akute Forderungen an ein optimales, integratives sowie multioptionales Zusammenleben herauskristallisiert. Diversität hinsichtlich sozialer Gruppen und demografischer Schichtungen, Aufenthalts- und Lebensqualität und Nachbarschaftsförderung gehören ebenso dazu wie sozialverträgliches, preisgünstiges Wohnen und ökologische Nachhaltigkeit. Ein Wandel des Gegebenen ist durch Einflussnahme auf politische Verantwortlichkeiten, auf Bauherr:innenschaften und auf Gesellschaft selbst, durch Lehre, Gestaltung und Material in Architektur und Design zu schaffen. Viel hat sich in der Gesellschaft, aber auch in Architektur und Bauwirtschaft getan, wir sind mittendrin in diesem Wandel, der Fokus ist stetig neu auszutarieren.

Existierende Normen und Standards in der Architektur und im Bauen können ermöglichend oder einengend sein. Sie fördern Inklusion oder altersgerechtes Wohnen, haben aber auch das Talent, Prozesse stillzustellen und ganze Welten von Optionen auszuschließen. Sie müssen reflektiert und diskutiert werden, um zur Schaffung von diskriminierungsfreien Räumen beizutragen. Dass beispielsweise das Nichtgewusste, Nichtdefinierte, Nichtfestgestellte heute auf so großes Interesse stößt, liegt nicht unbedingt am Wunsch, dieses auch normierend zu unterwerfen. Der Wunsch simplifizierender Auslassung mag zwar existieren, doch das Interesse am Experimentieren und Agieren jenseits des Vermaßten, Bekannten rührt eher daher, dass sich Ansprüche an Qualitäten und Normen ändern. Mit dem Entwerfen kann buchstäblich alles infrage gestellt werden, was am Anfang eines solchen Prozesses steht. Grundlegende Veränderungen von Methoden, Rahmenbedingungen, Aufgabenstellungen und damit verbundene neue Lösungen sind – innerhalb eines anpassbaren, dynamischen Prozesses – immer wieder möglich. Eine der faszinierendsten Eigenschaften von Entwürfen ist, dass sie in die Zukunft weisen. Sie starten in der Gegenwart, basieren auf Analysen der aktuellen Gegebenheiten und reflektieren konkrete Bedingungen und Bedürfnisse, doch richten sie sich in eine Zeit, die nicht bekannt und überschaubar ist. Wir können architektonische Entwürfe deshalb als Wunschmaschinen und Erwartungsapparate sehen, in ihnen manifestieren sich vielfältige gesellschaftliche Ideen, sie transformieren Erwartungen als Ansprüche in Raum. Diese Wünsche und Forderungen treffen auf internalisierte Normierungen, die überkommen werden müssen. Wie wollen wir (zusammen-)leben? Wie kann Gemeinschaft gefördert und Abgrenzung ermöglicht werden, wie können Arbeit und Leben kombiniert werden? Was brauchen wir wirklich, worauf wollen und können wir verzichten?

Feministische Theorie hat mit ihrer Normenkritik, dem Aufzeigen von Zwischenräumen, der Konstitution heterogener Netzwerke, Transformationen und Überschreitungen von Grenzen vieles geleistet, insofern ihr Wesen die Kritik am System und dessen Veränderung ist. Ebenso wichtig sind ihre Nachwirkungen und neuen Bewegungen in der Architektur, ob diese die ökologischen Zusammenhänge mit Sinn für den Erhalt oder die Entwicklung lebenswerter Umwelten zu reflektieren und zu bedingen vermögen. Es geht darum, die eigene Vernetztheit und Interdependenz zu erkennen, die eigene Angewiesenheit in ökologischen, ökonomischen und sozialen Zusammenhängen – als Bedingung und Chance gleichermaßen. Daraus sollen weniger neue Normen als vielmehr neue Verbindungen und Verbindlichkeiten, neue Beweglichkeit und neue Eleganz erwachsen.

Für die Akzeptanz von Gleichberechtigung, Meinungsfreiheit und Demokratie sind Multiperspektivität und Vielfalt wesentliche Prinzipien. Gesellschaftliches Zusammenleben beruht dabei auf Wertschätzung, Offenheit und Anerkennung von Diversität. Exklusive Systeme und strukturelle Missstände sind weitreichend erkannt, sie auszuräumen, hängt jedoch von einem gesellschaftlichen Umdenken ab, für das die Mittel und Strategien der Demokratie und die Maßstäbe der Gleichberechtigung aktiv ein- beziehungsweise angesetzt werden müssen. Um neue Denkweisen, kreative Konzepte und neuartige Ideen zu etablieren und zu ermutigen, müssen wir in Teilen gängige Vorschriften, Standards, Richtlinien und Systeme hinterfragen, sie zum Wanken bringen, uns zuweilen von ihnen lösen. Auf diesen Grundsätzen aufbauend gilt es, jede neue Architektur zu gestalten. Aus unserer Perspektive lässt sich festhalten: Frauen müssen sich reger vernetzen, Mitstreiter:innen suchen, das Althergebrachte herausfordern und aus Normen ausbrechen. In der Architektur gilt es, die Limitierungen ins Wanken zu bringen, die Grenzen zu verschieben und das gesellschaftliche Miteinander neu auszuhandeln.

Universitäten, Hochschulen, Akademien sind zentrale Orte der Prägung und Vernetzung. Die *akademia* muss Wegbereiterin sein, sie muss Werkzeuge und Theorie sowie den Denkraum zur Verfügung stellen, um optimale Voraussetzungen für gemeinsames Reflektieren über aktuelle Themen und gesellschaftliche Entwicklungen zu bieten. Lehrende, weiblich/divers/männlich, die das Thema von Chancengleichheit und Gleichberechtigung ernst nehmen und aktiv angehen, sind als *Role Models* erwünscht, um jungen Menschen neue Perspektiven und den Mut zur eigenen Haltung mit auf den Weg zu geben. Wenn Studierende lernen, die Fragen der Zeit kritisch zu verhandeln, die Architektur im Kontext zu denken und die gesellschaftlichen Werte in ihr Denken und ihre Arbeit zu integrieren, werden sie zu Agent:innen des Wandels. Dabei sind weibliche/diverse *Role Models* in verantwortungsvollen und einflussreichen Positionen generationsübergreifend besonders wichtig. Dass hier vielerorts in öffentlichen wie privaten Unternehmen noch keinesfalls ein Gleichgewicht herrscht, belegen zahlreiche Studien zum Thema. Den Medien kommt die Rolle zu, nicht nur Ungleichheit zu debattieren, sondern jene, die als *Role Models* im Sinne eines integrativen, demokratischen Gesellschaftsbegriffs dienen, angemessen in ihren Beiträgen zu berücksichtigen.

Unter Raum ist nicht nur der gebaute, sondern der körperliche (Zwischen-)Raum zu verstehen, die Kommunikation von Körpern. So betrifft das Entwickeln und Gestalten architektonische ebenso wie Erfahrungsräume. Immer ausgehend vom Menschen muss das Spontane, Experimentelle und Idiosynkratische – im komplexen Zusammenspiel von Raum, Architektur und Perspektive – während des Entwerfens und im Entwurf gefördert werden. Atmosphäre prägt die individuelle Erfahrung im Raum, die umgebenden räumlichen Strukturen dienen als Mittlerinnen, als Horizont, sie müssen als potenzielle Ermöglicherinnen oder Verhindererinnen reflektiert werden. Traditionellen Formen der Vermessung, Normierung und Kartierung müssen dazu alternative Mapping-Methoden gegenübergestellt werden, die sich der Hierarchisierungsmechanismen dieser tradierten Techniken bewusst sind und sie daher immer von Neuem überschreiten.

Was ist zu tun? *Shifting Boundaries* als ständige Matrix des Erprobens. Es handelt sich um ein Austarieren, bei dem zu überlegen ist, wer in Entscheidungsprozesse einbezogen wird, und davon ausgehend, wie neben Politik und einflussreichen ökonomischen und gesellschaftlichen Stakeholder:innen auch marginale, diverse Gruppen oder Gruppierungen integriert werden können und müssen. Hier ist die Politik ebenso wie die Zivilgesellschaft gefragt, Konzepte der Inklusion und der Aktivierung zu entwickeln und zu implementieren. Die zentrale These in diesem wie im Kontext all der anderen gegenwärtig anstehenden, zu bearbeitenden Problematiken ist: *Change the System!* Oder im Gleichstellungskontext konkreter: *Change the System, not the Women!* Das ist nicht radikal gedacht, sondern der einzige Ansatz, der Veränderung ermöglicht und Probleme da identifiziert und zu lösen versucht, wo sie virulent sind – in Strukturen auf der Basis von Exklusion, Macht-, Einfluss- und Bestandssicherung, Vereinheitlichung, Starrheit usw. Allgegenwärtige Strukturen also, die bewusst oder unbewusst im öffentlichen wie privaten Raum wirken, sind das Ziel dieser Forderung nach Veränderung.

© Anke Itling

DIALOGRAUM

AKTEURE
bfstudio
Partnerschaft
von Architekten mbB
n-ails e.V.

Die Stadt und wer sie macht

Benita Braun-Feldweg diskutierte mit vier Stadtmacherinnen in feldfünf im Metropolenhaus über *Die Stadt und wer sie macht*. In Analogie zur Tanzform eines Reigens – bei der jede Figur der nächsten eine Hand reicht und alle zusammen zu einer Form finden – reihten sich unterschiedliche Positionen aneinander, sodass eine gemeinsame Idee vom Stadtmachen entstand: Wir teilen Strategien, Prozesse und Sehnsüchte für die Stadt von morgen.

Was ist *die* Stadt? Im Artikel weiblich, scheint sie sich im Wechselspiel der Macht zu befinden. Oftmals fremdgesteuert durch die Auswirkungen des globalen Kapitals, wird Stadt zum Anlagemodell, die Politik hinkt jahrzehntelangen Versäumnissen eines gesellschaftlichen Vorausdenkens hinterher. Eine ausgedörrte Verwaltung kommt ihren stadtplanerischen Aufgaben, und somit wichtigen stadtpolitischen Weichenstellungen, schon seit Langem nicht mehr nach.

Im Zuge des Verteilungskampfes erscheint Stadt als ein Tanz um das goldene Kalb. Bodenpolitik wird zum Zauberwort. In Zeiten der Pandemie erfährt die Debatte von Stadt versus Land überraschende Züge, vor allem vor dem Hintergrund von Klimaschutz und Mobilitätskonzepten. Eines ist jedoch eindeutig: *Stadt* ist in aller Munde, Stadt betrifft uns alle und Stadt als Projektionsfläche von Lebensentwürfen gibt uns die Chance des urbanen Mitgestaltens.

Diesem Sujet haben sich fünf Stadtmacherinnen in einer Analogie des Reigens gewidmet. Die Uraufführung des „Tanzstückes zum Stadtmachen" umfasste vier Akte. Die Protagonistinnen – eine Bauherrin, eine kritische Stadttheoretikerin, eine Städtebauerin, eine Gärtnerin und eine Wissenschaftlerin – begannen mit einer dialektischen Choreografie des Paartanzes, steigerten sich in Soloeinlagen zu einem mehrstimmigen Austausch über Stadt und endeten mit einer Einladung zum Mittanzen.

Als Gastgeberin des Formats eröffnete Benita Braun-Feldweg (bfstudioarchitekten/Metropolenhaus) den Reigen in der Doppelrolle Architektin/Bauherrin und proklamierte „Machen und Zulassen als Chance". Dieses Modell ermöglichte einen direkten Einfluss auf Programm und Prozess, um sozial nachhaltig bauen zu können. Am

Beispiel des Metropolenhauses am Jüdischen Museum entwickelt sie den Ansatz eines kuratorischen Modells für das Erdgeschoss zur Aktivierung von Nachbarschaft.

Dr. Tatjana Schneider, Professorin an der TU Braunschweig und Leiterin des Instituts für Geschichte und Theorie der Architektur und Stadt, übernahm in der Rolle der kritischen Stadttheoretikerin: „Muss Planung unordentlicher werden?" – Als Kuratorin der Ausstellung *Living The City* in Berlin 2021 lenkt sie das Augenmerk auf das Zufällige, das Ungeplante, was Urbanität und gelebte Stadt ausmacht. Als Forscherin interessiert sie sich für Planung, die genau das nicht nur im Blick hat, sondern politisch gerecht umsetzt.

„Altes recyceln und mit Neuem verbinden", so die Forderung von Sabine Müller (SMAQ Architektur und Stadt), Professorin an der AHO – Oslo School of Architecture and Design. In der Rolle als Städtebauerin thematisiert sie das Aufgreifen und Aktivieren von existierenden Landschaften und Infrastrukturen. Aus ihnen lassen sich strukturelle und räumlich prägnante Rahmenwerke entwickeln. Die Spielräume in der Stadt, die unvorhersehbare Nutzungen entstehen lassen, sind dabei eine große Ressource.

v.l.n.r.:
Sabine Müller
Benita Braun-Feldweg
Véronique Faucher
Lisa Diedrich
Tatjana Schneider

Veronique Faucheur, Landschaftsarchitektin und Mitbegründerin des Büros Atelier le Balto, verkörperte die Rolle der Gärtnerin. So arbeitet sie *hands-on* mit Spuren und Fragmenten, die oft mit geringfügigen Eingriffen einem Ort Identität verleihen: dichte, atmosphärische Räume, Bilder und Szenerien in der Stadt. Ihre Sehnsucht sind „Orte, im Stadium zwischen Vergänglichkeit und Neuanfang". Die Verantwortung sieht sie darin, „Kunstpausen für die Stadtbewohner*innen und echte öffentliche Räume" zu definieren.

Dr. Lisa Diedrich, Architektin und Professorin für Landschaftsarchitektur an der SLU Malmö, übernahm die Rolle der Wissenschaftlerin und reklamierte „Architektonisches Gestalten als kooperativen Prozess". Als Grenzgängerin zwischen Kulturen, Praxis und Wissenschaft fordert sie eine zukunftstaugliche und genderbewusste Alternative zum Architekten als Genius und Masterplaner. Entwerfen als kontinuierlicher Prozess erfordert eine neue Art der Kreativität, ein neues Verständnis des Machens und des Werkes – sie nennt es „radicant design".

Im Wechsel von Paartanz und Soloeinlagen ergänzten und überlagerten sich Einsichten über das Stadtmachen. Jenseits von Top-down- und Bottom-up-Bestrebungen steht das Zusammentanzen im Reigen sinnbildlich für gesellschaftliche Verantwortung und das Agieren in der Stadt. Stadtmachen geht über den Prozess des Bauens hinaus und verfolgt eine gemeinschaftliche Strategie des Sich-Kümmerns.

BENITA BRAUN-FELDWEG

TEILNEHMERINNEN
Benita Braun-Feldweg
Architektin, bfstudio Partnerschaft von Architekten mbB Benita Braun-Feldweg & Matthias Muffert, Bauherrin Metropolenhaus
Dr. Tatjana Schneider
Professorin TU Braunschweig, Kuratorin Ausstellung *Living the City* in Berlin-Tempelhof.
Sabine Müller
SMAQ – architecture urbanism research, Professorin an der AHO – Oslo School of Architecture and Design
Véronique Faucheur
Landschaftsarchitektin atelier le balto
Dr. Lisa Diedrich
Diedrich DesignCritic, Professorin für Landschaftsarchitektur und Direktorin der *Research Platform* „Urban Futures" an der SLU Malmö, Chefredakteurin *Landscape Architecture Europe* und *'scape magazine*.

Reigentanz © bfstudio-architekten, Paula Delgado

© Anke Illing

DIALOGRAUM

AKTEUR:INNEN
Make_Shift gGmbH
n-ails e.V.

TEILNEHMER:INNEN
Francesca Ferguson
Kuratorin & Gründerin
Make_Shift gGmbH
Julia Erdmann
Architektin & Gründerin
Agentur JES
Nicole Srock-Stanley
CEO & Gründerin
dan pearlman Group

RE:MakeCity – Ein Trialog

Stadt-/Quartiersgestaltung ist eine König:innendisziplin.
Ein verwobener Diskurs als Trialog zu „Stadt andersmachen" und den aktuellen Herausforderungen für Städte und Gemeinden.

Derzeit entsteht ein neues Gemeinwohlverständnis. Ganze Stadtquartiere werden mithilfe co-kreativer Stadtlabore und Werkstätten mit neuen Werten aufgeladen. Die Potenziale der öffentlichen Räume und Bestandsarchitekturen werden neu verhandelt; Leerstände reaktiviert. Das Gestalten dieser neuen Allianzen aus Stadtverwaltungen in Kooperation mit der Stadtgesellschaft, mit Stiftungen, mit Handelsunternehmen und privaten Immobilieninteressen erfordert konzeptionelles Feingefühl. Die Pandemie und die Klimakrise treiben diesen Paradigmenwechsel zusätzlich voran. Selbst unterschiedliche Positionen eint die Erkenntnis: Stadträume, die auf reinen Konsum ausgelegt sind, reichen für echte Wohn- und Lebensqualität nicht aus. Diese neue Offenheit ist in unserer Arbeit zu spüren. Die Kreativität der Beteiligten als eine kostbare Ressource zu betrachten und als Prozessgestaltung in geordneten Formen und Formaten zu vereinen, erfordert diverse lokalspezifische und kontextbezogene Strategien. Co-Kreation befördert die urbane Resilienz. Es gibt keine Blaupausen für den Entwurf solcher Prozesse der Reaktivierung; der Umdeutung von Standorten.

Wir sind überzeugt: Unsere Rolle der Prozessgestaltung umfasst eine Mischung aus Mediation, Kommunikation und Design. Wir betrachten jeden Standort als eigenes Ökosystem. Verborgene Potenziale werden erspürt, erkundet und vernetzt. Unser Fazit: Es gibt eine zunehmend weibliche Kraft der Stadtgestaltung, die das holistische, langfristige Denken in anderen Lebenszyklen in den Vordergrund rückt. Das Betrachten der Stadt als Organismus braucht dieses ganzheitliche Denken in zirkulären Systemen, das auf eine Neudeutung bestehender Ressourcen besonderen Wert legt.

WERKSTATTGESPRÄCH

AKTEUR
Bund Deutscher Landschaftsarchitekt:innen bdla Berlin-Brandenburg

Social Turn

Freiraum als soziale Infrastruktur: Die Profession Landschaftsarchitektur ist diverser geworden, das hat das Festival *Women in Landscape Architecture* (WILA 24h) eindrucksvoll gezeigt. Heutige Anforderungen an Freiräume sind es ebenso. Mit der soziokulturellen Vielfalt der Nutzer:innen hat auch die Unterschiedlichkeit der sozialräumlichen Kontexte, in denen Freiräume entwickelt werden, zugenommen. Diese gesellschaftliche Ausdifferenzierung ist Teil eines umfassenden Transformationsprozesses, den wir gerade erleben. Klimawandel, Biodiversitätskrise und Mobilitätswende fordern uns heraus. Der Landschaftsarchitektur kommt jetzt die Aufgabe zu, Städte für Hitzeperioden und Starkregenereignisse fit zu machen und sie massiv zu begrünen. Nur so kann die Attraktivität und Lebensqualität von urbanen Räumen erhalten bleiben.

Gute Gestaltung erzeugt Lebendigkeit. Sie organisiert Räume intelligent und ermöglicht damit ein großes Spektrum an Nutzungen in entspannter und zugleich dichter Atmosphäre. Auf diese Weise trägt sie zu gesellschaftlicher Integration, Toleranz und einem friedlichen Miteinander bei. Landschaftsarchitektur ist politisch. Aus all dem folgt ein umfassender Paradigmenwechsel innerhalb unserer Profession. Die großen Themen der 1980er Jahre – Ökologie und Soziales – kehren zurück, ohne den Anspruch der 1990er Jahre – die gestalterische Kompetenz – zu verdrängen. In den letzten drei Jahrzehnten setzten viele Landschaftsarchitekt:innen andere Schwerpunkte: Im Zuge einer allgemeinen Ästhetisierung und gesteigerten Aufmerksamkeitsökonomie wurden Bildwert und -produktion zu eigenständigen Zielen, die seither mit anderen Planungszielen konkurrieren. Die Priorisierung der Ästhetik als Erbe der 1990er und 2000er Jahre ist immer noch wirkmächtig. Oft klaffen die Entwurfsbegründungen der Planer:innen und das, was für die Nutzer:innen eines Freiraums im Alltag relevant ist, auseinander. Ebenso wurde die Pflanze als Gestaltungsmittel lange vernachlässigt. Neben der Rückbesinnung auf diese ureigene Kompetenz der Landschaftsarchitektur, heute mit dem Ziel der Schaffung sinnlich ansprechender, artenreicher Grünstrukturen, braucht es auch mehr gesellschaftliche Wachheit.

Die enormen Herausforderungen der Gegenwart erfordern ein neues Selbstverständnis von Landschaftsarchitekt:innen, einen *Social Turn*. Ohne ein ausgeprägtes Interesse an der Gesellschaft, deren Räume wir gestalten dürfen, ist keine zeitgemäße Landschaftsarchitektur mehr denkbar. Ohne Kommunikation auf Augenhöhe mit allen Beteiligten ebenso wenig. Zum Handwerkzeug von Freiraumgestalter:innen gehört präzises Wissen über die Bedarfe verschiedener Nutzungsgruppen, differenziert nach Alter, Gender, soziokulturellem Hintergrund sowie Förderbedarf im weitesten Sinne. Auch das Entwerfen muss sich weiterentwickeln. Gerade in den Maßstab zwischen Konzept und Detail ist mehr Energie zu investieren, denn die genauen Abwägungen über räumliche Dimensionen, Distanzen, Positionierungen und Ausstattungen in einem Freiraum entscheiden über dessen Gebrauchswert. Sinnvolle Beziehungen zwischen einzelnen Angeboten und sozial sensible Benachbarungen beeinflussen die Nutzung und damit die Atmosphäre eines Freiraums. Nahezu jede Detail- und Materialentscheidung hat Auswirkungen auf die Lesbarkeit eines Raumes, seine Alltagstauglichkeit und den Komfort.

Freiräume sind mithin längst nicht nur grün-blaue Infrastruktur: Sie sind gleichermaßen soziale Infrastruktur. Freiraum ist Sozialraum. Gerade im Quartierskontext sind kommunikative, vielfältig nutzbare und wandlungsfähige Außenräume gefragt: Orte, die die unterschiedlichen Alltage der Menschen unterstützen und ihnen Frei-Raum geben. Zu gewährleisten sind räumliche Gerechtigkeit, Chancengleichheit, *Gender Diversity* und Inklusion, erarbeitet und ausgehandelt in ernst gemeinten Partizipationsprozessen. Vielfältige Stadtnaturen und integrative Freiräume für eine diverse Gesellschaft zu schaffen und neben der ökologischen auch die soziale Leistungsfähigkeit von Freiräumen zu stärken, sind die Aufgaben unserer Epoche.

CONSTANZE A. PETROW, BARBARA WILLECKE

TEILNEHMERINNEN
Prof. Constanze A. Petrow
Hochschule Geisenheim
Barbara Willecke
Landschaftsarchitektin

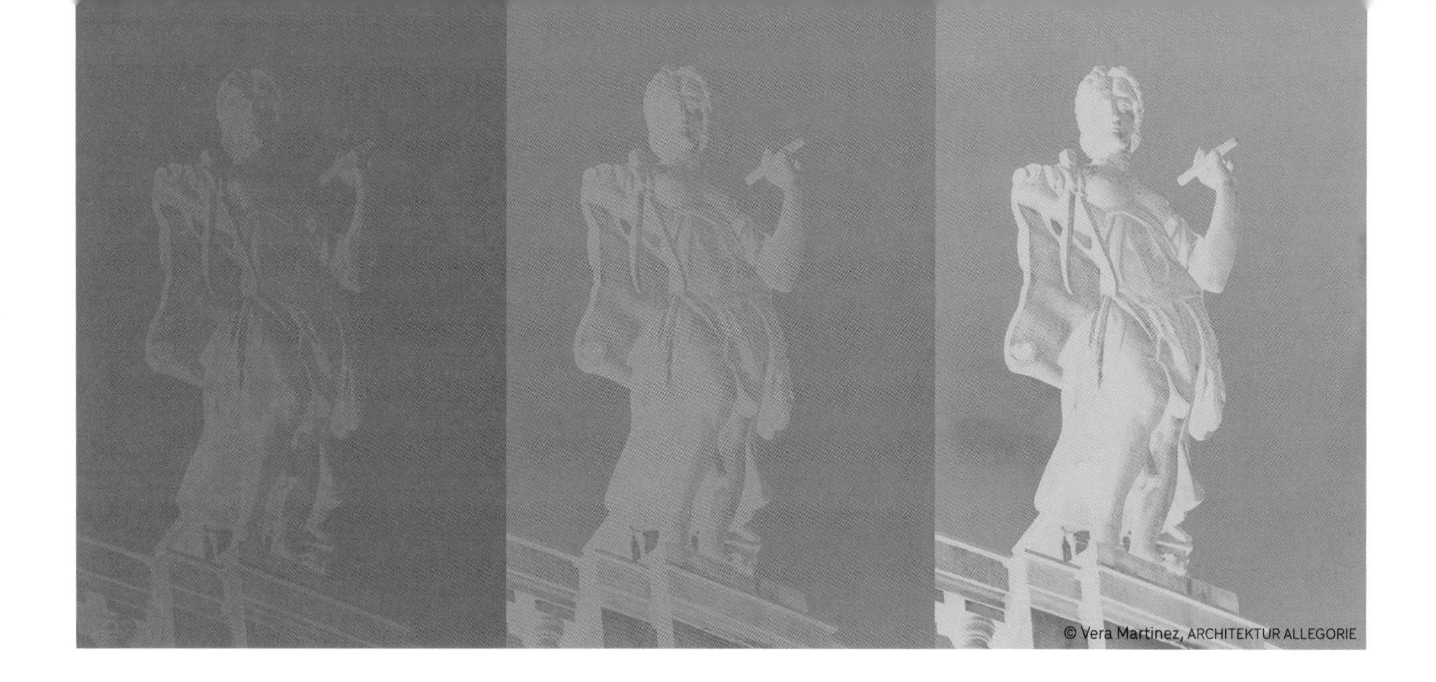
© Vera Martinez, ARCHITEKTUR ALLEGORIE

DIALOGRAUM

AKTEUR
n-ails e.V.

TEILNEHMERINNEN
Stine Kobert
Hille Bekic
Vera Martinez
Mirjam von Busch
Claudia Zirra

GÄSTE
via Zoom

„Versetzt euch bitte in das Jahr 35, werft eure gewohnten Denkmuster über Bord!" Im offenen Dialog wurden neue Wege für ein besseres Zusammenleben in der menschgemachten Umwelt untersucht. Die Themen der Diskussion waren Umweltschutz, Mobilität, Gesundheit, Arbeit, Leben und Wohnen im weitesten Sinne.

Umbau Berufsbild

JEDE*R BRAUCHT EINE ARCHITEKTIN IM JAHR 2035.
„Architektur ist weiblich" bedeutet: Verantwortung übernehmen und Zusammenhalt fördern. Jede*r sorgt für sich und alle sorgen füreinander. Es bedeutet Planen und Leben als gemeinsamen Prozess, Architektur als gesellschaftliches Gut zu verstehen und dem Menschen Zentralität in der planerischen Handlung zu sichern. Dabei müssen Fürsorge (*care*) und Gastfreundschaft (*hospitality*) gegenüber Funktionalität und Wirtschaftlichkeit in den Vordergrund treten. Der Paradigmenwechsel ist aufgrund der prekären Lage des Planeten, bedingt durch den menschgemachten Klimawandel, eine zwingende Notwendigkeit geworden.

Der neue Ansatz könnte und sollte auf einer Neugründung tradierter Strukturen aufbauen. Das Weibliche steht für die als selbstverständlich gehaltene unbezahlte Arbeit und damit für das nicht mehr funktionierende System eines endlichen Planeten. Es geht um die existenzielle Bewohnbarkeit der Erde. Die Suche nach bewohnbaren Orten jenseits des Planeten mutiert inzwischen vom Traum zu Notwendigkeit. Dabei könnte die Relativität der Zeit rein theoretisch den Menschen von der Reproduktionsarbeit befreien. Die Planung der Räume des gemeinschaftlichen Zusammenlebens im sehr begrenzten Lebensraum einer Weltraumstation müsste höchsten Ansprüche genügen, um über die technischen Voraussetzungen einer Lebenserhaltungsmaschine hinauszugehen. Der Planet ist begrenzt. Kreislaufgerechtes Bauen ermöglicht einen ressourcenschonenden Umgang mit Rohstoffen und Materialien. Dabei ist mehr gesunder Menschenverstand das Gebot. Weniger Zwänge bedeutet: Planen mit Spaß und Leichtigkeit.

VERA MARTINEZ

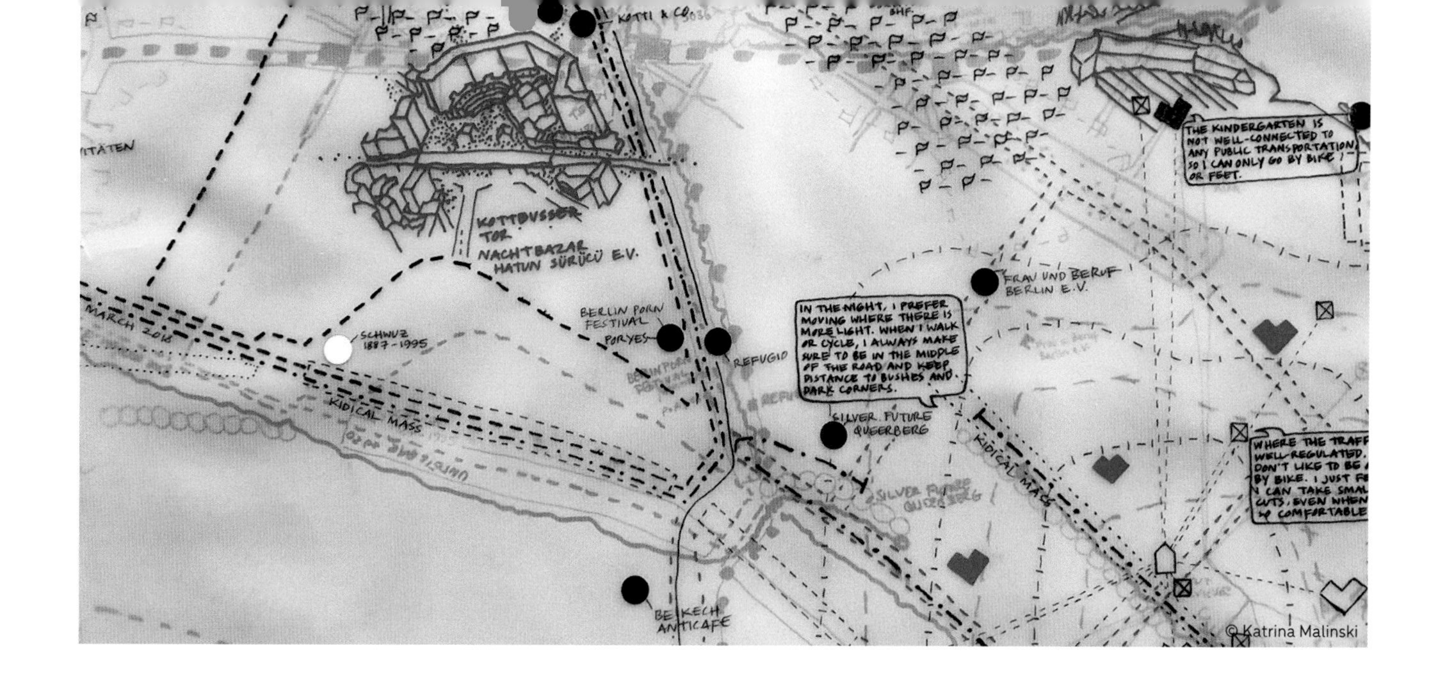

AUSSTELLUNG

AKTEUR:INNEN
TU Berlin, Fachgebiet für Städtebau und Urbanisierung
Prof. Jörg Stollmann

ORGANISATORINNEN
Julia Köpper
Dagmar Pelger
Asli Varol
Martha Wegewitz

IN KOOPERATION MIT
alpha nova & galerie futura
Katharina Koch
Sylvia Sadzinski

fem*MAP / fem*CITY

„Eine feministische Perspektive für Berlin heute! Wie könnte eine nicht sexistische Stadt aussehen?" Felicita Reuschling, 2017
Auf der Suche nach einer feministischen Perspektive für Berlin wurde in praxisbezogenen Lehrformaten am Chair for Urban Design and Urbanization (CUD) der TU Berlin in Kooperation mit alpha nova & galerie futura ein feministischer Blick auf Berlin geworfen. Kontext der Zusammenarbeit war die von Felicita Reuschling gemeinsam mit alpha nova & galerie futura konzeptionierte Veranstaltungsreihe *Feministische Wohngeschichte(n) für die Zukunft I + II*.

Ausgehend von der Annahme, dass die gebaute Umwelt weder wertfrei noch neutral ist, sondern, wie Ruth Becker es beschreibt, die gesellschaftlichen Geschlechterverhältnisse in die räumlichen Strukturen unserer Städte eingeschrieben sind, wurde ein Recherche- und Kartierungsseminar durchgeführt. Als Ansatz dienten sechs künstlerische Positionen für die Ausstellung *Feministische Wohngeschichte(n) für die Zukunft*, anhand derer sich die Student*innen unter anderem Fragen nach dem Zusammenhang zwischen bezahlbarem und sicherem Wohnraum für Frauen*, Orten nachbarschaftlicher Fürsorgearbeit, Netzwerken und Orten des Empowerments oder kritischer feministischer Repräsentation im Stadtraum stellten. Dem wurde durch Interviews, Onlinerecherche und teilnehmende Beobachtung nachgegangen, um die Fragen anhand von Kartierungen zeichnerisch zu erforschen. Das im Seminar erarbeitete Material wurde im Rahmen eines einwöchigen Mapping-Camps in kollektiv-feministischer Arbeitsweise erweitert und zu einer Synthesekarte zusammengeführt, als gemeinsame Vision für die Zukunft Berlins: die fem*MAP 2049.

Diese Karte bildet eine forschende weibliche* Perspektive auf den Stadtraum ab und verdeutlicht die Defizite einer patriarchal geprägten Stadtstruktur, aber auch die Potenziale eines feministischen und solidarischen Berlins. Anschließend wurden im Rahmen des Entwurfsstudios fem*CITY in Form veränderter Stadtfragmente die transformativen Möglichkeiten einer feministischen Raumproduktion versuchsweise in die Gestaltung von Wohn- und Stadträumen übersetzt. Der kollektive Arbeitsprozess selbst wird als feministische Lehrpraxis verstanden, mit dem Ziel, zukünftige Architekt*innen und Stadtplaner*innen für die Rechte und Bedürfnisse von Frauen* und nicht normativen Menschen in räumlichen Zusammenhängen zu sensibilisieren.

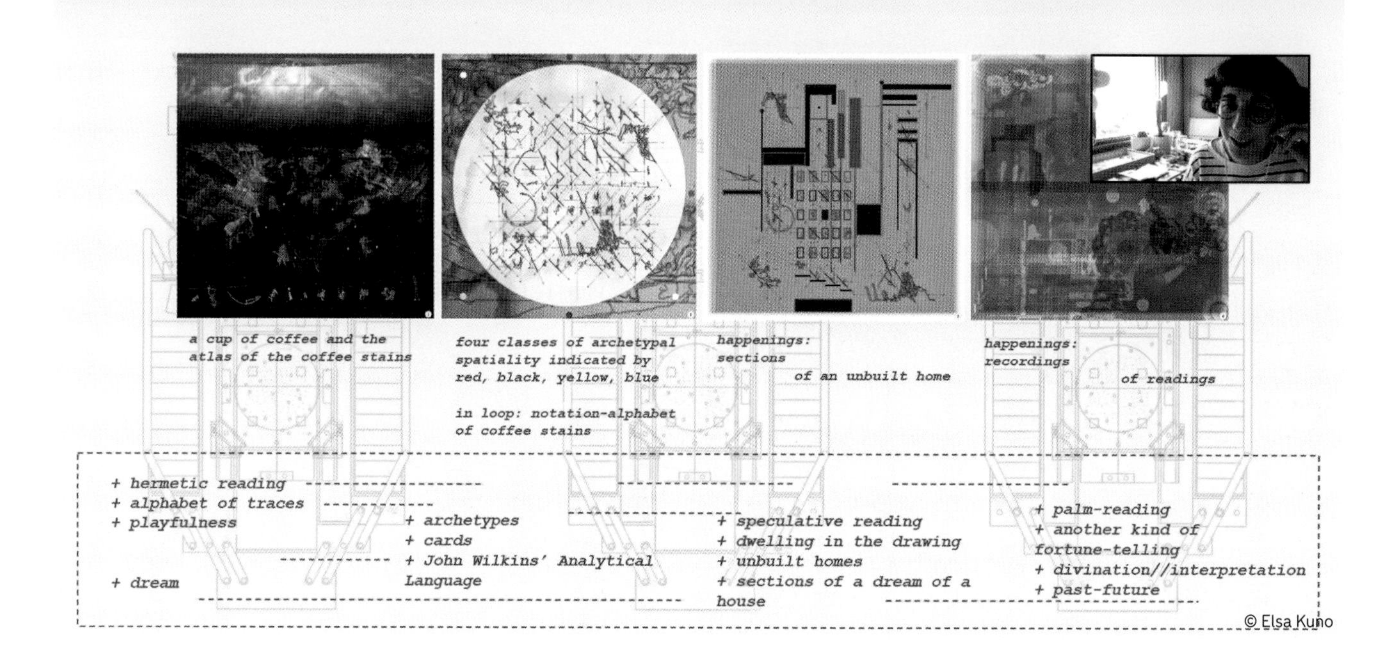

© Elsa Kuno

SYMPOSIUM

AKTEURINNEN
Sarah Rivière
Wiltrud Simbürger
Daniela Urland

IN KOOPERATION MIT
Nordische Botschaften Berlin
n-ails e.V.

Dream – Play – Challenge

Die Werkzeuge, die wir als Architekt*innen wählen, um eine Idee umzusetzen, prägen die Gestaltung. Ebenso schlägt sich die Art und Weise des Diskurses in den Antworten nieder, die wir finden. Auf Basis dieser Überzeugungen gingen wir als Organisatorinnen des Symposiums *Dream Play Challenge: The Future of Residential Living* über die traditionelle Kultur von Diskurs und Gestaltung hinaus. Unser Ziel war es, eine Arbeitsmethode vorzuschlagen, die einer Vielzahl von Stimmen Raum gibt, die Zukunft des Wohnens spielerisch neu zu denken und zu gestalten. „Dream – Play – Challenge" nennen wir diese Methode. 40 Forscher*innen aus aller Welt haben mit uns gespielt.

Wie also soll die künftige Welt aussehen, in der wir wohnen wollen? Wer darf mitreden bei ihrer Gestaltung? Für welche Art des Zusammenarbeitens entscheiden wir uns beim Prozess der Umsetzung? Ausgehend von der Logik, dass das *Wer* und *Wie* das *Was* prägen – das, was wir als Architekt*innen zur Wirklichkeit machen –, bildeten diese drei Fragen das Fundament des Symposiums.

Die aktuellen Herausforderungen an die Architektur im 21. Jahrhundert scheinen überwältigend: Klimawandel, Bevölkerungswachstum, Entwurzelung und Migration, aber auch neue Generationenverträge, kulturell unterschiedliche Konzepte von Häuslichkeit und das Aufbrechen von herkömmlichen Geschlechterrollen – für all diese Strömungen spielt die Gestaltung des Raumes, in dem sie stattfinden, eine wesentliche Rolle. Die Herausforderung an Architekt*innen ist es, Räume zu schaffen, die dazu einladen, heimisch zu werden inmitten einer Gesellschaft, der es immer schwerer fällt, genau dies zu ermöglichen.

Wer sich an dieser Aufgabe beteiligen darf und wessen Stimme gehört wird, ist dabei entscheidend. Als Organisatorinnen richteten wir unser besonderes Augenmerk darauf, denjenigen eine Stimme zu geben, die in der hierarchischen Kakophonie des architektonischen Diskurses oft untergehen. Wir wählten Beiträge, anhand derer die Einsichten diverser Gruppen und Kulturen zum Thema „Wohnen der Zukunft" offengelegt und diskutiert werden konnten. Wir luden eine geografisch und kulturell breit gefächerte Gruppe von Forscher*innen ein, die sich in unterschiedlichen Stadien ihres Werdeganges befinden.

Die Frage des *Wie* betraf sowohl Forschungsmethoden als auch die Kultur des Austauschs. Wir waren daran interessiert, zusätzlich zu akademischen Forschungsansätzen auch Arbeiten zu zeigen, die sich mit unserem Thema imaginativ auseinandersetzen. Es war uns wichtig, das Symposium selbst als Raum zu gestalten, in dem alle Teilnehmer*innen Lust hatten auf eine intensive, kritische und respektvolle Auseinandersetzung auf Augenhöhe.

Thematisch war das Symposium in drei Schwerpunkte strukturiert: *Collectivity, Spatial Agency* und *Individuality*. Die Beiträge innerhalb der einzelnen Panels näherten sich ihrem Thema oft kontrovers: So wurde das Ideal vom kollektiven Zusammenleben, das Anna Hope in einer Übersicht über Graswurzel-Initiativen zum gemeinschaftlichen Wohnen zeigte, durch Anwyn Hockings Kritik an der Kommerzialisierung dieses Ideals durch neuartige Modelle des Zusammenlebens in Kontrast gesetzt. Tina Saaby ergänzte in ihrem Hauptvortrag diese Beobachtungen mit städtisch geförderten Gemeinschaftsprojekten aus ihrer zehnjährigen Amtszeit als Stadtbaudirektorin von Kopenhagen.

Einen radikal anderen Ansatz stellte eine Gruppe von Architekt*innen aus Istanbul zur Diskussion: das gemeinsame Erträumen eines Hauses. Mit ihrem wunderbar vielschichtig ausgearbeiteten Spiel *Cosmological Play* zeigten Bahar und Ipek Avanoglu, Çagdas Kaya und Hilal Menlioglu eine Methode, wie man den Ideen und Sehnsüchten der einzelnen Spieler*innen folgend gemeinsam ein Heim entwerfen könnte. Eine weitere kollektive Arbeit, *The Metaphorical House*, zeigte Holzskulpturen, die räumliche Metaphern für weibliche Archetypen darstellen. Die gemeinsame Arbeit an diesem Projekt erlaubte es acht dänischen Architektinnen und Lehrenden, über ihre eigene Situation als Teile im Gefüge einer akademischen Institution zu reflektieren, die zwar einen hohen Frauenanteil hat, deren obere Ränge gleichwohl zu über 90 Prozent männlich besetzt sind.

Kulturell unterschiedliche Konzepte von Häuslichkeit waren das Thema der Untersuchungen von Ghita Barkouch. Ihre Arbeit widmete sich der Wirkungsmacht von Räumen innerhalb des Spannungsfeldes zweier Kulturen, der marokkanischen und der belgischen. Sie zeigte, wie Wohnräume, die für eine bestimmte Periode, Kultur und Gesellschaftsschicht entworfen wurden – im konkreten Fall die großbürgerlichen, stuckverzierten Brüsseler Apartments des Fin de Siècle – durch die Überlagerung mit der Wohntradition marokkanischer Einwanderer*innen eine vollkommen neue Lesart erfahren. Andrea Prins' Film vertiefte diesen Blick auf unterschiedliche Wohnkulturen, in dem sie die Grundrisse von Wohnungen in Südkorea und Deutschland mit jeweils passenden und oder auch unpassenden Wohnkonstellationen verglich. „Wir wohnen nicht – wir werden gewohnt", war ihre provokative Schlussfolgerung.

© Elsa Kuno
© Elsa Kuno

© Elsa Kuno

TEILNEHMER:INNEN
Amy Kulper, USA
Andrea Prins, NL
Anna Hope, GBR
Anne Marit Lunde, NOR
Anne Pind, DEN
Anne Romme, DEN
Anne Sipiläinen, FIN
Anwyn Elise Hocking, AUS
Bahar Avanoglu, TUR
Birgitte Tovborg-Jensen, DEN
Cagdas Kaya, TUR
Camilla Hornemann, DEN
Daniela Urland, DEU
Duygu Koca, TUR
Elsa Kuno, DEU
Ghita Barkouch, BEL
Hilal Menlioglu, TUR
Ida Flarup, DEN
Ioanna Piniara, UK
Ipek Avanoglu, TUR
Jane Rendell, UK
Jenni Reuter, FIN
Josepha Fliedner, DEU
Karl Kvaran, ISL
Katarina Bonnevier, SWE
Lubna Assaf, ISR
Maria Mengel, DEN
Marianna Charitonidou, GRC
Mathilde Lésenecal, DEN
Paola Ardizzola, EGY
Sarah Rivière, DEU
Shivani Chakraborty, DEU
Sigrún Birgisdóttir, ISL
Simge Gülbahar, TUR
Sonja Lakic, FRA
Theresa Keilhacker, DEU
Tina Saaby, DEN
Tine Bernstorff Aagaard, DEN
Verena von Beckerath, DEU
Wiltrud Simbürger, DEU

Das Thema *Individuality* hatte bereits Tina Saaby angesprochen, als sie von ihrem Sabbatjahr berichtete. Für ein Jahr hatte sie sich von ihren eigenen vier Wänden losgesagt, war als Nomadin durch Hotelzimmer, von Sofa zu Sofa im Freundeskreis gezogen und hatte dabei versuchte, das für sie selbst zum Wohnen Wesentliche zu finden: in ihrem Fall ein Bett und die Laufschuhe. Doch wie unterschiedlich natürlich die Antworten auf diese Frage ausfallen, zeigten die Beiträgen des letzten Panels. Lubna Assaf setzte sich kritisch mit der Architektur von Frauenhäusern in Israel auseinander. Sie ging von dem Ansatz aus, dass Frauen, deren eigenes Heim zum Gefängnis geworden war, die schützende Funktion des Frauenhauses nicht wieder als Gefängnis erleben sollten. Der Entwurf, den sie stattdessen vorschlug, löst die harten Grenzen des baulichen Schutzmantels sanft auf. Sonja Lakic dagegen schälte das Potenzial von Architektur heraus, die Bewohner*innen zu einer eigenen Welt zu inspirieren. In ihren Streifzügen durch standardisierte Plattenbauten in Osteuropa entdeckte sie eine Fülle von wunderbaren und wunderlichen Eigenwelten, die selbstbewusst die Botschaft vermittelten: *I dwell, therefore I am.*

DAS PROJEKT GEHT WEITER ...

Das internationale Symposium *Dream – Play – Challenge: The Future of Residential Living* fand am 24./25. Juni 2021 im Felleshus der Nordische Botschaften in Berlin sowie digital auf Zoom statt. Wir danken unseren Partnerinnen, den Nordischen Botschaften Berlin, insbesondere Birgitte Tovborg-Jensen, Kulturattaché der Königlich-Dänischen Botschaft, und Anne Sipiläinen, Botschafterin Finnlands in Deutschland, für ihre Gastfreundschaft und die wunderbar fruchtbare Zusammenarbeit. Ein besonderer Dank geht an die Präsidentin der Architektenkammer Berlin, Theresa Keilhacker, für die inspirierende Eröffnungsrede.

In der nächsten Phase des Projekts werden die Ergebnisse des Symposiums als Publikation in gedruckter und in digitaler Form veröffentlicht.

Freuen Sie sich mit uns auf weitere Veranstaltungen. *Let's continue to dream, play and challenge!*

WILTRUD SIMBÜRGER, SARAH RIVIERE

Weitere Infos
www.nordischebotschaften.org
futureofresidentialliving@gmail.com

DIALOGRAUM

AKTEUR:INNEN
BAUFACHFRAU Berlin e.V.
Isabel Schmidt
n-ails e.V.

BAUFACHFRAU im Handwerk

BAUFACHFRAU Berlin e.V. entwickelt und realisiert Projekte im Rahmen der Berufsbildung, Berufsorientierung und Qualifizierung, der Bildung für nachhaltige Entwicklung (BNE) sowie im Themenfeld Gendergerechtigkeit. Das Projektteam stellt dabei bewusst klassische Rollenbilder auf den Kopf.

Der gemeinnützige Verein BAUFACHFRAU Berlin wurde 1988 mit dem Ziel gegründet, die Chancen von Frauen in handwerklichen, technischen und gestalterischen Berufen zu stärken.

Unser Handlungsfeld hat sich inzwischen um ein Vielfaches erweitert: Heute sind wir ein Team aus Handwerkerinnen und Planerinnen mit vielseitigen Kompetenzen in den Bereichen Planen, Gestalten und Bauen. Klimaschutz, Klimaanpassung, Ressourcenschonungen sind uns wichtig. Besonders in den Themenbereichen Nachhaltiges und ressourcenschonendes Bauen, Grüne Stadt und Zero Waste vertiefen wir unsere Expertise seit Längerem und sehen hier wichtige Schlüsselansätze zum Erreichen des 1,5-Grad-Ziels. Über praxisorientierte Qualifizierungs- und Bildungsangebote im Sinne des transformativen Bildungsansatzes vermitteln wir unser Wissen und unsere Kompetenzen und ermutigen speziell Frauen, neue Wege für sich zu entdecken.

In unseren Ideen- und Bauwerkstätten entwickeln und gestalten wir partizipativ mit den Nutzer*innen das eigene Wohnumfeld, Freiflächen, Spielräume, Lebensräume – vom Stadtmöbel bis zum interkulturellen Garten. Dabei setzen wir auf die Beteiligung von Menschen aus allen Generationen, aber insbesondere von Mädchen und Frauen. Viele unserer Projekte wurden auf lokaler und nationaler Ebene ausgezeichnet. Der Verein arbeitet auf lokaler, regionaler, nationaler und europäischer Ebene.

Die Tischlerei holzart ist seit 1999 fester Bestandteil des Vereins. Der Zweckbetrieb bildet zur Tischlerin aus und produziert mit Leidenschaft nachhaltiges Design.

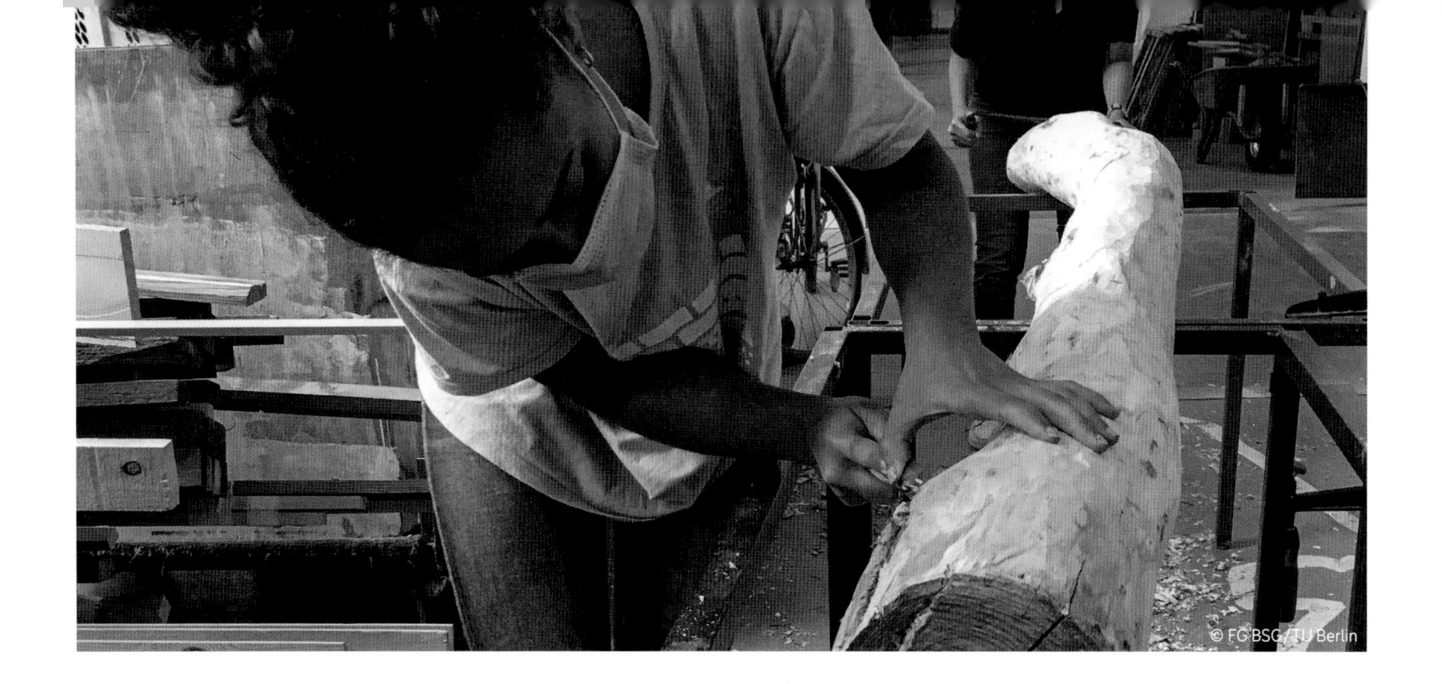
© FG BSG / TU Berlin

ENTWURFSSEMINAR

AKTEURIN
TU Berlin
Fachgebiet Bau- und Stadtbaugeschichte

PROJEKTTEAM
Sarah Rivière
Architektin
Prof. Dr. Hermann Schlimme
Helle Schröder
Architektin
Luise Albrecht

Survival Lounge – nach Sara Ahmed

Kraft tanken, um gemeinsam gefährlich zu werden – die Seminarserie *Survival Lounge* bot Architekturstudent*innen Gelegenheit, beim gemeinsamen Entwerfen fundamentale Prozesse des intersektional feministischen Denkens anzuwenden. Ausgangspunkt war der studentische Wunsch nach einem Ort der Kraft im universitären Alltag, der zur Erholung einlädt, feministische Bildung ermöglicht und politischen Austausch fördert. Behutsam mit sich und anderen umzugehen, um gemeinsam gefährlich werden zu können, war das Leitprinzip für den Raumentwurf selbst, sowie auch für die zugrundeliegenden Arbeitsprozesse.

Die drei Seminare, die von Sommer 2020 bis Sommer 2021 stattfanden, waren als grenzüberschreitende Lern-, Austausch- und Kreativitätsräume konzipiert. Es sollte eine *Survival Lounge* als Ort der Begegnung entworfen, gebaut und letztendlich bewohnt werden: *designing, building, inhabiting*.

In den ersten beiden Semestern erarbeiteten die Studierenden den Entwurf für die Lounge und bauten diese gemeinsam in der TU-Werkstatt auf. Nachdem die Lounge dort fertiggestellt war, erfuhren wir leider, dass sie wegen der Pandemie nicht in den Räumen der TU installiert und von Studierenden bewohnt werden konnte. Der dritte Kurs, *Inhabiting the Survival Lounge*, musste deshalb online durchgeführt werden. Bewohnt wurden neue, programmierend entworfene, virtuelle *Survival Spaces*.

Die Kurse wurden mit dem Ziel entwickelt, den Studierenden eine Grundlage in der intersektionalen feministischen Theorie und in der Praxis der partizipativen Teamarbeit zu vermitteln. Wir kombinierten die Entwicklung gemeinsamer Grundlagen für Teamarbeit mit individuellen Aufgaben, durch die jede*r Studierende ihre oder seine eigene Stimme finden und diese in den gemeinsamen Arbeitsprozess einbringen konnte. Stimme war nicht nur auf das Akustische beschränkt, sie konnte auch durch andere Medien zum Ausdruck gebracht werden.

Die Tatsache, dass der Prozess des Lernens auf der Basis feministischer Theorie angelegt war, genau wie die *Survival Lounges* selbst, war eine Conditio sine qua non der Seminarreihe. Sie basierte auf der Überzeugung, dass intersektional feministischer Raum nur durch einen intersektional feministischen Prozess gestaltet werden kann. Das Bereitstellen des einen ist die Bedingung für die Produktion des anderen.

„In diesem Fall bezieht sich Überleben [Survival] darauf, wie ich beginne: es ist der Anfang von etwas. Hier meine ich mit Überleben nicht nur weiterzuleben, sondern auch, in der tiefgründigeren Bedeutung, mit seinen Verpflichtungen weiterzumachen." Sara Ahmed: *Feministisch Leben!* (Unrast Verlag, 2018, S. 301)

Stimmen der Student*innen – die lauten und auch die noch so leisen: // In diesem Kurs habe ich das Gefühl, dass ich als Studentin mit meiner kreativen Arbeit vereint sein kann // Ich habe gelernt, meine Meinung zu sagen // Ich habe mich noch nie so wohl dabei gefühlt, mich in einem akademischen Umfeld auszudrücken // Ich lerne dadurch mehr über Feminismus, aber auch mehr über mich selbst // Dieses Seminar ist ein wunderbarer Ort, an dem man sich gleichberechtigt und respektiert fühlt // Während des Entwurfsprozesses an der Lounge hinterfragten wir Begriffe wie Meinungsfreiheit, Interpretationsfreiheit und Verletzlichkeit – fundamentale Prozesse, die feministisches Denken ermöglichten // Ein Refugium für eine*n allein wird ein Refugium für mehrere. Und ja, „je mehr desto besser" gilt auch für den Feminismus // Mut bedeutet, aufzustehen und die Stimme zu erheben, selbst wenn es mich nervös macht, dabei beobachtet zu werden; wir wollten den Besucher*innen der *Survival Lounge* zeigen, was es bedeutet, sich anzustrengen, um etwas zu erreichen // Wir wollten einen Ort schaffen, an dem niemand Angst hat, er oder sie selbst zu sein // Wir möchten die Menschen ermutigen, innezuhalten und Ruhe zu finden // Diese Lounge ist ein Ort, der Menschen nicht nur räumlich, sondern auch emotional zusammenbringt, indem sie wertvolle Erfahrungen und Gedanken miteinander teilen // Wir wollen, dass die Lounge ein Forum für politische Arbeit wird: „Wir gehen behutsam miteinander um, damit wir gemeinsam gefährlich sein können" // Beim Überleben geht es nicht nur um dein eigenes Überleben, sondern auch um das der anderen // Wir möchten die Bibliothek der Lounge mit einer großen Auswahl an feministischen Inhalten ausstatten. Hier findest du auch unsere *Survival Journals* // Während des gesamten Seminars offenbarte sich in der Teamarbeit oft die physische Erfahrung feministischen Denkens, und es zeigte sich, wie kraftvoll und gleichzeitig zerbrechlich, wie fruchtbar und gleichzeitig unendlich herausfordernd es sein kann // Durch die Bearbeitung individueller Aufgaben wurde noch deutlicher, dass die Definition von Feminismus nicht für alle gleich war: Jede*r Teilnehmer*in hatte unterschiedliche feministische Themen, mit denen sie oder er sich gerade auseinandersetzte // Wir sollten alle die Möglichkeit haben, zu sagen: „Ich muss aufhören zu arbeiten, ich muss mich erholen, ich muss neue Energie tanken" // Unser Feminismus ist kein Feminismus der Worte und Konzepte, er ist ein Feminismus der Tat. Es ist dieses generelle Bewusstsein, das wir jeden Morgen in die Werkstatt hineingetragen haben, und viele von uns auch in der Nacht in unsere Träume // Es gibt kein Richtig oder Falsch, kein Gut oder Böse. Jede*r muss für sich selbst und jeden Tag neu entscheiden, wie sie oder er ein feministisches Leben führt //

Diese und viele weitere studentische Stimmen sind in zwei Publikationen zum Download auf der Website des Fachgebiets Bau- und Stadtbaugeschichte der TU Berlin bereitgestellt. Dort können Sie auch als Avatar auf die digitale „*Survival Lounge*" zugreifen.

SARAH RIVIÈRE, HERMANN SCHLIMME

STUDENT*INNEN
I. DESIGN: Natasha Nurul Annisa, Seyedeh Kosar Asghari, Serdar Ayvaz, Ilayda Birgül, Eda Özge Düzgün, Neside Sevinc Durgut, Galina Grinberg, Sena Gür, Christine Hartl, Jakob Michael Holtz, Rowaa Ibrahim Ahmed Ibrahim, Gabriel Paul Jacobs, Tildem Kirtak, Antonia Maria Leicht, Ekaterina Kropacheva, Emmanouil Martakos Galiatsatos, Iryna Myronchuk, Elise-Phuong Ha Nguyen, Sofia Andrea Orellana von Frey, Mara Neo Räther, Miranda Rigby, Laura Schwarzenberger, Nikita Ashleigh Schweizer, Merlina Stephens Dupeyron, Neele Sofie Thrän, Rima Ubeid, Mohammad Wa'el Moh'd Hilmi Allan, Leoni Marieke Weyrauch, Veronika Zaripova
II. BUILD: Natasha Nurul Annisa, Alina Behrend, Rieke Davideit, Noha Elhady, Alexander Hartway, Jakob Michael Holtz, Tildem Kirtak, Miranda Rigby, Elio Wohlgenannt
III. INHABIT: Eléonore Hayar, Nura Hoda Dag, Vani Monjaraz Tec, Katjuschka Owusu, Selen Sönmez, Paul André Walter

TEILNEHMER:INNEN
Student:innen der TU Berlin, Bachelor- & Masterstudiengänge

GÄSTE
Hille Bekic
Architektin & Vorstand Architektenkammer Berlin
Nathalie Dziobek-Bepler
Architektin
Kristina Herresthal
Architektin
Prof. Jane Rendell
Professor of Critical Spatial Practice, The Bartlett, UCL
Prof. Eike Roswag-Klinge
Natural Building Lab, TU Berlin
Gudrun Sack
Architektin & Vorstand Architektenkammer Berlin
Wiltrud Simbürger
Architektin & The Bartlett, UCL
Ariane Wiegner
Architektin

CONSULTANTS
Rita Brand
Zimmerin
Dietmar Dix
Deck5 Designer
Theresa Jung
Schneiderin
Jochen Lochner
Senior Lighting Designer Büro Happold
Paula Longato
Leiterin der Abteilung für Lichtplanung und -design Büro Happold
Felix Tholl
Tischlermeister & Natural Building Lab, Workshopleiter TU Berlin

TUTOR*INNEN
Sermin Devecioglu
Benjamin Herrmann
Ho Kim
Marcus Matznick
Esin Mehmed
Thalia Staschok

AUSSTELLUNG

AKTEUR
n-ails e.V.

KONZEPTION & ORGANISATION
Gabriele Fink
Architektin
Sabrina Rossetto
Architektin
Lea Beie
Assistenz

AUSSTELLUNGSGESTALTUNG
Sabrina Rossetto
Architektin

AUSSTELLUNGSGRAFIK
Anja Matzker
Grafikdesignerin

ORT
feldfünf
Projekträume im Metropolenhaus

„Zeigt eure Werke!" n-ails e.V. stellte einen temporären Ausstellungs- und Dialograum für Werke und Positionen von Frauen in der Architektur und Stadtplanung während des gesamten Festivalzeitraumes zur Verfügung. Die Ausstellung umfasste 144 Werke von Architektinnen, Innenarchitektinnen, Ingenieurinnen, Landschaftsarchitektinnen und Städteplanerinnen.

© Büsra Yeltekin

Berlin. Die Stadt und ihre Planerinnen

Im Zuge der Veranstaltung *Yes, we plan!* während der Ausstellung FRAU ARCHITEKT im Deutschen Architekturmuseum in Frankfurt am Main (2018) startete das Berliner Netzwerk n-ails e.V. eine bundesweite Initiative für eine digitale Sammlung mit Werken von Planerinnen. Diese Idee wurde 2019 während des Architektursommers in Hamburg vom Planerinnennetzwerk PIA e.V. und 2020 in Düsseldorf von der architektinnen initiative nrw weitergetragen.

Für die Ausstellung und Erweiterung der digitalen Sammlung mit Projekten in und aus Berlin waren Planerinnen im Rahmen des Festivals *Women in Architecture* (WIA) aufgerufen, bekannte und unbekannte Werke einzureichen. Jede Teilnehmerin, ob Entwurfsverfasserin, Büropartnerin oder Projektleiterin, konnte bis zu drei Projektfotos einreichen. 69 Architektinnen, vier Innenarchitektinnen und zehn Landschaftsarchitektinnen und Städteplanerinnen, darunter 20 Ein-Frau-Büros, 33 Büropartnerinnen, 23 Geschäftsführerinnen und Gesellschafterinnen sowie sieben Mitarbeiterinnen, beteiligten sich.

Über die Ausstellung und eine Videopräsentation der digitalen Sammlung wurde die Vielfalt der Planungen von Frauen sichtbar. Die Bandbreite reicht von einer Ankleide- und einem Tinyhouse über gestaltete Innenhöfe bis zu Verwaltungsgebäuden und großen Wohn- und Parkanlagen oder Projekten mit Bürgerinitiativen. Mehr Diversität in der Baukultur und mehr weibliche Vorbilder für die Zukunft können nur durch mehr Publizität erreicht werden. Viele Bauwerke von Planerinnen werden noch immer in der breiten Öffentlichkeit und Forschung zu wenig beachtet. Daher ist deren Veröffentlichung und Dokumentation von zentraler Bedeutung. Nur so lassen sie sich in ihrer architektur- und stadthistorischen Bedeutung aufarbeiten und einordnen.

GABRIELE FINK

A–B

C–E

A–B

1. Ulrike Böhm & Katja Benfer
QUARTIER AM EHEMALIGEN BLUMENGROSSMARKT

2. Anja Beecken
HOCHSCHULE LAUSITZ, STANDORT SENFTENBERG

3. Barbara Biehler
SANIERUNG DER EVANGELISCHEN IMMANUELKIRCHE

4. Katrin Böhringer
WASSERSPIELPLATZ BESSELPARK

5. Britta Bösche
DANPOWER-GRUPPE POTSDAM

6. Benita Braun-Feldweg
METROPOLHAUS AM JÜDISCHEN MUSEUM

7. Mirjam von Busch
WOHNHAUS IM PRENZLAUER BERG

C–E

8. Kerstin Chabert
UMBAU EINES EHEMALIGEN BOTSCHAFTSGEBÄUDES

9

10

11

9. Dagmar Chrobok-Dohmann
SANIERUNG UND ERWEITERUNG WOHNHAUS
10. Christiane Diehl
AUSSENANLAGEN YARD BOARDING HOTEL, NORDSTEIMKE
11. Inka Drohn
COWORKING-BERLIN, LPH 1–5
12. Nathalie Dziobek-Bepler
FRÖBEL-KINDERGARTEN
13. Silke Epple
RESTAURANT, ORANIENSTR. 191
14. Katja Erke
NATUR IN WASSERTRÜDINGEN

12

13

14

F

15

16

17

F
15. Christa Fischer
MUSEUM IN DER KULTURBRAUEREI, SALON
16. Gabriele Fink
NEUBAU KITA BLUMENGARTEN, BERLIN-SPANDAU
17. Romy Förster
TREPPENANLAGE BÜROGEBÄUDE THE BRIQ

18

18. Laura Fogarasi-Ludloff
SOS-KINDERDORF, BOTSCHAFT FÜR KINDER
19. Ariane Freund
GLASPAVILLON PFEFFERBERG

G–J

20

21

22

G–J
20. Karin Goetz
UMBAU EINES INDUSTRIEGEBÄUDES ZU WOHNHAUS IN BERLIN-HOHENSCHÖNHAUSEN
21. Martina Gross-Georgi
ATRIUMHÄUSER AM BEUTLERPARK
22. Kristina Herresthal
BÜROHAUS GEM
23. Claudia Hilt
MODULARE UNTERKÜNFTE FÜR FLÜCHTLINGE, LEONORENSTRASSE
24. Anna Hopp
ERGÄNZUNGSNEUBAU FINANZAMT ORANIENBURG AM EHEM. KZ SACHSENHAUSEN
25. Barbar Hutter
WASSERPARK LÖBAU

23

24

25

K–L

26. Regina Jost
GEMEINSCHAFTSHAUS GROPIUSSTADT, UMBAU

K–L
27. Theresa Keilhacker, Lara Möller
INITIATIVE FÜR ERHALT DES GEBÄUDEENSEMBLES RATHENOWER STRASSE 15–18
28. Karin Kusus
INFOTOWER FLUGHAFEN BERLIN-BRANDENBURG
29. Anne Lampen
NEUBAU EINES WOHNHAUSES IN BRANDENBURG
30. Angelika Lay-Hildebrandt
COCON AM WALD, BERLIN, ERWEITERUNG
31. Wiebke Lemme
AUDIBLE BREAK-OUT-AREA
32. Kim LeRoux, Margit Sichrovsky
FULL NODE
33. Lioba Lissner
M_EINS ZALANDO HEADQUARTER, BERLIN
34. Itziar Leon, Anna Ohlrogge, Maja Kastaun
MULTIFUNKTIONSGEBÄUDE FÜR WASSER-SPORTLER*INNEN, SEDLITZER BUCHT

35

35. Gudrun Ludwig
HAUS B17, ANKLEIDE

M–N
36. Julia Mauser
GERJI MICRO APARTMENTS
37. Anne Menke
HAUS P, BERLIN-PANKOW
38. Tanja Meyle
MEYLENSTEIN OFFICE
39. Susanne Moll
SPIELPLATZ RUDOLFPLATZ
40. Felicitas Mossmann
VERWALTUNGSGEBÄUDE BERLINER ÄRZTEVERSORGUNG
41. Margarethe Mueller
GREEN ZERO-ENERGY BUILDING – HEADQUARTER SUNTECH WUXI
42. Nina Nedelykov
ARCHÄOLOGISCHES MUSEUM WUKRO, ETHIOPIA 2015

M–N

36

37

38

39

40

41

© Büsra Yeltekin

42

O–S

O–S
43. Anja Oehler-Brenner
HAUS LUDWIG
44. Iris Oelschläger
NULLEMISSIONSHAUS BOYENSTRASSE
45. Elise Pischetsrieder
MEHRFAMILIENHAUS IM AMT, GUTENSWIL
46. Ulrike Reccius, Maria Rita Baragiotta
G45H1–WOHNATELIER FÜR STUDIERENDE
47. Margit Renatus
BAUGEMEINSCHAFT THF
48. Sabrina Rossetto
MESSESTAND OTTO KERN
49. Elisabeth Ruethnick
BERLIN-BRANDENBURGISCHE AKADEMIE DER WISSENSCHAFTEN
50. Dortje Säum, Christine Edmaier, Sabine Krischan
ERWEITERUNG LANDRATSAMT GÖRLITZ
51. Heike Schäfer
UNIVERSITY SUITES, HAMBURG-ROTHERBAUM

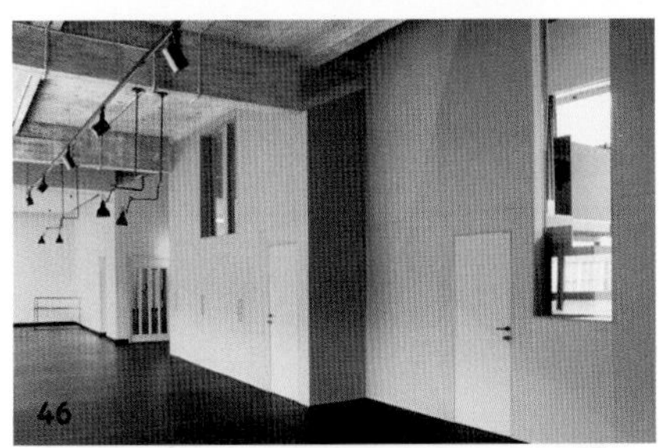

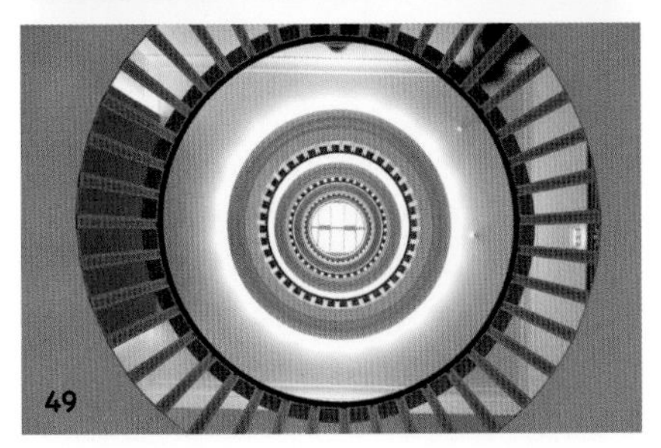

52. Carola Schäfers
NEUBAU EINER GRUNDSCHULE MIT EINER DREIFACHSPORTHALLE, BERLIN-GATOW
53. Susanne Scharabi
WALDEN 48
54. Su Schnorbusch
PARADIESGÄRTEN, MARZAHN-HELLERSDORF
55. Wencke Katharina Schoger
LAUBE, BERLIN
56. Christiane Schuberth
ZWILLINGSHÄUSER AN DER BUCHT
57. Regine Siegl
K47 – WOHNEN IN DER KIRCHE
58. Nataliya Sukhova
FUTTERALHAUS – EIN VORGEFERTIGTES MINIMALHAUS

W-Z

59

60

61

W–Z
59. Judith Wahle
GROWING FAMILY HOME
60. Susann Walk
INVALIDENHAUS, BERLIN-MITTE
61. Lisa Wameling
GEWERBEHÄUSER RITTERSTR. 8
62. Wanja Wechselberger
HAUS WUSTROW
63. Ariane Wiegner
DACHGESCHOSS-MAISONNETTE,
BERLIN-MITTE
64. Imke Woelk
DOKUMENTATIONSZENTRUM,
TOPOGRAPHIE DES TERRORS, BERLIN
65. Astrid Zimmermann
JAPANISCHER GARTEN
AM LEIPZIGER PLATZ

62

63

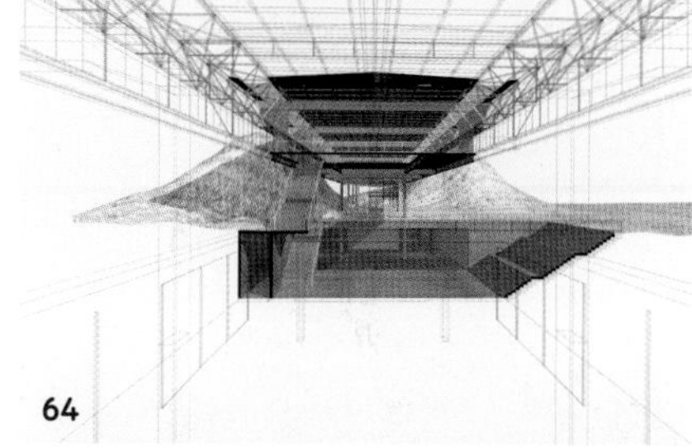
64

65

© Andrea Nolte

© Ulrike Myrzik

DIALOGRAUM

AKTEUR:INNEN
Ulrike Rose
Kulturmanagerin
n-ails e.V.

Frauenklöster im Wandel

Aufgrund fehlenden Nachwuchses überaltern die Ordensgemeinschaften gerade massiv. Besonders weibliche Ordensgemeinschaften stehen damit vor der großen Herausforderung, kluge Lösungen für ihre Klöster zu finden. Welche Auswirkungen hat dies auf unsere Kulturlandschaft? Und welche guten Lösungen gibt es?

Weltweit entwickelten sich in den letzten Jahrhunderten klösterliche Gemeinschaften. Besonders im 19. Jahrhundert entstanden viele Frauengemeinschaften, die sich um alle gesellschaftlich relevanten Aufgaben kümmerten. Sie besiedelten nach der Säkularisation lange leer stehende Klöster neu und waren besonders im ländlichen Raum wichtige Arbeitgeberinnen und autarke Wirtschaftseinheiten.

Aufgrund Nachwuchsmangels verschwinden die weiblichen Ordensgemeinschaften heute sukzessive. Dabei zeigt sich die Aktualität dieser Lebensform in den gegenwärtig boomenden Gemeinschaftsprojekten, den zahlreichen solidarischen Landwirtschafts- beziehungsweise Wohnungsbaugenossenschaften und Baugruppen. Anstatt die jahrhundertealten Klöster zum Verkauf anzubieten, gibt es spannende Alternativen: Wie können die ortsbildprägenden Denkmäler behutsam umgeplant werden, sodass die Orden im Kloster verbleiben und neue Gemeinschaften von ihnen lernen können? Von wem und wie können Klöster und Ländereien nachgenutzt werden, ohne dass diese herausragenden Liegenschaften der Gemeinschaft entzogen werden? Welche Hürden gilt es seitens der Nachnutzer:innen zu stemmen?

Im Vortrag wurden zum einen innovative Ordensfrauen vorgestellt, die die Transformation ihrer Klöster und ihrer Gemeinschaft vorantreiben und für das Buch *Klosterfrauen Frauenkloster* interviewt wurden. In der zweiten Hälfte ging es um die Frage, wie die jahrhundertealte Baukultur zeitgemäß erhalten, weitergebaut und genutzt werden kann, denn die Herausforderungen bei der Transformation der Klöster sind komplex und herausfordernd: von den Auflagen des Denkmalschutzes bis zu Brandschutz und Genehmigungsverfahren.

Seestadt Aspern Wien,
© Wilhelm Schedl

Architektur trifft Mobilität

DIALOGRAUM

AKTEURE
Verkehrsclub Deutschland VCD e.V.
n-ails e.V.

Lebenswerte Städte brauchen Aufenthaltsqualität! Müssen wir dafür den Verkehr zurückdrängen und unsere Mobilität einschränken?

TEILNEHMERINNEN
Hille Bekic
Architektin, Mobilitätsberaterin
Velokonzept GmbH
Nicola Krettek
VCD e.V., Projektleiterin
„Bundesweites Netzwerk Wohnen und Mobilität"
Tanja Terruli
VCD e.V., Projektleiterin
„Straßen für Menschen"

Die Studie „Mobilität in Deutschland" (MiD) aus dem Jahr 2017 vom Bundesministerium für Verkehr und digitale Infrastruktur zeigt: Frauen legen kürzere Strecken zurück als Männer und bewegen sich mehr im näheren Umfeld.

Mit Impulsen zu den Projekten „Bundesweites Netzwerk Wohnen und Mobilität" und „Straßen für Menschen" zeigten Nicola Krettek und Tanja Terruli Möglichkeiten und Ideen zu autoarmen Quartieren auf. Dabei setzen beide auf gute Beispiele und Handlungsleitfäden für die Wohnungswirtschaft und für die Anwohner*innen, Mobilität im Quartier nachhaltig zu verändern. Für den Ansatz spricht, dass drei von vier (privaten) Wegen an der Haustür beginnen oder enden.

Die Diskussion zeigte Berührungspunkte der Disziplinen Architektur, Stadtplanung und Mobilitätsplanung auf, zum Beispiel bei der Flächenverteilung für die verschiedenen Verkehrsträger*innen oder beim Zugang zu klimaneutralen Verkehrsmitteln am Wohnstandort. Die anschließende Exkursion befasste sich mit Aufenthaltsqualität und Flächengerechtigkeit im öffentlichen Raum. Als konkretes Beispiel für eine gelungene Transformation vom Verkehrsraum zum hochwertigen Aufenthaltsraum wurde die temporäre Umnutzung des Parkplatzes der Berlinischen Galerie besichtigt. Projektleiter Nuno de Brito Rocha gab spannende Einblicke in die Konzeption und zu den anfänglichen Widerständen in Bezug auf die Umnutzung der Fläche. Inmitten von Arbeiten internationaler zeitgenössischer Künstler*innen erhielt der Parkplatz eine neue Ausrichtung – im räumlichen wie im kontextuellen Sinn – und diente für einen Sommer als urbaner Treffpunkt in der Nachbarschaft, als Ausstellungsraum und Ort für kollektive Aktionen.

HILLE BEKIC

DIALOGRAUM

AKTEURE
Bauereignis
n-ails e.V.

TEILNEHMERINNEN
Anna Mayberry
Architektin, Bauereignis
Katharina Sütterlin
Architektin, Bauereignis

Das Büro Bauereignis wurde 2007 von Katharina Sütterlin (Dipl.-Ing. Architektin, Tischlerin) und Susanne Wagner (Dipl.-Ing. Architektin) gegründet. Bauereignis setzt sich zusammen aus einem hauptberuflichen Stammteam sowie, für Einzelprojekte, aus einer Reihe von freiberuflichen Mitarbeiter*innen und Kooperationspartner*innen. Im Rahmen des Festivals *Women in Architecture* (WIA) haben Anna Mayberry und Katharina Sütterlin einen Vortrag zur partizipativen Planung gehalten.

Partizipative Schulprojekte

Gebaute Räume und Objekte unterstützen uns in unserem Alltag – sie können uns aber auch behindern. Sie prägen die Art und Weise, wie wir miteinander umgehen. Dadurch, dass Kinder und Jugendliche viele Stunden des Tages in Schulgebäuden verbringen, ist die Gestaltung der Schulräumlichkeiten besonders wichtig. Bauereignis hat sich auf partizipative Entwurfs- und Bauprojekte zur räumlichen Schulentwicklung spezialisiert. Das Spektrum reicht vom Bau einzelner Möbel bis hin zur Umgestaltung des gesamten Schulcampus. Das Ziel der Projekte ist es, eine individuelle, ausdifferenzierte Schulumgebung zu gestalten, welche eine inklusive, demokratische Kultur und körperliche Bewegung fördert.

Ein klassisches Bauereignis-Projekt ist in die Phasen Zielfindung, Bürophase, Schülerbaustelle und Fertigbauen gegliedert. Bei der Zielfindung werden partizipativ mit den Nutzer*innen der Räume Ideen für die Umgestaltung gesammelt. Daraus entwickelt Bauereignis einen Entwurfsvorschlag und kombiniert Bestandsmöbel mit neuem Mobiliar. Bei der Planung setzt Bauereignis auf ein Zusammenspiel von Einbauten, Mobiliar und freier Fläche. Während die Einbauten eine Orientierung im Raum geben, sorgen freie Flächen und unterschiedlich einsetzbares Mobiliar für genügend Flexibilität. Die Gestaltung bietet Freiheit für verschiedene Körperhaltungen und Bewegungsanlässe.

Nach einer Entwurfsabstimmung mit den Nutzer*innen werden die Ideen im Rahmen einer Baustelle vor Ort mit den Schüler*innen realisiert. Diese Vorgehensweise erzeugt nicht nur Akzeptanz und Identifikation mit dem Resultat, sondern steigert auch die Qualität des Entwurfs bezüglich der Passgenauigkeit für den zu erfüllenden Zweck.

Ein weiteres Bauereignis-Projekt ist die Kulturküche in der Grundschule Adolf Glassbrenner. Die bisher wenig geliebte Schulküche wurde gemeinsam mit Schüler*innen der vierten Klassen in eine Kulturküche umgewandelt.

Die besondere Herausforderung war der hohe Anspruch an die Funktionalität: Der Raum musste als voll funktionsfähige Schülerküche und als vollwertiger Klassenraum für den Teilungsunterricht funktionieren. Um mehr Raumnutzungswissen zu generieren, startete die Zielfindung mit einem Ausflug in ein benachbartes Restaurant. In dessen Küche durften die Kinder kochen und konnten so herausfinden, welche Anforderungen ihre Küche erfüllen soll. Als Nächstes wurden Kritik und Wünsche an die Schulküche in einem Stimmungsbild gesammelt und konkrete Ziele formuliert. Nach einer Bestandsaufnahme, bei der alles im Raum vermessen wurde, ging das Modellbauen los, und verschiedene Szenarien wurden ausprobiert.

Daraus entwickelte Bauereignis einen Entwurf, welcher gemeinsam im Rahmen einer Kinderbaustelle umgesetzt wurde. Es entstanden eine frei stehende Kochinsel, ein „Schnippeltisch" auf Rollen, für kleinere Schüler*innen, ein Podest, auf dem man bodennah essen kann, ein langer Fenstertresen mit Hochstühlen, runde Tische, die sich ineinanderschieben lassen, und eine neue Beleuchtung.

© Ralph Fleckenstein

© Bauereignis

© Bauereignis

Rendering: Großer Saal mit Pylonen, © Su Schnorbusch

Begehung Innenräume, © Dirk Harder

DIALOGRAUM

AKTEUR:INNEN
Susanne Schnorbusch
Architektur, Urban Design
Sabrina Landes
n-ails e.V.

Der Lottenhof in Potsdam

Seit 2014 engagieren sich BürgerInnen für den Erhalt des Lottenhofs in Potsdam. 2017 übernahm das Büro Su Schnorbusch die Konzeptentwicklung.

Der Lottenhof ist ein architektonisches Kleinod der Ostmoderne, am Rand der Schlossanlagen von Sanssouci, das nach jahrelangem Leerstand zu verfallen drohte. 2014 haben engagierte BürgerInnen damit begonnen, das Gelände für die Nachbarschaft zu erobern. Ihrem Engagement ist es zu verdanken, dass ab 2023 die Sanierung starten kann. 2017 erhielt das Architekturbüro Su Schnorbusch den Auftrag zur Konzeptentwicklung und Fördermittelakquise. Unsere Aufgabe war es zunächst, die Potenziale des Projekts herauszuarbeiten, die bereits begonnenen Aktivitäten auf dem Gelände weiterzuführen, die Konstellation der unterschiedlichen AkteurInnen zu dokumentieren und zu bewerten und die Sicherung des Gebäudes durch eine Notdeckung zu gewährleisten.

Um bürgerschaftlich initiierte Projekte erfolgreich zu gestalten, ist Fingerspitzengefühl gefragt. Kontakte und Vertrauen müssen aufgebaut werden. Eine gute Kommunikation auf Augenhöhe mit allen Beteiligten ist von großer Bedeutung. Partizipative Projekte bringen die Vielfalt des Bauens wieder zu den Menschen. Sie sind komplex und herausfordernd, geht es doch darum, für die Wiederbelebung von Räumen Lösungen zu finden, die über das reine Gestalten hinausgehen, indem sie die NutzerInnen mit ihren unterschiedlichen Bedürfnissen und Vorstellungen in den Blick nehmen. Wenn man dazu bereit ist, sich dafür etwas mehr Zeit zu nehmen, zuzuhören und voneinander zu lernen, wird man immer wieder erleben, dass es gelingt, scheinbar Unlösbares zu einem gelungenen Abschluss zu bringen.

2020 kam die Zusage der Finanzierung des Bundes in Höhe von 1,97 Millionen Euro. Baubeginn ist für 2023, die Fertigstellung bis Ende 2024 geplant.

DIALOGRAUM

AKTEURE
Architects for Future
n-ails e.V.

ORGANISATORINNEN
Lisa Graf
Lena Maria Schöne

Als Architects for Future stehen wir solidarisch zur Fridays-for-Future-Bewegung. Wir sind in und mit der Baubranche beschäftigt, arbeiten ehrenamtlich und gemeinnützig in der Bewegung sowie auf Vereinsebene und setzen uns für einen nachhaltigen Wandel im Bauwesen ein. Wir sind international, überparteilich, autonom und demokratisch organisiert.

ARCHITECTS FOR FUTURE

Unser Engagement für nachhaltiges (Nicht-)Bauen fokussiert sich auf Öffentlichkeitsarbeit, Netzwerk und Wissensaustausch, um die Gesellschaft und Akteur:innen der Baubranche auf die Relevanz des Bauwesens hinsichtlich der Klima- und Biodiversitätskrise aufmerksam zu machen. Wir hinterfragen aktuelle Dienstleistungsbilder, das Arbeiten mit veralteten Standards und strukturellen Benachteiligungen. In über 30 Ortsgruppen und zahlreichen Arbeits- und Diskursgruppen vernetzen wir Fachleute, die sich gegenseitig bestärken und gemeinsam Lösungen finden, um die Baubranche langfristig und nachhaltig zu verändern.

Dass die Baubranche ein erhebliches Klima- und Ressourcenproblem hat, zeigt, dass circa 40 Prozent aller CO_2-Emissionen, über 60 Prozent des Abfallaufkommens und 60 Prozent des Flächenverbrauchs durch den Bau und Betrieb von Gebäuden verursacht werden. Fast 90 Prozent aller mineralischen, nicht nachwachsenden Rohstoffe werden im Bau verbraucht. Das heutige Bauwesen ist weder klima- noch sozialgerecht und somit weder zeitgemäß noch zukunftsfähig.

In unserem Vortrag gingen wir auf Lösungen und Ziele ein, wie den Bestandserhalt, eine Netto-Null-Flächenversiegelung, die Berücksichtigung des gesamten Lebenszyklus in energetischen/ökologischen Bilanzierungen und die gesetzliche Verankerung der grauen Energie im Gebäudeenergiegesetz (GEG); außerdem auf das Verwenden von regionalen, gesunden und schnell nachwachsenden oder wiederverwendeten Rohstoffen in rezyklierbaren Bauweisen.

Im zweiten Teil des Vortrags wurden das Ungleichgewicht und Ungerechtigkeiten in Genderfragen angesprochen sowie Ansätze für deren Sichtbarmachung vorgestellt, etwa das Sexismus-Bingo.

INTER NATIONAL

Horizonte erweitern.

Literatur prägt unser Verständnis von Baukultur. Oft ist sie die wichtigste Quelle, insbesondere wenn man sich für internationale Baukultur interessiert. In seinem Essay zeigt Eduard Kögel auf: „Bis heute spielen in vielen wichtigen Übersichtspublikationen zur Architekturgeschichte Frauen eine sehr marginalisierte Rolle." Er spannt den Bogen bis nach Asien, wobei sich zeigt, wie groß die Unterschiede im internationalen Vergleich sein können und gleichzeitig wie ähnlich die Ursachen sind. Weiter stellt sich die Frage: Gibt es aktuell Länder mit einer diverseren Baukultur und besseren Rahmenbedingungen für *Women in Architecture*? Wo steht Deutschland im Vergleich?

Während Barbara Vogt (White Arkitekter), die „fundamental unterschiedlichen Voraussetzungen für Architektinnen in Deutschland und in Schweden" anspricht, gehen die filmischen Beiträge aus England (*She Draws: She Builds*) und der Schweiz (*Her Stories*) dem auf sehr persönliche Art und Weise nach. Zudem zeigt sich, dass auf nationaler Ebene mittlerweile einige Frauen in den oberen Präsenzrängen auftauchen, dass sie über die Landesgrenzen hinaus, auf internationaler Ebene, aber kaum zu finden sind. Hier setzen das Buch *Diversity in Architecture* und die Online-Plattform WiA Europe als Zusammenschluss von europäischen Planerinneninitiativen an. Ziel ist es, WIA-Initiativen zu vernetzen, Planerinnen vorzustellen und so den Blick auf sie zu lenken. Schlussendlich zeigen uns der Blick nach Schweden und die gezeigten Ansätze während des Festivals, dass es Mittel und Wege für mehr Diversität in der Baukultur gibt. *Let's do it!*

ELKE DUDA

SCHWEDEN – EIN *ROLE MODEL*?

Barbara Vogt

Ich wünschte, dass es keinen Bedarf mehr gäbe, an dieser Stelle von Frauen in der Architektur zu schreiben. Viel lieber würde ich über klimatneutrales Bauen und inkludierende Lebensräume schreiben. Das erste ist ein Hygienefaktor, den wir in Deutschland im 21. Jahrhundert längst erreicht haben müssten. Die anderen Dinge sind die wirklichen Herausforderungen unserer Zeit, die unserer ungeteilten Aufmerksamkeit bedürften.

Mein Referenzrahmen des Architektinnenberufes ist meine Wahlheimat Schweden und vor allen Dingen das Architekturbüro White Arkitekter, bei dem ich seit 2004 arbeite. Durch meine Arbeit als Head of Business Development Germany hatte ich in den letzten vier Jahren die Gelegenheit, die Verbindung nach Deutschland wiederzubeleben. Meine Erfahrungen zu den doch recht fundamental unterschiedlichen Voraussetzungen für Architektinnen in Deutschland und in Schweden haben mich ziemlich nachdenklich gestimmt und ich bin dankbar, dass ich mich vor über 20 Jahren – mehr aus Lust auf das Neue und einem Bauchgefühl heraus – für ein Leben im Norden Europas entschieden habe.

Zumindest bei einem großen Unternehmen wie White Arkitekter ist die *Gender Equality* so selbstverständlich, dass es sich banal anfühlt, die Statistiken überhaupt aufzuzählen. Sowohl bei den Mitarbeitern insgesamt als auch im Management und Vorstand pendelt das Verhältnis zwischen Männern und Frauen in einer Spanne zwischen 40 bis 60 Prozent, mal in die eine, mal in die andere Richtung. Mir ist erst im internationalen Zusammenhang so richtig klar geworden, wie erschreckend ungewöhnlich diese eigentlich Situation ist. Ich selbst bin heute nach sieben Jahren Büroleitung in einem unserer kleineren Büros mit circa 30 Mitarbeitern neben meiner Rolle im Business Development auch Innovation Coach, Vorsitzende des Board of Trustees und Mitglied des Vorstandes bei White Arkitekter.

Mein Mann ist Kinderarzt im Universitätskrankenhaus unserer Stadt. Als unsere Kinder klein waren, hat mein Mann etwas länger als ich die Betreuung unserer Kinder übernommen.

Um dies zu erreichen, erfordert es sowohl gesetzliche Voraussetzungen als auch eine Verankerung in der gesellschaftlichen und unternehmerischen Kultur. Von staatlicher Seite besteht dies vor allen Dingen aus der Elternversicherung, dem Steuer- und dem Schulsystem.

Im Jahr 1974 war Schweden das erste Land der Welt, das den geschlechtsspezifischen Mutterschaftsurlaub durch Elternzeit ersetzte. Die sogenannte Elternversicherung ermöglicht Paaren heute circa 1,5 Jahre Auszeit pro Kind, wobei jedem Elternteil die Hälfte der Tage zuseht. Da die Verteilung zwischen Müttern und Vätern sehr ungleich war, wurde in drei Schritten eine zunehmende Anzahl von Tagen unübertragbar gemacht. Heute sind dies 90 Tage, was dazu führte, dass 2020 immerhin 30 Prozent der Gesamttage von den Vätern in Anspruch genommen wurden.

Der zweite Baustein ist die Abschaffung des Ehegattensplittings in Schweden im Jahr 1971. Dieser Faktor trug dazu bei, dass Schweden heute mit 78,3 Prozent die höchste Frauenerwerbsquote in der EU hat.

Der dritte wichtige Baustein ist die Kinderbetreuung. In Schweden haben alle Kinder ab dem Alter von einem Jahr das Recht auf einen Kindergartenplatz, und über 90 Prozent aller über zweijährigen Kinder gehen in eine Kindertagesstätte. Im Vergleich dazu waren es in Deutschland 2020 bei den Ein- bis Zweijährigen 37,5 Prozent und bei den Zwei- bis Dreijährigen 64,5 Prozent.

Wie auch in Deutschland ist der Schulgang kostenlos. Neben dem kostenlosen Zugang zu Lernmitteln, die heute zudem Tablets und Laptops für jeden Schüler umfassen, gehören hierzu tägliche Schulmahlzeiten, was die Eltern zeitlich und finanziell entlastet.

Die gesetzlichen Voraussetzungen müssen jedoch durch eine entsprechende Kultur in den Unternehmen ergänzt werden. Es bedarf visionärer Führungspersönlichkeiten, die gerade in der Umbruchphase eine deutliche Vorreiterrolle übernehmen und Talente genderunabhängig fördern; ebenso wie weibliche Vorbilder. White Arkitekter hat heute mit Alexandra Hagen ihre zweite weibliche CEO nach einer langen Geschichte eher traditionell männlicher Geschäftsführer.

Frauen müssen aber auch bereit sein, die Chancen, die ihnen geboten werden zu ergreifen, und sich selbst zuzutrauen, mehr Macht und Verantwortung zu übernehmen. Für Architektinnen wird beruflich kein Weg daran vorbeiführen, selbst Büroeigentümerinnen zu werden. Denn nur in einer Führungsposition kann man Veränderungen wirklich vorantreiben, eine neue Kultur schaffen und neue Talente genderunabhängig fördern. White Arkitekter hat in diesem Zusammenhang zumindest für mich die optimalen Voraussetzungen vorgehalten.

Das Büro mit seinen ungefähr 800 Mitarbeitern ist komplett in Mitarbeiterhand. Jeder Angestellte kann Aktien erwerben. Die circa 120-köpfige Partnergruppe besitzt die Mehrheit der Aktien und steuert damit die langfristige Entwicklung des Unternehmens. Gemeinsam beschlossene *Policys* stellen dem Vorstand die erforderlichen Vorgaben für wichtige Unternehmensentscheidungen, zum Beispiel die langfristigen Entwicklungsziele und die Verwendung des Gewinnes, den wir zu einem nicht unbedeutenden Teil in Forschung, Innovation und die Kompetenzentwicklung unserer Mitarbeiter investieren. Diese Art des gemeinschaftlichen Firmenbesitzes wäre auch für neue Büros ein Weg, um eine Gründung mit einer vernünftigen Work-Life-Balance zu kombinieren.

© White Arkitekter

Auch in Schweden arbeiten trotz guter Voraussetzungen immer noch mehr Frauen als Männer in Teilzeit, bleiben die Mütter länger als die Väter mit den Kindern zu Hause und leisten Frauen mehr Arbeit im gemeinsamen Haushalt. Es gilt, auf beiden Seiten ein Selbstverständnis zu entwickeln, sich dies noch fairer zu teilen.

Die erfolgreiche Vereinbarung von Familie und Beruf ist auch in einer perfekten Welt keine einfache Aufgabe, aber das Beispiel Schweden zeigt, dass dies unter den richtigen systematischen Voraussetzungen und vor allen Dingen mit dem richtigen gesellschaftlichen Mindset durchaus möglich ist.

Die Einführung des Elterngeldes in Deutschland war ein Schritt in die richtige Richtung. Es besteht also Hoffnung, dass die damit verbundenen gesellschaftlichen Veränderungen auch in der Realität ankommen werden, damit wir endlich unsere Zeit und Energie gemeinsam in die Bewältigung der wirklichen Herausforderungen unserer Welt stecken können – und als Planerinnen unser Wissen in die Gestaltung von Orten und Plätzen für alle fließen lassen können.

v.l.n.r.:
Viktor Sjöberg
Isabel Villar
White Arkitekter

HABEN FRAUEN IN DER ARCHITEKTUR (K)EINE GESCHICHTE?

Eduard Kögel

In dem 1980 herausgegebenen Buch *Contemporary Architects* wurden 400 damals noch lebende Architekten und ihr Werk vorgestellt: neun davon Architektinnen sowie zwei Landschaftsarchitektinnen. Das *Lexikon der Weltarchitektur*, 1987 in einer zweiten, umfassend überarbeiteten deutschen Neuausgabe von Pevsner, Honour, Fleming herausgegeben, benennt ungefähr 1100 Architekten der letzten 500 Jahre. Dazu kommen eine Architektin (Gae Aulenti, 1927–2012) sowie zwei „Ehefrauen" (Alison Smithson, 1928–1993, und Denis Scott Brown, *1931). „Natürlich" werden keine Architektinnen aus Asien oder Afrika genannt. Haben Architektinnen überhaupt (k)eine Geschichte?

Bis heute spielen in vielen wichtigen Übersichtspublikationen zur Architekturgeschichte Frauen eine sehr marginalisierte Rolle. Zwar werden Eileen Gray (1878–1976), Charlotte Perriand (1903–1999) oder Lina Bo Bardi (1914–1992) in Ausstellungen und Publikationen gewürdigt, aber wie viele Architektinnen wurden aus unterschiedlichsten Gründen nicht dokumentiert oder diskutiert? Wie viele harren einer gesellschaftlichen Anerkennung und wissenschaftlichen Aufarbeitung? Ich nenne im Folgenden ein paar Gestalterinnen, die mit ihren Beiträgen auch als Vorbilder taugen und deren Werk ohne Weiteres neben dem der männlichen Großmeister der Moderne besteht – und man hätte sie auch schon in den 1980er Jahren in die oben genannten Bücher aufnehmen können.

Die Katastrophe des deutschen Nationalsozialismus zwang viele jüdische und oppositionelle Menschen zur Flucht. Mit den Architekten in der Emigration, vor allen in den USA (die gar nicht mehr beim Namen genannt werden müssen), kann man Bücherregale füllen. Aber es flohen auch Frauen, deren Arbeit bis heute gar nicht oder viel zu wenig diskutiert ist. Eine davon ist die Landschaftsarchitektin Cornelia Hahn Oberlander (1921–2021), die 1939 mit ihrer Familie aus Deutschland in die USA emigrieren musste. 1947 schloss sie in Harvard mit einem Master ab und gründete 1953 in Vancouver ihr eigenes Büro. In Zusammenarbeit mit Arthur Erickson, Louis Kahn, Renzo Piano und Moshe Safdie entwarf sie Freiräume, die sich mit Rücksicht auf das Klima in den sozialen Kontext fügen. Ihr Beitrag zu einer selbstverständlichen, humanen Raumgestaltung ist herausragend. Deshalb vergibt die Cultural Landscape Foundation in Washington DC seit 2021 alle zwei Jahre in Anerkennung ihres Lebenswerkes einen nach ihr benannten Preis.

Über Erica Mann (1917–2007) ist hingegen bislang weit weniger bekannt. In Wien geboren, wuchs sie in Bukarest auf und studierte in Paris. Wegen ihrer jüdischen Herkunft floh sie 1940 mit ihrem Ehemann nach Kenia, wo sie bis zu ihrem Lebensende blieben. Erica Mann engagierte sich in der Stadtplanung in Nairobi und war unter vielen anderen Aktivitäten mitbeteiligt an der Gründung von zwei Fachmagazinen, *Build Kenya* und *Plan East Africa*. Ab 1960 arbeitete auf der anderen Seite des afrikanischen Kontinents, in Ghana, die Architektin Hannah Schreckenbach (*1932). Sie studierte bis Mitte der 1950er Jahre in Dresden und Karlsruhe, und ging für ein Postgraduierten-Studium nach London. In Ghana blieb sie 22 Jahre und war in viele Wohn- und Infrastrukturbauten involviert sowie von 1970 bis 1972 mit der Erweiterung und dem Umbau des Parlaments in Accra betraut.

C.H. Oberlander, Museum of Anthropology, Vancouver, © Eduard Kögel

Wang Chiu-Hwa, Bibliothek, Taiwan, © Archiv des M+

In Asien gab es Architektinnen, die teils in Europa oder den USA ausgebildet worden waren und, zurück in ihrer Heimat, ganz wesentliche Impulse für die Architekturentwicklung gaben.

Minnette de Silva (1918–1998) war die erste sri-lankische Architektin. Sie gilt heute als Vordenkerin einer an das tropische Klima angepassten Architektur. 1945 war sie in Bombay an der Gründung des Magazins *MARG* der Modern Architectural Research Group beteiligt, das sich mit den Ideen der Moderne auseinandersetzte. 1948 wurde sie als erste asiatische Frau vom Royal Institute of British Architects als assoziiertes Mitglied aufgenommen. Sie studierte an der AA in London und nahm 1947 am CIAM-Kongress in Bridgewater teil. Zurück in Sri Lanka betrieb sie ihr Büro alleine und musste die männlich domminierte Bauwirtschaft von ihren Ideen überzeugen.

Als die pakistanische Architektin Yasmeen Lari (*1942) 1964 von ihrer Ausbildung in Großbritannien zurückkam, eröffnete sie direkt ein eigenes Büro in Karatschi. Damals gab es in Pakistan zwölf ausgebildete Architekten – sie war die erste Architektin. In den folgenden Jahren betrieb sie erfolgreich ein Büro, das bedeutende Bauten realisieren konnte. Schon im Ruhestand, setzte sie sich nach einer verheerenden Flut 2010 für die Ausbildung von „Barfußarchitekten" ein, die mit traditionellen Mitteln und optimierter Technik selbst ihre Häuser bauen können.

In Taiwan gab es 1962 unter den 274 Architekten sieben Frauen. Eine davon war Xiu Zelan (Hsiu Tze-Lan, 1925–2016), die in Chongqing studiert hatte und Ende der 1940er Jahre nach Taiwan ging, um bei der Bahnverwaltung zu arbeiten. 1956 machte sie sich selbstständig und realisierte gestalterisch sehr unterschiedliche Projekte, für die sie sowohl traditionelle Elemente als auch expressionistische Formen miteinbezog.

Wang Chiu-Hwa (1925–2021) studierte ebenfalls in Chongqing und ging zu weiteren Studien in die USA, wo sie 1949 ihren Master erhielt. Von 1953 bis 1979 arbeitete sie mit dem amerikanischen Architekten Percival Goodman zusammen, bevor sie nach Taiwan zog und dort als die „Mutter der Bibliotheken" in die Geschichte einging.

Alle genannten Architektinnen haben ein Œuvre vorzuweisen, das weit über den lokalen Kontext hinaus für den Diskurs über architektonische und gesellschaftliche Fragen bedeutsam ist. Während in den letzten Jahren ihr Werk durchaus in einzelnen Aspekten dokumentiert und in wissenschaftlichen Auseinandersetzungen verhandelt wurde, fehlen sie immer noch in den großen Übersichtsdarstellungen. Um das zu ändern, braucht es weitere Anstrengungen, um die Nachlässe zu sichern; und auch in den Hochschulen muss man sich mehr mit Architektinnen im globalen Kontext befassen, um so die Baugeschichte zu bereichern und zu diversifizieren. Nur dadurch entstehen neue Vorbilder, die jenseits formaler Kriterien die Architekturgeschichte aus neuen Perspektiven beleuchten und somit ihren Beitrag leisten im gegenseitigen Verständnis, das heute auch nicht mehr von nachkolonialer Ignoranz geprägt sein darf.

Xiu Zelan, Kirche, Taiwan, © unbekannt

Hannah Schreckenbach, Parlament Accra, © Schreckenbach

© Cathrin Urbanek
© Cathrin Urbanek

DIALOGRAUM

AKTEUR:INNEN
Bundesarchitektenkammer BAK
Architects Council of Europe ACE

Gender Equality in Europe

Wie ist die Situation der Gleichstellung in der Architektur auf europäischem Niveau und welche Maßnahmen können grenzüberschreitend ergriffen werden, um eine Gleichstellung zu erreichen? Diese Fragen und Lösungsansätze wurden am Nachmittag des *European Day* diskutiert. So stellten Ursula Faix die Arbeit der Task Force Women in Architecture (WinA) des Architects Council of Europe (ACE), Tina Unruh die Arbeit der Projektgruppe Chancengleichheit der Bundesarchitektenkammer (BAK) und Iris Wex das durch Erasmus+ geförderte Projekt „YesWePlan!" vor.

Der Architects Council of Europe (ACE) in Brüssel ist eine 1990 gegründete Non-Profit-Organisation. Sie vertritt über 600.000 Architektinnen und Architekten in 30 europäischen Ländern, darunter auch Nicht-EU-Mitgliedsstaaten. Die Hauptziele sind: Förderung der Architektur in Europa; Förderung der architektonischen Qualität und der nachhaltigen Entwicklung in der gebauten Umwelt; Gewährleistung hoher Qualifikationsstandards; Engagement für Qualität in der Architekturpraxis; und die Förderung der grenzüberschreitenden Zusammenarbeit. Um seine Hauptziele zu verfolgen, hat der ACE Arbeitsgruppen eingerichtet. Derzeit gibt es zwölf ACE-Arbeitsgruppen, WinA ist eine davon. Warum eine Arbeitsgruppe Frauen in der Architektur? Es ist allgemein bekannt, dass, obwohl mehr als 50 Prozent Frauen Architektur studieren, es nur 10 bis 20 Prozent schaffen, Architektin, Professorin, Dekanin zu werden. Diese Zahlen werden auch durch die neueste ACE-Sektorstudie belegt, die nicht nur ein Geschlechtergefälle, sondern auch ein Lohngefälle aufzeigt.

ZIEL UND ENTSTEHUNG DER WinA

Ziel der Arbeitsgruppe ist es, Mittel und Wege zu finden, um alle geschlechtsspezifischen Unterschiede bei Architektinnen zu schließen. Das bedeutet, die Sichtbarkeitslücke, die Lohnlücke, die Klischeelücke und die Wertelücke zu schließen. Wichtig für mich persönlich ist der Fokus auf die Vorteile der Inklusion und dass Geschlechtergerechtigkeit die Lösung zum Erreichen von Zielen ist. Umfangreiche Studien zeigen, dass gemischte Teams besser abschneiden. Deshalb zahlt sich die Förderung von Frauen aus und steigert den Unternehmenswert. Es ist also ein kluger Schachzug, die Vielfalt in Ihrem Büro, in Ihrem Institut, in Ihrem Team zu erhöhen.

AKTUELLE SITUATION DER WinA
Nach der Entwicklung der „Women in Architectur Policy" der Arbeitsgruppe konzentrieren wir uns auf die Umsetzung eines praxisorientierten Tools, das digital verfügbar sein wird. Der Arbeitstitel: „100 Dinge, die Sie tun können, um Gerechtigkeit und Vielfalt in der Architektur zu fördern. Als Chef, als Mitarbeiter, als Dekan, als Fakultätsmitglied, als Unternehmer, als Elternteil, als Bürgerin und Bürger".
URSULA FAIX

YesWePlan!

Die Bundesarchitektenkammer (BAK) ist Projektpartnerin des von europäischen Institutionen im Rahmen des Programms Erasmus+ geförderten Projektes „YesWePlan!". Das Projekt behandelt das Thema der Gleichstellung der Geschlechter in den Bereichen Architektur und Ingenieurwesen. Es startete im November 2019 in Ljubljana, Slowenien, und endete im April 2022 mit einer Abschlussveranstaltung in Wien, Österreich.

„YesWePlan!" setzt sich aus vier Projektelementen zusammen: nationalen Länderanalysen, einer Sammlung von Best-Practice-Beispielen, der Entwicklung und Anwendung eines Karriereverfolgungssystems und dem Verfassen von politischen Empfehlungen. Um die aktuelle Situation zur Gleichstellung der Geschlechter in den Partnerländern abzubilden und miteinander vergleichen zu können, stellte die BAK in Zusammenarbeit mit den weiteren Projektpartner*innen – BKZT (Österreich), ZAPS (Slowenien), UPV (Spanien), ARVHA (Frankreich) und OXYS (Deutschland) – ein Datenerhebungsformular zusammen. Darin wurden Daten zu Studium, Berufsausübung, Gender-Pay-Gap, Entgelttransparenz, zu nationalen Gesetzgebungen hinsichtlich Kinderbetreuung und Gleichstellung der Geschlechter, zu Förderung von Frauen in technischen Berufen, Arbeitsmodellen, Berufsentwicklung und zu Initiativen zur Förderung der Gleichstellung gesammelt.

TEILNEHMER:INNEN
Ursula Faix
Vorsitzende ACE, Task Force „Women in Architecture" WinA
Projektgruppe Chancengleichheit der BAK
Tina Unruh
Projektgruppe Chancengleichheit der BAK
Dr. Tillman Prinz
Bundesgeschäftsführer BAK
Katja Domschky
Vizepräsidentin AKNW,
1. Vorsitzende ai nw
Olivia Schimek-Hickisch
Architektin
Andrea Gebhard
BAK-Präsidentin
Iris Wex
Innenarchitektin, BAK

Prof. Ralf Niebergall (Moderation)
BAK-Vizepräsident

Für die Zusammenstellung der Best-Practice-Beispiele hat die BAK vier Projekte identifiziert, die aufzeigen, wie Frauen bereits von der Schulzeit an bis zur Berufstätigkeit für die Architektur und das Ingenieurwesen gewonnen und im Studium, im Berufseinstieg und in der Karriereentwicklung unterstützt werden können. Diese sind: „Open:MINT" (Hochschule Wismar), „ai nw" (Architektinnen Initiative Nordrhein-Westfalen), „PIA Perspektiven" (PIA Hamburg) und „Frau Architekt. Seit mehr als 100 Jahren: Frauen im Architekturberuf" (Museum der Baukultur Nordrhein-Westfalen).

Um zu dokumentieren, wie berufliche Laufbahnen bei Männern und Frauen verlaufen und welche Ungleichheiten in den Möglichkeiten, sich beruflich zu verändern und Karriere zu machen, noch heute bestehen, haben die Projektpartner*innen ein Mess- und Verfolgungssystem der Berufsentwicklung erstellt. Dieses besteht aus einem Onlinetool und persönlich geführten Interviews.

v.l.n.r.:
Iris Wex
Olivia Schimek-Hickisch
Tina Unruh
Prof. Ralf Niebergall

Ferner hat die BAK dazu beigetragen, ein Netzwerk aus Expert*innen aufzubauen, um die Thematik der Ungleichheit der Geschlechter in der Architektur und im Ingenieurwesen hervorzuheben und um das Projekt mit seinen Maßnahmen und Ergebnissen zu verbreiten. Die Auswertungen der Projektelemente bildeten die Grundlage für die Formulierung von Empfehlungen und die Entwicklung konkreter Maßnahmen zur Chancengleichheit, die sich an Politik, Arbeitgebende, Schulen/Universitäten, Kultureinrichtungen und Berufskammern richten.
IRIS WEX

© Elke Seipp

DIALOGRAUM

AKTEURE
WiA Europe
n-ails e.V.

ORGANISATORINNEN
Elke Seipp
WiA Europe
Elke Duda
WIA Berlin

Die Idee von WiA Europe ist ein digitales Netzwerk: für *Women, in Architecture*, in *Europe*. Ein virtueller Ort der Begegnung für Planerinnen und lokale Initiativen, ein Forum für internationales Netzwerken, eine co-kreative Plattform für den Austausch von Wissen und Informationen, ein Raum für Kooperationen. Kreative Köpfe und AuftraggeberInnen finden hier zueinander. WiA Europe schafft Vorbilder für die junge Generation und stärkt die Sichtbarkeit des Wirkens und des kreativen Potenzials von Frauen – für mehr Diversität und Qualität in der Architektur.

Create WiA Europe!

WiA Europe ist ein gemeinsames digitales Forum für planende Frauen im Bereich der Architektur, die an die kulturelle Vielfalt und Energie Europas glauben. Sie bietet AuftraggeberInnen und Institutionen eine breite Vielfalt auf der Suche nach Planerinnen.

ANLASS – Seit mehr als zehn Jahren treffen sich Planerinnennetzwerke europaweit zu Symposien, Exkursionen, Festivals – so wie auch zum Festival *Women in Architecture* (WIA) in Berlin 2021! Im direkten fachlichen und persönlichen Austausch entstehen neue Ideen, berufliche Beziehungen, gemeinsame berufspolitische Ziele. Diese verbindenden Begegnungen waren die Triebfeder dafür, eine digitale Plattform zu schaffen. Die Initiative *WiA Europe* wurde 2019 in Hamburg gegründet, mit der LinkedIn-Gruppe Women in Architecture Europe wurde 2021 ein erstes digitales Austauschformat gestartet. Viele Netzwerke, Institutionen und Architektinnen aus dem europäischen Raum begeistern sich für dieses Projekt und geben ihm mit ihrem kreativen Input Gestalt. Die Entwicklung von *WiA Europe* ist als offener kollektiver Prozess konzipiert. Gesucht werden weitere Akteurinnen, die den Aufbau von *WiA Europe* aktiv mitgestalten.

ZIEL – Angestrebt werden die Vernetzung von Planerinnen und die Stärkung der Sichtbarkeit des Wirkens und kreativen Potenzials von Frauen in der europäischen Architekturlandschaft, für mehr Diversität und Qualität.

DISKUSSION IM RAHMEN VON SYMPOSIEN – Eine gemeinsame Vorgeschichte verbindet die Teilnehmerinnen der Initiative. Aufgrund positiver Erfahrungen beim Austausch und Kennenlernen im Rahmen von europäischen Netzwerktreffen in Österreich, der Schweiz, Großbritannien und Deutschland und spannender berufspolitischer Treffen wurde viel über gemeinsame Publicity-Strategien und verschiedene kulturelle und politische Rahmenbedingungen für Frauen in der Architektur diskutiert. Auch ein Studium oder eine berufliche Zusammenarbeit in einem kulturell vielfältigen internationalen Kontext wird als sehr bereichernde Option empfunden.

WiA EUROPE VERNETZT AUF PERSÖNLICHER EBENE IM BERUFLICHEN KONTEXT – Die Filme *Her Stories* und *She Draws : She Builds* zeigen eindrücklich, wie wichtig es für Frauen ist, sich über positive wie negative Erfahrungen im Berufsalltag auszutauschen, um sich gegenseitig mögliche Wege aufzuzeigen, in ihrem Berufsumfeld erfolgreich zu sein.

WiA EUROPE VERNETZT AUF BERUFSPOLITISCHER EBENE – Durch die Mitwirkung und das Engagement von mehr Frauen in den berufspolitischen Gremien ist eine deutliche Veränderung in der Diversität der Architekturlandschaft zu verzeichnen.

WiA EUROPE MACHT SICHTBAR UND IST ZUGÄNGLICH – Das Wirken und das kreative Potenzial von Architektinnen werden sichtbar über die Sammlung von Projekten, die Präsentation von Inhalten und die Profile der Mitglieder. Es wird eingeladen zum Diskurs und zur Zusammenarbeit mit AuftraggeberInnen, Hochschulen, Institutionen, Verwaltung, Politik.

WiA EUROPE ONLINE – Die Nutzung der Kommunikationslandschaft über das Internet und die sozialen Medien hat einen maßgeblichen Anteil an dem breiteren und internationaleren Diskurs mit anderen Gruppen und bewirkt eine größere Reichweite in der Öffentlichkeit. Vielfältige Erfahrungen und Best-Practice-Formate aus den lokalen nationalen Netzwerken fließen in den Aufbau der Struktur von *WiA Europe* ein (Organisation: WIA Berlin 2021 / n-ails e.V.; Kommunikation über Social Media und Filmprojekt: WiA UK; Netzwerktreffen: Auf Kurs / On Course Hamburg 2019 / PIA Hamburg + wia hamburg; Porträtreihe Architektinnen- und Expertinnendatenbank: Frau und SIA; World Map: RebelleArchitette etc.).

ERGEBNIS – Beim Europäischen Netzwerktreffen 2019 in Hamburg wurde der Grundstein für *WiA Europe* gelegt. Die Vertreterinnen der hier genannten Netzwerke sind Mitgründerinnen der Initiative und werden diese als Partnerinnen beziehungsweise als Kooperationspartnerinnen weiterhin aktiv unterstützen. Über die Beantragung einer Förderung auf europäischer Ebene in 2022 wird die Finanzierung einer Website der *WiA Europe* verfolgt. Als schöner Ausblick und gemeinsames Ziel wird die Organisation eines WiA-Europe-Festivals angeregt.

CALL – Adressiert werden interessierte Netzwerke und Planerinnen im Bereich der Architektur aus dem gesamten europäischen Raum: „Gestaltet *WiA Europe* aktiv mit! Wir freuen uns darauf, Euch kennenzulernen!"

v.l.n.r.:
Elke Duda
Elke Seipp

Projektion WiA UK
Anna Schabel
Sarah Akigbogun

TEILNEHMERINNEN
Elke Seipp
Architektin
PIA e.V. Hamburg
Initiatorin WiA Europe
Elke Duda
Architektin
WIA Berlin

© Elisa Florian

DIALOGRAUM

AKTEUR:INNEN
Frau und SIA
International
n-ails e.V.

Frau und SIA (CH)

Der Austausch von Frauen in der Baubranche zeigt, wie viele der Herausforderungen auf strukturelle und nicht persönliche Schwierigkeiten zurückzuführen sind. Das Netzwerk Frau und SIA wurde aus den Erfahrungen der vielen Frauen in der Baubranche heraus gegründet. Welche Vorteile es hat, sich zu vernetzen, zeigt auch der besprochene Schweizer Film *Her Stories*. Zusätzlich soll durch das Netzwerk der Frauenanteil in technischen Berufen erhöht werden. Doch bei der Berufswahl von Mädchen fehlen oft die weiblichen Vorbilder.

Die Teilnahme am Festival *Women in Architecture* (WIA) bot für die Projektgruppe Frau und SIA International die Gelegenheit, das Schweizer Netzwerk Frau und SIA und seine Geschichte vorzustellen. Wie viele Frauen in der Baubranche beschreibt die Architektin und spätere Präsidentin des Netzwerks, Beatrice Aebi, wie geschockt sie war, als sie die Schwangerschaft mit ihrem ersten Kind ihrem damaligen Arbeitgeber bekanntgab und dies die Geschäftsleitung dazu veranlasste, ihr die Führungsposition zu entziehen. Der Austausch mit anderen Frauen zeigte ihr, dass sie mit dieser Erfahrung nicht allein war, und überzeugte sie von der Notwendigkeit, sich zu vernetzen.

Die Gründung des Netzwerks 1997 erfolgte im Rahmen des Förderprogramms „Frau am Bau". Aus diesem ging 2003 die durch die Architektin Maya Karácsony initiierte Arbeitsgruppe Frau im SIA beim Schweizerischen Ingenieur- und Architektenverein (SIA) hervor. Nach der Bildung einer Spezialkommission, Frau und SIA, ab 2007 mit Beatrice Aebi als Präsidentin, endeten die Diskussionen um die Rolle der Kommission innerhalb des SIA nicht. Erst mit der Gründung des Netzwerks Frau und SIA und der Aufnahme in die Statuten des SIA im Mai 2014 konnte mit der Umsetzung der Ziele begonnen werden.

Die strategischen Ziele von Frau und SIA sind, bis 2024 das Netzwerk zu konsolidieren, es auszubauen und sich mit anderen Organisationen zu verknüpfen, Kinder und Jugendliche für die Wahl eines technischen Berufes zu begeistern und den Frauenanteil im SIA zu erhöhen.

Das Netzwerk Frau und SIA hat die Aufgabe, den SIA in Bezug auf die Gleichstellung der Geschlechter zu beraten. Der SIA, gegründet 1837, vertritt als wichtigster und grösster Verband die Anliegen der Baubranche in der Schweiz. Es besteht keine Pflichtmitgliedschaft. Anders als in Deutschland und in Österreich gibt es in der Schweiz keine Architektenkammer, der Titel Architekt/Architektin ist nicht geschützt.

Der Gendergap und die *missing numbers* in der Schweiz sind wie in anderen europäischen Ländern ein bekanntes Phänomen. An der ETH Zürich liegt der Frauenanteil unter den Studierenden seit 2004 bei mindestens 43 Prozent. In der Arbeitswelt sind jedoch nur ein Viertel der Architekten Frauen.

Bei den Professuren in der Architekturabteilung bewegt sich der Frauenanteil um 21 Prozent, nur zehn von 46 Professuren sind weiblich besetzt. Das Ungleichgewicht zeigt sich auch im SIA. Über alle Berufsgruppen hinweg lag der Frauenanteil im SIA im Jahr 2003 bei 9 Prozent. Heute liegt er bei 16 Prozent. Während im Architekturstudium die Frauen und Männer etwa gleich stark vertreten sind, wählen Mädchen seltener einen Beruf in der Baubranche als Jungen. Mangelnde Vorbilder könnten ein Grund dafür sein. Die Berufskultur wird fast ausschliesslich von Männern geprägt.

Frauen auf dem Bau berichten jedoch, dass sie sich durch ihre männlichen Kollegen akzeptiert fühlen und ihr Selbstvertrauen und Durchsetzungsvermögen gestärkt werden. Frauen, die in den männlich dominierten Bereichen arbeiten, können zudem diese Strukturen mitgestalten und für ihre Bedürfnisse, zum Beispiel Teilzeitarbeit, einstehen. Die Vereinbarkeit von Beruf und Familie bleibt eine Herausforderung. Die Befriedigung, einen Beruf ausüben zu können, der einen täglich fordert und inspiriert, sollte jedoch auch für Frauen an erster Stelle bei der Berufswahl stehen.

Das Engagement des Netzwerks Frau und SIA in Bezug auf die internationale Vernetzung nahm 2015 mit der Tagung *Reisend Netzwerken*, an der unterschiedliche europäische Frauennetzwerke teilnahmen, seinen Anfang. Mit dem WIA-Festival in Berlin rücken Frauen aus der Baubranche ins Bewusstsein einer breiteren Öffentlichkeit. Das wiederum wird die Mädchen bei der Berufswahl beeinflussen. Frauen sind auf dem Weg, ihre Fähigkeiten zu nutzen – sei es, um Menschen zu verbinden, um in Teams zu arbeiten oder um Wissen und Sachverstand zu teilen. Dieses Kommunikationstalent wird zunehmend angewandt, und es entstehen interdisziplinäre Netzwerke, durch die sich Frauen in der Baubranche für das berufliche Fortkommen einsetzen. Nandita Boger, Katharina Marchal und Olympia Georgoudaki pflegen mit der Projektgruppe Frau und SIA International den Austausch und die Beziehungen mit europäischen Frauennetzwerken in Planung, Architektur und Ingenieurwesen.

ORGANISATORINNEN
v.l.n.r.:
Olympia Georgoudaki
Dipl. Architektin ETH/SIA
Nandita Boger
Dipl. Architektin ETH/SIA,
NAN Architektur GmbH,
Netzwerk Frau und SIA
Katharina Marchal
Dipl. Arch. SIA,
Fachjournalistin SFJ BR,
Netzwerk Frau und SIA

© Print Screen Instagram, Netzwerk Frau und SIA

© herstories

HER STORIES

DIALOGRAUM

AKTEUR:INNEN
HerStories
n-ails e.V.

***Her Stories* erzählt die kleinen und grossen Geschichten aus dem Arbeitsalltag von Architektinnen und Bauingenieurinnen. Der Film lenkt die Aufmerksamkeit auf das Alltägliche, auf jene Geschichten von Geschlechterdiskriminierung im Bereich der Architektur, die nur allzu schnell als unwichtig abgetan werden. Diese Geschichten zeigen, wie tief verankert geschlechtsspezifische Stereotypen sind.**

LIEBE ARCHITEKT*INNEN UND FREUND*INNEN – *Her Stories* ist eine öffentliche Sammlung von Geschichten aus dem Büroalltag, von Baustellen, Universitäten usw., in der wir die alltägliche Diskriminierung von Frauen in der Architekturszene aufzeigen. Das Filmprojekt entstand im November 2019 anlässlich der XII International Architectural Biennale of São Paulo, Brazil unter dem Titel *Everyday / Todo Dia*. Die Biennale war der Ausgangspunkt für ein fortlaufendes Projekt.

Die Kuratorinnen möchten mit dem Thema den Fokus auf die alltägliche, uns allen bekannte Architektur richten, welche nur zu oft als trivial, gewöhnlich oder gar hässlich angesehen wird. Doch ist es am Ende genau diese Architektur, sind es diese Räume, welche wir mit unserer alltäglichen Routine einnehmen und bespielen. Auch wir möchten unser Augenmerk mit unserem Projekt auf die Geschichten lenken, welche im Alltag nur zu schnell als unwichtig abgetan werden. Wir möchten das Alltägliche publik machen.

Die Diskussionen, die dadurch entstehen, sollen dazu anregen, sich weiterhin für Gleichstellung im architektonischen Umfeld einzusetzen und dabei auch die eigenen Stereotypen zu hinterfragen. Im besten Fall wird dies zu einer Veränderung der vorherrschenden Meinungen beitragen. Wir möchten mit diesen Geschichten nicht eine Opferrolle einnehmen, sondern lediglich ein vorhandenes Missverhältnis sichtbar machen.

AUFRUF – Die entstehenden Diskussionen sollen uns ermutigen, uns weiter für Gleichberechtigung nicht nur im architektonischen Umfeld, sondern in der Gesellschaft allgemein einzusetzen. Mit Ihrer und der Stimme anderer können wir eine sichere und wirkungsvolle Plattform kreieren, um dieses wichtige Thema hervorzuheben und dadurch einen gesellschaftlichen Wandel anzustoßen.

Als Protagonistin in Ihrem Bereich bitten wir Sie daher um Ihre Geschichte. Beschreiben Sie eine Situation, in der Sie das Gefühl hatten, aufgrund Ihres Geschlechts diskriminiert zu werden. Kein Vorfall von Diskriminierung, sei er noch so klein, ist unbedeutend im Kampf für die Gleichstellung der Geschlechter. Wir würden uns sehr über Ihren Beitrag freuen, der vertraulich behandelt und anonym publiziert wird. Für weitere Informationen zum Projekt besuchen Sie unsere Website herstories.ch. Als fortlaufendes Projekt werden wir weiterhin Erzählungen sammeln und den bestehenden Film stetig erweitern. Die Videoprojektion war von Februar bis Mai 2020 Teil der Ausstellung *Frau Architekt* im ZAZ Bellerive in Zürich und wurde hierfür um neue Geschichten ergänzt.

ORGANISATORINNEN
v.l.n.r.:
Janina Zollinger
Architektin MSc ETH
Cristina Bellucci
Architektin MSc ETH SIA
Anouk Schepens
Architektin MSc ETH SIA

Folgen Sie uns auf Instagram (@herstories_everyday) und Facebook (@herstoriesarchitecture).

© Foto Anke Illing

I am often asked if I am the client's wife. In fact, I am the construction site lead.

© herstories

Our male professor suggested female students simply drop out of university to give their male counterparts a better chance of passing.

© herstories

She Draws: She Builds, Poster, © Chloe Tayali

DIALOGRAUM

AKTEURE
WiA United Kingdom
n-ails e.V.

FILMVORSTELLUNG
Sarah Akigbogun
WiA UK, Studio Aki
Anna Schabel
Architektin, WiA UK
Wilton Studio Ltd

She Draws: She Builds, WiA UK

Anna Schabel und Sarah Akigbogun stellen ihren Dokumentarfilm *She Draws: She Builds* und die Arbeit von Women in Architecture United Kingdom (WiA UK) vor.

Women in Architecture United Kingdom (WiA UK) wurde in den 1950er Jahren als WAG (Women Architects Group) gegründet und läuft mit Unterbrechungen bis heute. WiA UK ist eine unabhängige Gruppe, aber mit dem Royal Institut of British Architects (RIBA) in beratender Tätigkeit verbunden. Über ihre Arbeit am Film kamen Anna Schabel und Sarah Akigbogun zu WiA UK. Seit 2018 leiten sie das Vorstandskomitee.

WiA UK bietet Architektinnen eine Plattform, um sich für Diversität und Gleichstellung zu engagieren. Das geschieht durch interdisziplinäre Veranstaltungen, Workshops, Kampagnen in den sozialen Medien und in Zusammenarbeit mit anderen Gruppen sowie durch Vorträge an Unis und auf Konferenzen. 2021 führte WiA UK eine Umfrage zum Thema der Zukunft der Frauen in der Architektur durch. Außerdem startete das erste Mentoring-Programm.

Der Film *She Draws: She Builds* basiert auf Interviews mit Frauen, die über ihr Leben in der Architektur sprechen. Im Film wird deutlich, dass es viele Arten gibt, die eigene Karriere zu gestalten. Gleichzeitig soll er inspirieren, sich mit Architektur zu beschäftigen und den eigenen Weg zu gehen. Menschen mit unterschiedlichem Hintergrund sollen ermutigt werden, sich einzubringen.

Der Film wird UK-weit und international gezeigt und diskutiert und ist Teil des Lehrplans der London Metropolitan University.

Die Diskussion besprach die unterschiedlichen Ansätze der vorgeführten Filme und forderte für die Zukunft, dass in zehn Jahren die Genderdebatte nicht mehr geführt werden muss und eine feministische Gesellschaft aus der Architektur heraus geschaffen wird.

© Anja Matzker
© WIA, Büsra Yeltekin

DIALOGRAUM

AKTEUR:INNEN
Dr. Ursula Schwitalla
Kunsthistorikerin,
Universität Tübingen
n-ails e.V.

TEILNEHMER:INNEN
Odile Decq
Architektin
Dr. Dirk Boll
Christie's London

Warum erhalten Architektinnen nicht die Anerkennung, die ihr Werk verdient? *Frauen in der Architektur* ist ein Manifest für die großartigen Leistungen von Architektinnen in Geschichte und Gegenwart sowie ihren wertvollen Anteil an der globalen Baukultur.

DIVERSITY IN ARCHITECTURE

Das im Rahmen des Festivals *Women in Architecture* (WIA) 2021 vorgestellte Buch entstand aus der gleichnamigen Vortragsreihe an der Universität Tübingen. Die Frage, die sich darin aufdrängt, ist: Warum dauerte es so lange, bis Frauen den Beruf ergreifen konnten und endlich darin Anerkennung erhielten? Gerade in der aktuellen Diskussion zu Diversität und Gleichberechtigung ist diese Publikation ein wichtiges Desiderat, das Antworten gibt.

Im ersten Teil wird der Blick auf die Pionierinnen gerichtet und in vier Einzelkapiteln werden herausragende Architektinnen wie Emilie Winkelmann, Eileen Gray, Lina Bo Bardi und Zaha Hadid gewürdigt. Im zweiten Teil zeigen aktuelle Analysen die heutige Situation von Frauen in der Architektur auf und beleuchten ihre strukturelle Benachteiligung in diesem männerdominierten Beruf. Schließlich wird die Arbeit von 36 Referentinnen an der Universität Tübingen mit ihrem jeweils selbst gewählten Projekt in Text und Bild dokumentiert. Wie können wir die bis heute anhaltenden Ungleichheiten für Architektinnen beseitigen? Seit den 1980er Jahren wurden weltweit lediglich 20 Prozent aller Preise für Architekt*innen an Frauen überreicht; auch gab es in Deutschland bisher keinen Architekturpreis für Frauen. Dies müssen wir ändern! Mit der Vorstellung von *Frauen in der Architektur* im Rahmen des WIA-Festivals konnten meine Kollegin Christiane Fath und ich unsere neu gegründete Non-Profit-Organisation Diversity in Architecture e.V. präsentieren. Unser Ziel ist es, im Jahr 2023 erstmalig einen internationalen Architekturpreis für Frauen auszuloben. Dazu wünschen wir uns Unterstützer*innen und Förder*innen für die Gleichberechtigung in der Architektur, aber auch die Wahrnehmung von *Role Models* für die junge Generation von Architektinnen. *BECOME MEMBER!*

ABSPANN

KURZPROFILE UND STATEMENTS WIA-AKTEUR:INNEN

Das Festival verdankt seinen außerordentlichen Erfolg den vielen Akteur:innen und deren Mitwirkenden. Durch ihr großartiges Engagement wurde das Festival zu einem Meilenstein der Baukultur!

Wir möchten sie an dieser Stelle benennen und würdigen:

INITIATOR UND FESTIVALMANAGEMENT

netzwerk von architektinnen, innenarchitektinnen, ingenieurinnen, landschaftsarchitektinnen und stadtplanerinnen – n-ails e.V.

n-ails e.V. ist seit 2004 im Bereich der Vernetzung und Stärkung von Frauen in der Architektur aktiv. Neben der Organisation von Exkursionen und Ausstellungen zu Projekten steht die Vereinigung bundes- und europaweit im Austausch mit Planerinnennetzwerken und setzt Impulse in der Berufspolitik.

*„Das Festival WIA ist unser nächster Baustein für mehr Gleichstellung in der Baukultur und ist für uns jetzt schon ein Erfolg, da es die erste gemeinsame Aktion und Positionierung von vielen Akteur*innen ist, um den Zielen einer paritätischen Baukultur und dem Umbau des Berufsbildes näher zu kommen. Seit 2004 setzt sich das Berliner Netzwerk von Architektinnen, Innenarchitektinnen, Ingenieurinnen, Landschaftsarchitektinnen und Stadtplanerinnen (n-ails) für Chancengleichheit und mehr Sichtbarkeit von Frauen in der Architektur ein. Wir eröffnen Diskussionen, starten Aktionen, machen Berufspolitik und entwickeln Kampagnen die bereits ein Umdenken in der Berliner Architektenschaft bewirkt haben."*

n-ails war treibende Kraft von WIA Berlin 2021 und übernahm die Organisation sowie Koordination des Festivals. Die im Folgenden genannten Mitwirkenden haben durch ihr persönliches Engagement wesentlich zum Gelingen des gesamten Festivals beigetragen:

Barbara Biehler
Biehler Architektur

Das Büro Biehler Architektur versteht sich – im Interesse der Bauherrenschaft – als Berater, Planer und individuelle Begleitung im Prozess der Realisierung von Bauvorhaben. Als schwerpunktmäßiges Tätigkeitsfeld haben sich Bauvorhaben aus dem Bereich Kultur und Denkmalschutz entwickelt. Darüber hinaus werden auch sämtliche klassische Bereiche der Architektur in allen Leistungsphasen der HOAI abgedeckt.

Nerine Buhlert
Selbstständige Architektin

Architektursstudium an der HdK Berlin und diverse Wettbewebserfolge (mit Tillmann Wagner). Sie ist auf Altbausanierung, Innenarchitektur sowie sozialverträgliche Projektentwicklung spezialisiert und hat Erfahrung in der soziokratischen Organisation von Gemeinschaftswohnprojekten.

Dagmar Chrobok-Dohmann
architektur dagmar chrobok-dohmann

Ausgebildet als Möbeltischlerin, wirkt sie seit 1996 als selbstständig freie Architektin. Ihr Büro in der Nähe von Potsdam legt besonderen Wert auf bauökologische Gebäudesanierung. Neben der klassischen Architektur trägt sie überregional bei zu der Entwicklung und Umsetzung eines ganzheitlichen architektonischen Ansatzes in künstlerischen Projektarbeiten, in der Architekturvermittlung und in Arbeitsgruppen der Berufskammer für Öffentlichkeitsarbeit und Gleichstellung.

Elke Duda
Architektin, Projektmanagerin

Spezialisiert auf das Gebiet des nachhaltigen und energieeffizienten Planens und Bauens arbeitet sie seit 25 Jahren als Architektin. Über die Gründung von n-ails hinaus setzt sie sich seit 20 Jahren für mehr Präsenz von Frauen in der Baukultur ein und ist aktuell Mitglied der Vertreterversammlung der Architektenkammer Berlin. Von 2018 bis 2021 initierte und koordinierte sie das WIA-Festival Berlin 2021. 2022 wurde sie als außerordentliches Mitglied in den Bund Deutscher Architektinnen und Architekten (BDA) berufen.

Hannah Dziobek
Studentin

Sie studiert aktuell im Bachelor Architektur und Städtebau an der FH Potsdam. Neben dem Studium hat sie am WIA-Festival und der dazugehörigen Publikation mitgearbeitet, ist in diversen Hochschulgremien aktiv und war im vergangenen Jahr Deutschlandstipendiatin der FH Potsdam. Gemeinsam mit Kommiliton:innen hat sie an der FH Potsdam das Kollektiv perspektiv;wechsel gegründet, welches sich für diversere Perspektiven und Gleichstellung einsetzt und beispielsweise Vortragsreihen organisiert.

Jutta Feige
Architektin, angestellt im öffentlichen Dienst

Studium in Aachen und Venedig, seit gut 30 Jahren in der Denkmalpflege tätig, als Projektleiterin im Architekturbüro und bei der Deutschen Stiftung Denkmalschutz zuständig für die Grundinstandsetzungen des Bodemuseums in Berlin und des Schlosses Altdöbern im Land Brandenburg. Als Bauherrenvertreterin bei der Stiftung Preußische Schlösser und Gärten in Potsdam verantwortlich für das neue Besucherzentrum an der Historischen Mühle im Park Sanssouci. Kammermitglied seit 1999, aktives Mitglied von n-ails e.V. seit 2014.

Gabriele Fink
Gabriele Fink. Architektur

Architektin mit eigenem Büro seit 1994. Schwerpunkte: Kinder- und Jugendeinrichtungen, Kulturbauten, Denkmalschutz, Bauen mit öffentlichen Fördermitteln. Wichtigster Leitsatz: Architektur für Menschen, die sich auf den jeweiligen Ort oder das Bauwerk bezieht. Weitere Tätigkeiten: Urban Sketching und Illustration von Kinderbüchern und Kolumnen. Seit 2004 Mitglied von n-ails e.V., seit 2005 Vorstandsmitglied.

Milena Haendschke
Absolvent*in Architektur und Städtebau, freiberufliche Bildungsreferent*in

Sie war 2021 Absolvent*in (BA) im Bereich Architektur und Städtebau an der FH Potsdam. Seitdem ist sie in verschiedenen Stadtentwicklungsprojekten und als (politische*r) Bildungsreferent*in für Kinder und Jugendliche tätig. „Die deutsche Baukultur braucht auch Erwachsenenbildung! Das Festival war ein erster Schritt in Richtung Gendergerechtigkeit, bei der es in Zukunft noch viel mehr darum gehen muss, der Vielfalt aller Geschlechter Sicherheit, Visibilität und Handlungsspielraum im öffentlichen Raum zu garantieren."

Elke Hobmeyr
HOBMEYR. Architektur.Design.Kommunikation

Seit über 20 Jahren erarbeitet Elke Hobmeyrs Büro Lösungen im Spannungsfeld von Architektur und Design. Das Spektrum umfasst Neubau und Umbau in allen Leistungsphasen der HOAI. Mit einer interdisziplinären Arbeitsweise werden Planungen aus einem anderen Blickwinkel betrachtet. Innovative, kluge und kostensensitive Lösungen für die jeweilige Aufgabenstellung entwickeln sich daraus. Im Vordergrund steht immer die einzigartige Lösung für die Kunden. „Die Architektur benötigt diese weibliche Sicht."

Lara Hoppestock
Studentin

Sie studiert an der FH Potsdam Architektur und Städtebau. 2021 arbeitete sie am WIA-Festival mit. Nach einem Auslandssemester in Venedig gründete sie Anfang 2022 mit weiteren Kommiliton*innen an der FH Potsdam das Kollektiv perspektiv;wechsel, welches sich für mehr Vielfalt in und auch außerhalb der Lehre einsetzt. Zusammen organisierten sie etwa eine Gastvortragsreihe. Aktuell ist sie auch Deutschlandstipendiatin der FH Potsdam.

Larissa Kirchmeier
Architektin, Dipl. Farbgestalterin

Ausbildung als Bauzeichnerin, Studium der Architektur in Hamburg, Aufbaustudium der Farbgestaltung in Salzburg. Tätig als angestellte Architektin mit Spezialisierung auf Krankenhausbau. Erfahrungen im Wohnungsbau, im Bereich Denkmalschutz und Sanierungsprojekte. Seit 2016 im Vorstand von n-ails e.V.

Ramona Kai Knöfel
Knöfel Stadtbau Architekten

Das Büro kreiert attraktive, private und öffentliche Räume, in denen wir uns generationenübergreifend begegnen möchten und die zum Verweilen einladen.

Mathilde Kocher
Tragwerksplanerin

Studium Bauingenieurwesen an der BTU Cottbus, Master in Lyon, seit 2003 angestellt tätig, seit 2006 bei CMIB (Erstellung statischer Berechnungen, Schal- und Bewehrungsplanung für Neubau und Bauen im Bestand, Projektleitung). Seit 2019 ist sie Mitglied von n-ails e.V., seit 2020 im Vorstand, seit 2022 Schatzmeisterin.

Gudrun Ludwig
Gudrun Ludwig L.S Architekten

Diplomabschluss an der TU Berlin und der Münster school of architecture. Arbeit in diversen Architektur Büros, u.a. Stirling & Wilford Associates. Seit 1992 freischaffende Architektin. 2004 Gründung von L.S Architekten mit Mirjam Schwabe (bis 2014). Mitglied der Architektenkammer Berlin und Gründungsmitglied von n-ails e.V. Projekte: Umbau, Ausbau, Erweiterung von Wohnhäusern und 30 Kindertagesstätten, davon 15 in den Leistungsphasen 1–9. Aktuell im Bereich Interieur Design beratend sowie als ausführende Architektin tätig.

Samar Maamoun
Netfrei Webdevelopment

Studium der Elektrotechnik an der TU Berlin mit Schwerpunkt Software Engineering. Die Erfahrung durch diverse Anstellungen als Programmiererin für das Internet ermöglichte ihr die spätere Selbstständigkeit. Seit 2008 entwickelt sie Webapplikationen, Internetpräsenzen, Lernportale und Online-Shops. Progammierung der Website wia-berlin.de

Anja Matzker
MATZKER Kommunikations- und Grafikdesign

Sie studierte Kommunikationsdesign in Mannheim und arbeitete u.a. in Düsseldorf, Paris und Berlin; seit 2001 hat sie ein eigenes Grafikdesignbüro. Für WIA Berlin 2021 entwickelte sie das Corporate Branding – das Logo, die Website und die Publikation, den Social-Media-Auftritt, das Keyvisual, die Ausstellungsgrafik *Berlin. Die Stadt und ihre Planerinnen*, das Booklet und die Fensterfrontgestaltung der n-ails-Festivalräume.

Andrea Nolte
Designerin

Sie studierte Architektur, Bühnen- und Kostümbild sowie Grafik an der Kunsthochschule Berlin-Weißensee und der NC State University. Ihren Master machte sie in den Bereichen Bühne und Kostüm an der TU Berlin. Als Architektin war sie u.a. tätig bei Drost + v. Veen Architekten, Rotterdam, und Clarke + Kuhn, Berlin sowie als freie Architektin. Im Bereich Bühne und Kostüm war sie Mitarbeiterin bei Es Devlin (Opern in Barcelona, Hamburg, Leipzig), Leiterin des Bereichs Requisite für Ben Hur Live in der O2 Arena London und zuständig für die Ausstattungen des Heimathafens Neukölln und der Neuköllner Oper. Aktuell ist sie tätig in den Bereichen Design, Plotter und Laser sowie als Heilpraktikerin. Zudem bietet sie Kreativkurse für Kinder an und organisiert Ausflüge im Umfeld von Bühne und Architektur.

Leonie Pfistner
Studentin

Architekturstudentin an der Fachhochschule Potsdam. Während des WIA-Festivals unterstützte sie n-ails ehrenamtlich bei der Organisation des Dialograumes. An der FH Potsdam engagiert sie sich im Kollektiv perspektiv; wechsel und war an einer studentischen Ideenwerkstatt zur Neuinterpretation des Postdamer Stadtkanals beteiligt. Im Sommer 2021 war sie Art Director eines Kurzfilms.

Sarah Rivière
Sarah Rivière Architect

Sie ist eine deutsch-britische Architektin. Zu den Projekten ihres Berliner Architekturbüros zählt unter anderem ein Wohngebäude mit begrünter Fassade in der Glogauer Straße in Berlin-Kreuzberg. Parallel zu ihren Projekten forscht sie zum Thema „Spaces of Conflict" im 20. Jahrhundert und unterrichtet Studierende im Bereich Feminismus und Entwerfen. Sie ist Mitglied im Bund Deutscher Architektinnen und Architekten BDA Berlin (BDA) und des Royal Institute of British Architects (RIBA).

Sabrina Rossetto
Innenarchitektin

Sie studierte am Politecnico di Milano Architektur und Ökologisches Design. Nach ihrem Abschluss arbeitete sie als freie Journalistin und Redakteurin für verschiedene italienische Architekturzeitschriften. Sie arbeitet als Interior Designer und Bühnenbildnerin mit besonderem Fokus auf Nachhaltigkeit und ist Mitglied der Deutschen Gesellschaft für nachhaltiges Bauen (DGNB). Auch die Ausstellungsräume des Festivals *Women in Architecture* (WIA) wurden unter Berücksichtigung der Prinzipien des zirkulären und nachhaltigen Bauens gestaltet.

Martina Rozok
Presse- und Öffentlichkeitsarbeit,
Media Relations. ROZOK GmbH

Martina Rozok ist Kommunikationsberaterin und -strategin. Sie fokussiert sich seit rund 20 Jahren mit ihrer PR-Agentur auf die Branchen Architektur, Städtebau und Immobilienwirtschaft. Zudem ist sie in der Politikberatung aktiv. Die Journalistin hat ihr Handwerk auf der Axel-Springer-Journalistenschule gelernt und bei der *Bild*-Zeitung gearbeitet. Kommunikative Zuverlässigkeit und Integrität im Bereich Public/Media Relations sind die wesentlichen Grundlagen ihrer Arbeit.

Büsra Yeltekin
Architekturfotografin, Architektin

Sie erhielt ihren Bachelor of Architecture von der BAU Istanbul und der Mukogawa University in Osaka. Sie absolvierte anschließend ein Masterstudium in Medienarchitektur an der Bauhaus-Universität Weimar. Als Architekturfotografin hat sie ihre Arbeiten in Architektur- und Designzeitschriften veröffentlicht, etwa in *Detail, TLmagazine, Archdaily, WAF* und *Build Magazine*. Ihre Arbeiten wurden im National Museum of Design, Stockholm, und in der Colorida Art Gallery, Lissabon, ausgestellt.

KOOPERATIONSPARTNERIN

Architektenkammer Berlin

Die Architektenkammer Berlin ist die berufliche Selbstverwaltung von fast 10.000 Mitgliedern aus den Bereichen Architektur, Stadtplanung, Landschaftsarchitektur und Innenarchitektur. Getragen vom berufspolitischen Willen ehrenamtlich engagierter Mitglieder setzen wir uns als Institution für einen offenen Diskurs über aktuelle Berufs- und Rollenbilder ein. Wir fordern und fördern eine geschlechtergerechte und sozial verantwortungsbewusste Baukultur und unterstützen unseren Berufsstand bei der Umsetzung von Gleichstellung und Diversität in der Berufspraxis.
www.ak-berlin.de

MITWIRKENDE
Hille Bekic, Vizepräsidentin Architektenkammer Berlin; Torsten Förster, Geschäftsführer Architektenkammer Berlin; Theresa Keilhacker, Präsidentin Architektenkammer Berlin; Birgit Koch, Referentin Architektenkammer Berlin; Andrea Rausch (ehem. A. Männel), Vorständin Architektenkammer Berlin; Christine Edmaier, ehem. Präsidentin Architektenkammer Berlin; Gudrun Sack, ehem. Vorständin Architektenkammer Berlin

„Nur ein Drittel der Mitglieder der Berliner Architektenkammer ist weiblich. Warum das trotz 50:50 bei den Studierenden so ist, erzählt die (Mitglieder-)Statistik nicht. Wir wollen die Wahrnehmung für mehr Sichtbarkeit und Chancengleichheit von Frauen in Architektur und Stadtplanung verbessern und Hindernisse im Berufsalltag aufspüren. Die Architektenkammer Berlin verbindet mit dem Festival WIA 2020 das Anliegen, den offenen Diskurs über aktuelle Berufs- und Rollenbilder in unserer Gesellschaft zu fördern und herauszufordern. Von allein bewegt sich nichts, daher ist das Ziel unserer Abschlussveranstaltung, dass das Festival nachwirkt. In einem gemeinsamen Workshop, mit allen Akteur:innen, möchten wir an diesem Abend vor allem unsere Forderungen für den Umbau des Berufsbilds schärfen und veröffentlichen. Der Festivalabschluss ist für uns auch ein Auftakt unsere Ergebnisse und Erfahrungen in die Berufsbilddebatten einzubringen!"

SCHIRMFRAU

Regula Lüscher
Staatssekretärin und Senatsbaudirektorin Berlin a.D. (2007–2021)

„Frauen aus der Fachwelt, der Gesellschaft und der Politik, haben Jahrzehnte dafür gekämpft, dass Städte so geplant werden, dass sie für unterschiedlichste Menschen in verschiedensten Lebensphasen aus diversesten sozialen und kulturellen Hintergründen lebenswert sind. Dabei richteten die Woman in Architecture ihr Hauptaugenmerk zunächst auf Frauen und ihre erhöhten Sicherheitsrisiken und -bedürfnisse im öffentlichen Raum. Sie ebneten damit Akteurinnen und Akteuren den Weg, die Gesellschaft als divers und Stadt als soziale Bühne zu begreifen. Der Erfolg heutigen und künftigen Planens und Bauens muss daran gemessen werden, in welchem Maß Projekte die Vielfalt an Lebensentwürfen ermöglichen oder sogar fördern. Das Geschlecht der Autorenschaft sollte dabei keine Rolle – mehr – spielen. Aber eins ist klar und noch nicht erreicht: Frauen gehört Chancengleichheit auf allen Handlungsebenen."

AKTEUR:INNEN

Aktiv für Architektur (AfA)

AfA ist ein interdisziplinäres Netzwerk von Kolleg*innen aus Architektur, Stadtplanung, Landschafts- und Innenarchitektur. Wir engagieren uns für ein solidarisches Miteinander, nachhaltiges Planen und Bauen, den Diskurs mit der Gesellschaft in der Gesprächsreihe *StadtWertSchätzen*, die aktive Mitwirkung in Politik und Verwaltung, eine starke Präsenz der Architektenkammer im Stadt- und Kulturleben, ein einfaches und sachgerechtes Baurecht sowie faire Chancen in Wettbewerbs- und Vergabeverfahren für kleine und junge Büros.
www.architektenfuerarchitekten.de/wordpress/

MITWIRKENDE
Kristin Engel, Architektin; Uta Henklein, Landschaftsarchitektin; Theresa Keilhacker, Architektin, Präsidentin der Architektenkammer Berlin; Elena Lauf, Architektin; Gudrun Sack, Architektin, Geschäftsführerin Tegel Projekt GmbH; Wencke Katharina Schoger, Innenarchitektin; Dagmar Weidemüller, Stadtplanerin; Pauline Bolle, Stadtplanerin; Anja Beecken, Architektin; Moderation: Ulrike Eichhorn, Architektin, Architekturvermittlerin.

„Wer sind die vielen erfolgreichen Protagonistinnen, die deutschlandweit tätig sind und unsere Städte, Häuser, Landschaften und Freiräume gestalten? Wir wollen einige von ihnen sichtbar machen und aufzeigen, wer dahinter steckt. Wir wollen abseits von einer voluminösen Werkschau deutlich machen, wie Frauen in den Fachbereichen denken, welche Inspirationen sie beflügeln, welche Vorbilder sie haben. Persönliche Erfahrungen, geistige Haltung und die ganz eigene intellektuelle Biografie dahinter kommen zur Sprache."

Arbeitsgruppe (AG) Gleichstellung der Architektenkammer (AK) Brandenburg

Die AG Gleichstellung der AK Brandenburg ging aus einem Architektinnenstammtisch hervor und besteht seit 2019. Sie hat fünf Mitglieder und eine wechselnde Anzahl von Gästen und tagt alle zwei Monate. Das Ziel der AG ist es, das grundgesetzlich verbriefte Recht auf Gleichberechtigung von Frauen im Wirkungsbereich der AK Brandenburg zur Erreichung von Gleichstellung von Frauen in der beruflichen und berufspolitischen Praxis umzusetzen. Für die ersten Jahre hat sie sich einen Elf-Punkte-Plan erarbeitet, der laufend fortgeschrieben wird. Aus der Gründungsidee heraus bleibt der fachliche und persönliche Austausch unter den weiblichen Kammermitgliedern genauso wichtig.
www.ak-brandenburg.de/content/arbeitsgruppe-gleichstellung

MITWIRKENDE
Dipl.-Ing. Katja Melan; Dipl.-Ing. (FH) Nicole Fienke; Dipl.-Ing. Karin Götz; Dipl.-Ing. Monika Remann; Dipl.-Ing. Frauke Weber.

„An der Veranstaltung WIA 2020 in Berlin beteiligen wir uns gern, weil es eine gute Gelegenheit ist, die Aufmerksamkeit auf die vielfältigen Beiträge von Frauen im Planungs- und Baugeschehen zu lenken, die sonst eher nicht im Fokus stehen, wie die umfassenden Leistungen der Landschaftsplanung, Tätigkeiten in Planungsämtern, in Bauherren-Funktionen, in Nutzerbeteiligungen"

Architekturmuseum der TU Berlin

Seit 1886 sammelt und zeigt das Architekturmuseum der TU alles, was am Ende des Tages beim Planen und Entwerfen übrigbleibt: Skizzen, Wettbewerbspräsentationen, Ausführungszeichnungen, Modelle, Fotos, Drucke, Akten, Daten und manches mehr. Die Sammlung umfasst mehr als 180.000 Objekte von der Mitte des 18. Jahrhunderts bis in die Gegenwart. Ausstellungen speisen sich aus diesem reichen Schatz oder nehmen externe Themen auf.
architekturmuseum.ub.tu-berlin.de

MITWIRKENDE
Dr. Hans-Dieter Nägelke, Leiter des Architekturmuseums.

aquabitArt gallery

Die Galerie aquabitArt zeigt verschiedene künstlerische Positionen, die sich im Experimentierfeld zwischen Architektur, Kunst, Installationen und neuen Medien bewegen. Gründerin und Architektin Irina Ilieva eröffnete den Galerieraum Anfang 2009 in der renommierten Berliner „Galeriestraße", der Auguststraße 35 in Berlin-Mitte. Hier finden regelmäßig Ausstellungen, Kunstinstallationen, Kunstgespräche, Performances, Diskussionen und Vorträge statt.
www.art.aquabit.com

MITWIRKENDE
Irina Ilieva, Architektin, Galeristin; Ingrid von Kruse, Fotografie; Martha Thorne, Architektin, Autorin; Elma Risa, Video; René Löffler, Fotografie.

„Als Architektin und Galeristin mit langjähriger Erfahrung in einer von Männern dominierten Welt teile und unterstütze ich voll und ganz die Ideen des Festivals WIA 2021. Ich freue mich, zur vielfältigen Wahrnehmung der starken Frauen in unserer Gesellschaft beitragen zu können!"

BHROX bauhaus reuse

BHROX bauhaus reuse am Ernst-Reuter-Platz ist ein Projekt von zukunftsgeraeusche, in Kooperation mit dem Bezirk Charlottenburg-Wilmersdorf. Das transdisziplinäre Zentrum und Stadtlabor beschäftigt sich mit nachhaltiger Entwicklung, Baukultur und modernen Gesellschaften durch Forschung, Bildung, Praxis und performative Projekte. Ein Schwerpunkt ist „Moderne Emanzipation", also soziale Emanzipation und Geschlechtergerechtigkeit. Im Rahmen des WIA-Festivals wurde die Ausstellung *[FRAU] ARCHITEKT*IN* im BHROX gezeigt.
www.bauhaus-reuse.de

MITWIRKENDE
Dipl.-Ing. Arch., M.Arch., M.Sc UD Robert K. Huber, Direktor und Leiter der Kuration; M.Arch., M.Sc UD Peter Winter, Technische Leitung.

Bund Deutscher Architektinnen und Architekten (BDA) Landesverband Berlin

Der Berliner Landesverband des BDA vereint seit 1915 freischaffende Architekt*innen und Stadtplaner*innen, die sich durch die Qualität ihrer Bauten ebenso auszeichnen wie durch hohe persönliche Integrität und Kollegialität. Sie verbindet das Engagement für die Baukultur und den Berufsstand. In seiner Arbeit zielt der BDA darauf ab, eine Kultur des Planens und Bauens in Verantwortung gegenüber Gesellschaft und Umwelt zu fördern sowie den Diskurs zu baukulturellen, stadtbaupolitischen und berufspolitischen Fragen zu stärken.
www.bda-berlin.de

MITWIRKENDE
Christiane Fath, Architektin und Kulturmanagerin; Laura Fogarasi-Ludloff, Architektin; Anna Hopp, Architektin; Anne Lampen, Architektin; Anna Lemme Berthod, Architektin; Pia Maier Schriever, Architektin; Katja Pfeiffer, Architektin; Marika Schmidt, Architektin; Nataliya Sukhova, Architektin; Koordination: Petra Vellinga, BDA-Geschäftsstelle.

„Aus verschiedenen Gründen nehmen Architektinnen weniger Raum in der öffentlichen Wahrnehmung ein, als sie für ihr Schaffen beanspruchen könnten: Gleichstellung von Architektinnen ist auch im Jahr 2020 keine Selbstverständlichkeit. Man kann und muss dies einfordern, das eigene Selbstbewusstsein zur Schau zu stellen. Ziel ist es, als selbstständige Architektin nicht mehr als Besonderheit zu gelten."

Die Architekt / Deutsches Architektur Zentrum (DAZ) / Bund Deutscher Architektinnen und Architekten (BDA), Bundesverband

Die Architekt ist die kritisch analysierende Fachzeitschrift des BDA-Bundesverbands für einflussreiche Persönlichkeiten des Planens und Bauens sowie für die architektur- und kulturinteressierte Öffentlichkeit. Schwerpunkt jeder Ausgabe ist ein wechselndes Thema, in dem zentrale architektonische, architekturtheoretische und städtebauliche Fragestellungen von internationalen Fachleuten anschaulich aufbereitet und analysiert werden.
www.bda-bund.de/zeitschrift-die-architekt

DAZ in Berlin ist eine Initiative des BDA. Es versteht sich als ein Ideenlabor, als ein Ort des Austauschs, der Vermittlung und Debatte. In Workshops, Ausstellungen und Gesprächen diskutieren hier Architekt*innen, Stadtplaner*innen, Künstler*innen und Bürger*innen aktuelle Fragen der Architektur und Raumproduktion im Kontext gesellschaftsrelevanter Diskurse.
www.daz.de

MITWIRKENDE
Alesa Mustar, künstlerische Leiterin DAZ; Elina Potratz, leitende Redakteurin Zeitschrift *Die Architekt*.

„Es gibt viele gute und erfolgreiche Architektinnen in Deutschland und weltweit. Frauen studieren ebenso Architektur wie Männer. Man könnte meinen, die Gleichberechtigung sei erreicht, allein die Leistung zählt. Dies stimmt in manchen Bereichen, aber längst nicht überall. Dem BDA sind die Themen Gleichberechtigung und Vielfalt wichtig. Für gute Architektur und Städtebau brauchen wir Menschen, die engagiert sind und sich für ihre Arbeit begeistern, unabhängig von Geschlecht, Hautfarbe, sexueller Orientierung, Religion oder ethnischer Zugehörigkeit."

Bund Deutscher Baumeister, Architekten und Ingenieure e.V. (BDB)

Der BDB vertritt mit seinen rund 9000 Mitgliedern die Interessen von Architekt:innen und Ingenieur:innen als Büroinhaber:innen sowie als Angestellte. Er ist der größte Zusammenschluss dieser Berufsgruppen in Deutschland. Der BDB steht für das integrale, digitale und klimagerechte Planen und Bauen und damit für einen kreativen, innovativen und ganzheitlichen Ansatz des Bauens unter Mitwirkung aller am Planungsprozess beteiligten Fachdisziplinen.
www.baumeister-online.de

MITWIRKENDE
Anja Beecken, Inhaberin Anja Beecken Architekten, stellvertretende Landesvorsitzende des BDB Berlin-Brandenburg; Jennifer Uka, Inhaberin Bauingenieurbüro Jennifer Uka, Beraterin im Bildungswerk des BDB. Referentinnen: Marianne Mommsen, Landschaftsarchitektin, Mitinhaberin von relais Landschaftsarchitekten; Margit Flaitz, Innenarchitektin mit eigenem Büro in Berlin.

„Wenn es um die Verwaltung von größeren Geldmengen geht, wird uns Frauen nach wie vor von den Männern weniger vertraut. In der Praxis heißt das: Das Problem sind nicht die am Bau Beteiligten! Die Firmenchefs auch großer Baufirmen haben kein Problem damit, dass ich als Architektin und Bauleiterin eine Frau bin. Es sind die Geldgeber. Da, wo es um Millionen geht, da hat die Frau nichts verloren. 98 Prozent des Weltgeldbesitzes ist in Männerhand, 87 Prozent sind es anteilig in Deutschland. Es ist diese ungerechte Verteilung der Mittel, warum ich als Architektin WIA 2021 unterstütze und mich daran beteilige. Es geht um die Gleichberechtigung aller Geschlechter, wie sie auch der BDB in seinen Berufsregeln verankert hat."

bund deutscher innenarchitekten (bdia)

Seit 70 Jahren setzt sich der bdia in Kooperation mit Verbänden und Institutionen für die Belange der Innenarchitektinnen und Innenarchitekten ein. Er bündelt Aktivitäten und Themen – für die Innenarchitektur als Teil der Baukultur. Innenräume in den Fokus! Er vertritt zudem als Berufsvertretung seiner Mitglieder deren Belange in der Öffentlichkeit und gegenüber Wirtschaft und Politik. Darüber hinaus ist der bdia auf europäischer und internationaler Ebene aktiv.
www.bdia.de

MITWIRKENDE
Juliane Moldrzyk, Dipl.-Ing. FR Innenarchitektur, Büro raumdeuter, bdia-Landesverbandsvorsitzende Berlin-Brandenburg; Dipl.-Pol. Denise Junker, Referentin für Medien und Öffentlichkeitsarbeit; Dipl.-Ing. Pia A. Döll, bdia-Präsidentin, Innenarchitektin; Prof. Dipl.-Ing. Sabine Keggenhoff, Innenarchitektin, Architektin; Dipl.-Ing. Karin Götz, Innenarchitektin; Dipl.-Ing. Gabriela Hauer, Innenarchitektin; Dipl.-Ing. Wencke Katharina Schoger, Innenarchitektin.

„Wir sind der einzige Architekturzweig, in dem die Frauen bereits wirklich in der Überzahl sind und wichtige Positionen einnehmen. Über 90 Prozent der Studierenden bei Ausbildungsbeginn sind Frauen. Warum sind es aber meist die männlichen Kollegen, die es auf die große Bühne schaffen? Sind die Frauen zu leise und wird auch deshalb der Berufsstand manchmal weniger wahrgenommen? Das sollten wir klären."

Bund Deutscher Landschaftsarchitekt:innen (bdla), Landesgruppe Berlin-Brandenburg e. V.

Der bdla versteht sich als Sprachrohr für selbstständige, angestellte und verbeamtete Landschaftsarchitekt:innen und für den beruflichen Nachwuchs. Er vertritt die Interessen des Berufsstandes auf Landes- und Bundesebene und ist hier mit Politik, Verwaltung und Öffentlichkeit im Gespräch. Er vermittelt dabei auch die umfangreichen Kompetenzen von Landschaftsarchitekt:innen zur Lösung zentraler Zukunftsaufgaben wie Klimaanpassung und urbanes Wachstum.
www.bdla.de/de/landesverbaende/berlin-brandenburg

MITWIRKENDE
Laure Aubert, SINAI Gesellschaft von Landschaftsarchitekten mbH; Antje Backhaus, gruppe F Freiraum für alle GmbH; Prof. Ulrike Boehm, bbzl böhm benfer zahiri landschaften städtebau; Britta Deiwick, Freie Planungsgruppe Berlin, IORA Yoga; Katrin Fischer-Distaso, Standke Landschaftsarchitekten GmbH; Heidrun Fehr, hochC Landschaftsarchitekten PartGmbB; Emeline Gayerie; Theresa Gläßer, SINAI Gesellschaft von Landschaftsarchitekten mbH; Birgit Hammer, Landschafts.Architektur Birgit Hammer; Vera Hertlein-Rieder; SINAI Gesellschaft von Landschaftsarchitekten mbH; Prof. Barbara Hutter, Hutterreimann Landschaftsarchitektur GmbH; Lioba Lissner, hochC Landschaftsarchitekten PartGmbB; Flavia Moroni, planung.freiraum; Mareike Schönherr, SCHÖNHERR Landschaftsarchitekten PartmbB; Eva Sittenauer, gruppe F Freiraum für alle GmbH; Hendrikje Unteutsch, sophora landschaftsarchitektur; Barbara Willecke, planung.freiraum; Susanne Isabel Yacoub, Landschaftsarchitektur+Video; Prof. Astrid Zimmermann, Zplus Landschaftsarchitektur.

„In Städten brauchen wir mehr gut gestaltete und sozial leistungsfähige öffentliche Räume für Kommunikation, Erholung und Bewegung. Es geht um Plätze, Parks und wohnungsnahe Freiräume, die erreichbar sind für alle und soziale Integration und Teilhabe für alle erlauben. Klimaanpassung, Biodiversität, Mobilität: So überlebensnotwendig wie nie, so relevant wie lange nicht! Bei wem wäre das besser aufgehoben als bei uns Landschaftsarchitektinnen?
In den Städten und Landschaftsräumen von heute schaffen wir lebenswerte und natürliche Freiräume. Wir machen das, wir können das und wir sind bereit. Wir laden ein, mit uns die ganze Breite der Aufgaben der Freiraumplanung im 21. Jahrhundert zu beleuchten."

Bundesamt für Bauwesen und Raumordnung (BBR)

Das BBR betreut die Bauangelegenheiten der Bundesrepublik Deutschland in Berlin, Bonn und im Ausland sowie die Baumaßnahmen der Stiftung Preußischer Kulturbesitz in Berlin. Des Weiteren unterstützt es die Bundesregierung durch fachlich-wissenschaftliche Beratung in den Bereichen Raumordnung, Städtebau, Wohnungs- und Bauwesen. Als Bundesoberbehörde gehört das BBR zum Geschäftsbereich des Bundesministeriums für Wohnen, Stadtentwicklung und Bauwesen.
www.bbr.bund.de

Bundesarchitektenkammer (BAK)

Chancengleichheit zu fördern, bedeutet anzuerkennen, dass nicht alle Menschen mit denselben Privilegien ausgestattet sind. Aus dieser Erkenntnis heraus engagiert sich die BAK dafür, die Länderkammern und deren Mitglieder für dieses Thema zu sensibilisieren und Lösungen zu finden, um Chancengleichheit im Berufsstand einzuführen. So gründete die BAK 2019 eine Projektgruppe zum Thema Chancengleichheit und wurde Partnerin des Projekts „YesWePlan!" (im Rahmen des Programm Erasmus+) zur Gleichstellung der Geschlechter im Bereich Architektur und Ingenieurwesen.
www.bak.de

MITWIRKENDE
Andrea Gebhard, Landschaftsarchitektin und Stadtplanerin, Präsidentin BAK; Prof. Ralf Niebergall, Architekt, Vizepräsident BAK; Dr. Tillman Prinz, Jurist, Bundesgeschäftsführer BAK; Tina Unruh, Architektin, Vorsitzende Projektgruppe

Chancengleichheit (BAK); Iris Wex, Innenarchitektin, Projektverantwortliche „YesWePlan!".

„Wir verstehen Gleichstellung als große Chance für den überfälligen Umbau unseres Berufsbildes. Der Wandel, der aktuell gesellschaftlich vollzogen wird, fordert auch eine Veränderung bisheriger Rahmenbedingungen und die Öffnung tradierter Arbeitsstrukturen. Das WIA-Festival macht Frauen Mut, sich an diesem Umbau zu beteiligen, stärkt ihre Sichtbarkeit und führt zu mehr Vielfalt in unserem Berufsstand."

Deutscher Werkbund (DW) Berlin e.V.

Als interdisziplinärer Verein will der DW die fachübergreifende Qualitätsdiskussion in der Gesellschaft fördern. Dieses Ziel verbindet die Mitglieder aus Architektur, Kunst, Handwerk, Stadt- und Landschaftsplanung, Grafik, Design, Industrie, Kommunikation, Bildung und Politik.
www.deutscher-werkbund.de

MITWIRKENDE
Astrid Bornheim, Architektin, BDA, DWB; Prof. Dipl.-Ing. Jan R. Krause, BDA, DWB; Gastgeberin: Dr. Wita Noack, Direktorin Mies van der Rohe Haus.

„Im Werkbund gibt es seit mehr als drei Generationen herausragende Vertreterinnen gestaltender Disziplinen. Architektinnen, Stadtplanerinnen und Gestalterinnen wirken neben ihrer kreativen Projektarbeit als Autorinnen, Hochschullehrerinnen und Unternehmerinnen. Rund 75 Prozent der führenden Fachzeitschriften und Onlineportale für Architektur, Innenarchitektur, Stadtplanung und Landschaftsarchitektur in Deutschland werden von Chefredakteurinnen geleitet. In Kooperation mit dem Mies van der Rohe Haus engagiert sich der DW Berlin beim WIA-Festival. Mit der Gesprächsreihe women in architecture journalism *bietet der DW Berlin diesen Journalistinnen die Bühne, um aktuelle Positionen in der Architekturvermittlung zu reflektieren."*

ELEMENTE materialForum

Das ELEMENTE materialForum ist eine unabhängige Präsentationsplattform für innovative Materialien und nachhaltige Technologien. Seit 2010 vernetzen wir Materialhersteller*innen und -anwender*innen aus Architektur, Produktentwicklung, Forschung und Design an Vortragsabenden und begleitenden Ausstellungen zu verschiedenen Themen. In unseren Räumen in Berlin-Kreuzberg präsentieren wir ausgesuchte nachhaltige Werkstoffe in einer Materialbibliothek.
www.elemente-material.de

MITWIRKENDE
Organisation: Sabine Raible, Geschäftsführung, Architektin, M.A. Bühnenbild; Selene Raible.

„In den nun 10 Jahren ELEMENTE haben bei unseren Veranstaltungsreihen leider nur wenige Frauen referiert. Schon bei der Recherche fällt auf, dass nur selten Büros, Firmen und Forschungsstellen von Frauen alleine geleitet werden. Wir sind überzeugt, dass der Architekturbereich mit einer ausgewogenen Geschlechterverteilung neue Qualitäten erlangen kann, und finden es daher wichtig, notwendige Veränderungen aufzuzeigen, damit Frauen sich in den verschiedenen Arbeitsfeldern der Architektur nicht nur ausbilden lassen, sondern auch tätig werden und bleiben."

feldfünf e.V.

Projekträume im Metropolenhaus: Auf 400 Quadratmetern kuratiert die Kulturplattform feldfünf mit der Nachbarschaft und internationalen Kulturschaffenden den Dialog zwischen Design, Kunst und Alltag. feldfünf ist Freiraum für den Austausch zwischen Menschen und Kulturen. feldfünf ist ein Labor, eine Plattform für temporäre Projekte, die Platz für Experimente brauchen. feldfünf ist eine Bühne: Bei uns trifft der Kiez auf weite Welt, Bewohner*innen auf Besucher*innen, Altes auf Neues.
www.feldfuenf.berlin

MITWIRKENDE
Benita Braun-Feldweg, Architektin, Vereinsvorstand feldfünf; Katharina Deppisch, Presse- und Öffentlichkeitsarbeit bfstudio-architekten; Dr. Lisa Diedrich, Professorin für Landschaftsarchitektur SLU Malmö; Neila Kemmer, kuratorische Leitung feldfünf; Marenka Krasomil, kuratorische Leitung feldfünf (in Elternzeit); Valerie Groth, kuratorische Mitarbeit feldfünf; Linda Weidmann, kuratorische Assistenz feldfünf; Diego Vasquez, Grafikdesign; Mariana Hoyos, Streaming Operator; Nicolás Rosero, Toningenieur; Andres Hilarion, Kameramann; Andrea Alba, Bar und Catering Metropolenhaus.

FRAUENTOUREN e.V.

FRAUENTOUREN erforscht und vermittelt seit mehr als drei Jahrzehnten Frauengeschichte in Berlin. Wir bieten Stadtführungen in vielen Berliner Stadtteilen und spezifischen Themen an wie „Bauen Frauen anders?". Zur Vermittlung gehören außerdem Publikationen, Ausstellungen, Präsentationen, Filme etc. FRAUENTOUREN ist ein Netzwerk von Freiberuflerinnen, das mit anderen Frauenprojekten und -organisationen, Gleichstellungsbeauftragten und Museen kooperiert.
www.frauentouren.de

MITWIRKENDE
Dipl. Pol. Claudia von Gélieu, Frauengeschichtsforscherin.

Initiative Haus Marlene Poelzig

Die Initiative Haus Marlene Poelzig gründete sich 2020 aus Bürger*innen, Baukultur-Expert*innen und Interessierten und fördert seither den offenen Diskurs um „Meisterinnen des Bauwesens". Dem Geist Marlene Poelzigs verpflichtet, möchte sie den Dialog um neue Ansätze aus einer geschlechtergerechten Perspektive entwickeln – ursprünglich mit einer Künstlerinnenresidenz im inzwischen abgerissenen Haus Marlene Poelzig, einem einzigartigen Gebäude und einmaligen Denkmal der Emanzipationsgeschichte in der Architektur.
www. hausmarlenepoelzig.de

MITWIRKENDE
Jan Schultheiß; Felix Zohlen; Hannah Cooke; Prof. Ulrike Lauber; Prof. Dr. Gabi Dolff-Bonekämper; Prof. Dr. Matthias Noell; Petra Wesseler; Hannah Klein; Norina Quinte; ato.vision; David Heuer; Lukas Feireiss; Dr. Christoph Rauhut; Elisabeth Friedrich; Alexander Flöth; Antonia Noll; Barbara Ettinger-Brinckmann; Elke Duda.

Kompetenzzentrum für Berliner Handwerkerinnen

Das Kompetenzzentrum für Berliner Handwerkerinnen des Berufsfortbildungswerks (bfw) Gemeinnützige Bildungseinrichtung des DGB GmbH ist ein Netzwerkprojekt für Frauen in handwerklichen, technischen und ökologischen Berufen. An den Schnittstellen von Gleichstellung, Arbeit, Bildung und Wirtschaft eröffnen wir Frauen zukunftsfähige Perspektiven in diesen Branchen durch Empowerment, Vernetzung und Vielfalt. Das Projekt wird von der Senatsverwaltung für Wissenschaft, Gesundheit, Pflege und Gleichstellung des Landes Berlins gefördert.
www.frauenimhandwerk.de

MITWIRKENDE
Dorothea Beleites; Carola Parniske-Kunz.

„Als Netzwerkprojekt für Berliner Frauen in Handwerk, Technik und baunahen Branchen stehen wir hinter dem Anliegen des WIA-Festivals 2021. Gemeinsam wollen wir die öffentliche Präsenz von Frauen in der Baukultur stärken, ihr Wirken, ihre Werke sichtbar machen. Dies, um an der Gestaltung einer neuen Normalität mitzuwirken, einer Normalität, in der Frauen und Männer gleichberechtigt zusammenarbeiten."

MAKE_SHIFT gGmbH

Make_Shift ist eine Non-Profit-Agentur und ein Beratungsnetzwerk für Architektur und urbane Zukunft. Wir stehen für urbane Innovation auf zeitgemäßem Niveau. Wir kuratieren, ermöglichen und beraten mit einem weitreichenden Netzwerk der Expertisen in nachhaltiger Architektur und Urbanismus. Wir sind Teil der EU-Netzwerke für kooperative Städte, führender internationaler Thinktanks und baukultureller Stiftungen. Wir verbinden die Entscheider*innen mit den Pionier*innen der Stadtentwicklung.
www.make-shift.de

MITWIRKENDE
Francesca Ferguson, Kuratorin und Gründerin von Make_Shift gGmbH; Julia Erdmann, Architektin und Gründerin von JES; Nicole Srock-Stanley, Gründerin und CEO der dan pearlman Group.

Netzwerk Frau und SIA (Schweizerischer Ingenieur- und Architektenverein)

Das Netzwerk Frau und SIA ist ein Kompetenzzentrum und Denkwerkstatt für Genderfragen und Diversität. Wir setzen das Ziel des Berufsverbandes um, Frauen zu fördern, insbesondere, indem wir unseren Beruf überzeugend ausüben. Wir schärfen das Bewusstsein für die Gleichwertigkeit von Frau und Mann in den Ausbildungsinstitutionen und in der Arbeitswelt. Wir engagieren uns für gleiche Chancen und setzen uns für ein selbstbestimmtes Gleichgewicht aller Lebensbereiche ein.
www.frau.sia.ch

MITWIRKENDE
Nandita Boger; Katharina Marchal; Olympia Georgoudaki.

Senatsverwaltung für Stadtentwicklung, Bauen und Wohnen Berlin

Die Berliner Senatsverwaltung für Stadtentwicklung, Bauen und Wohnen ist eine von zehn Fachverwaltungen des Berliner Senats. In ihren neun Abteilungen sind etwa 1000 Expertinnen und Experten für Bauen, Wohnen, Stadtplanung, Architektur, Recht, Wirtschaft sowie in vielen anderen Fachrichtungen beschäftigt. Senator für Stadtentwicklung, Bauen und Wohnen ist seit Dezember 2021 Andreas Geisel. Er wird vom Staatssekretär für Bauen und Wohnen Christian Gaebler, von Senatsbaudirektorin Petra Kahlfeldt und Ülker Radziwill, Staatssekretärin für Mieterschutz und Quartiersentwicklung unterstützt.
www.stadtentwicklung.berlin.de

TU Berlin, Institut für Architektur (IFA), Fachgebiet Bau- und Stadtbaugeschichte

Ziel der Lehrveranstaltungen am Fachgebiet Bau- und Stadtbaugeschichte der TU Berlin ist es, Architektur und Stadt aus ihrem spezifischen historischen Kontext heraus und in ihren epistemischen, sozialen oder räumlichen Ordnungen zu erklären und dabei kritische Positionen zu entwickeln. Oral History stellt dabei die Geschichte auf eine neue Grundlage und bezieht alle Perspektiven, etwa die der Nutzer*innen, mit ein und ermöglicht in einem emanzipativen Prozess ein tieferes Verständnis von Architektur und Stadt.
www.architektur.tu-berlin.de

MITWIRKENDE
Sarah Rivière, Architektin, Lehrende TU Berlin, Fachgebiet Bau- und Stadtbaugeschichte; Prof. Dr. Hermann Schlimme, Lehrender TU Berlin, FG Bau- und Stadtbaugeschichte; Hille Bekic, Gastkritikerin, Architektin, Vorstand Architektenkammer Berlin; Prof. Dr. Kerstin Dörhöfer, Gastkritikerin, UdK Berlin; Martina Gross-Georgi, Gastkritikerin, Architektin und Szenenbildnerin; Christine Jachmann, Gastkritikerin, Architektin; Ariane Wiegner, Gastkritikerin, Architektin; Studierende Wintersemester.

TU Berlin, Institut für Architektur (IFA), Fachgebiet Städtebau und Urbanisierung

MITWIRKENDE
Julia Köpper; Dagmar Pelger; Asli Varol; Martha Wegewitz; Prof. Jörg Stollmann, TU Berlin, Fachgebiet für Städtebau und Urbanisierung.

TU München, Lehrstuhl für Architektur und Holzbau

Die mit n-ails e.V. konzipierte Ausstellung *Frauen in der Architektur* präsentiert die Ergebnisse einer gleichnamige Studie, die an der TU München in Kooperation mit der LMU München entstanden ist. Die Vorstudie „Frauen in der Architektur" wurde am Department of Architecture der TU München initiiert und bearbeitet. Die Begleitung der Studie erfolgte durch Susanne Ihsen (Professur für Gender Studies in den Ingenieurwissenschaften). Nach ihrem Tod übernahm Paula-Irene Villa Braslavsky (Lehrstuhl für Soziologie & Gender Studies, LMU) gemeinsam mit ihrem Team diesen Part.
www.arc.ed.tum.de/arc/startseite

MITWIRKENDE
TU München: Sandra Schuster; Anne Niemann; Mirjam Elsner; Hermann Kaufmann (TUM ARCH); Susanne Ihsen; Tanja Kubes; Jenny Schnaller; Elisabeth Wiesnet (TUM GOV).
LMU: Paula-Irene Villa Braslavsky; Marlene Müller-Brandeck.
Konzeption und Gestaltung der WIA-Ausstellung: Nick Förster; Josiane Schmid; Sandra Schuster, Till Förster (TUM); in Zusammenarbeit mit n-ails e.V.

Vereinigung für Stadt-, Regional- und Landesplanung e.V. (SRL)

Die im Jahr 1969 gegründete SRL ist ein bundesweites Netzwerk mit knapp 2000 Mitgliedern, die in sämtlichen Bereichen der Planung (Stadtplanung, Verkehrsplanung, Landschaftsplanung, Umweltplanung u.v.m.) tätig sind. Die SRL ist gleichzeitig die berufsständische Interessenvertretung der planenden Berufe. Ihre zentrale Aufgabe sieht sie darin, sich für die Anerkennung der Notwendigkeit von Planung und für eine anspruchsvolle Planungskultur einzusetzen. Sie ist politisch unabhängig und wirtschaftlich eigenständig.
www.srl.de

MITWIRKENDE
Koordination: Annemarie Schnerrer, Sprecherin SRL-Regionalgruppe Berlin-Brandenburg; Senatsverwaltung für Stadtentwicklung, Bauen und Wohnen mit Annalie Schoen.
Standortmanagement, mitten in Berlin: Susanne Jahn, Gründerin und ehem. Geschäftsführerin Jahn, Mack & Partner, Berlin; Kerstin Lassnig, Inhaberin urbos, Berlin. Stadtdebatte + Stadtwerkstatt: Ulla Hömberg, Projektleiterin Senatsverwaltung für Stadtentwicklung, Bauen und Wohnen.
Umfeld Humboldt Forum: Ellen Kallert, Landschaftsarchitektin, Büroleiterin bbz landschaftsarchitekten, Berlin, Lehrende an der BHT.
Projekte am Petriplatz und Gesamtkoordination: Annalie Schoen, ehem. Leiterin des Hauptstadtreferates der damaligen Senatsverwaltung für Stadtentwicklung und Wohnen.

„Für die SRL ist es seit den 1980er Jahren selbstverständlich, die Frauen gleichwertig in die Planung, in die Institutionen und als Planende einzubeziehen. Dies wurde damals von den Planerinnen durchgesetzt, die Fachzeitschrift entsprechend in PLANERIN umbenannt. Nun muss auf die Erhaltung der Erfolge geachtet werden. Daher ist es wichtig, auf einer Veranstaltung wie Women in Architecture die Leistungen der Stadtplanerinnen einzubringen, auch um Vorbild für die jüngere Generation zu sein."

Women in Architecture United Kingdom (WiA UK)

WiA UK gibt es seit den 1950er Jahren im Vereinigten Königreich. 2018 wurde die Gruppe neu aufgestellt und hat seitdem den Wirkungskreis ihrer Kampagnen stark vergrößert, in denen aktuelle Themen wie Chancengleichheit, Mobbing und Wiedereinstieg adressiert werden. WiA UK bietet durch multidisziplinäre Konferenzen, Mentoring, Vorträge, Umfragen und Filme eine inklusive Plattform an, auf der Architektinnen Unterstützung und Rückhalt finden.
www.wia-uk.org

MITWIRKENDE
Anna Schabel, Partnerin Wilton Studio, Architekturkritikerin, Vorsitzende WiA UK; Sarah Akigbogun, Gründerin Studio Aki, Lehrende in Canterbury, Vizevorsitzende von WiA UK, Mitglied des RIBA-Beirats, Filmemacherin.

Alle Angaben erfolgten seitens der Akteur:innen.

WIA-FINISSAGE

© Boris Trenkel

WELCOME
To Jules

WIA-AUFTAKT

BEGRÜSSUNG

Isabel Thelen
n-ails e.V.

ERÖFFNUNG FESTIVAL
Elke Duda
WIA-Koordinatorin, n-ails e.V.
Hille Bekic
Architektenkammer Berlin

GRUSSWORTE
Regula Lüscher
Schirmfrau, Senatsbaudirektorin/
Staatssekretärin
Anne Katrin Bohle
Staatssekretärin im BMI

IMPULSVORTRÄGE
Prof. Dr. Paula Villa Braslavsky
LMU München
Christine Edmaier
Präsidentin
Architektenkammer Berlin (2013–2021)
Barbara Hagedorn
Geschäftsführerin
Thomas Hagedorn Holding GmbH
Prof. Dr. em. Christiane Funken
TU Berlin, Fachbereich Soziologie

PODIUMSDISKUSSION
BAUSTELLE GLEICHSTELLUNG
Elke Duda
Architektin, n-ails e.V.
Barbara Ettinger-Brinckmann
Präsidentin Bundesarchitektenkammer
(2013–2021)
Regula Lüscher
Senatsbaudirektorin/
Staatssekretärin (2004–2021)
Eva Schad
Partnerin Chipperfield Architects
Margit Sichrovsky
Partnerin LXSY ARCHITEKTEN

Moderation:
Dr. Stephanie Bock
Difu-Institut
Isabel Thelen
n-ails e.V.

WIA-AKTEUR:INNEN

VERANSTALTUNGSORT
FORUM Factory
10969 Berlin

WIA-FINISSAGE

BEGRÜSSUNG

Theresa Keilhacker
Präsidentin Architektenkammer Berlin
Elke Duda
WIA-Koordinatorin, n-ails e.V.

FESTIVALRÜCKSCHAU
Hille Bekic
Vizepräsidentin Architektenkammer Berlin
Andrea Männel
Vorstandsmitglied Architektenkammer Berlin

KEYNOTE
Jette Hopp
Architekturbüro Snøhetta,
Oslo

GAST
Wenke Christoph
Staatssekretärin, Senatsverwaltung
für Stadtentwicklung und Wohnen,
Co-Schirmfrau

WIA-AKTEUR:INNEN

VERANSTALTUNGSORT
B-Part Am Gleisdreieck.

Foto: siehe vorherige Seite.

DANK

Das Planerinnennetzwerk n-ails e.V. bedankt sich bei allen WIA-Akteur:innen sowie allen WIA-Förder:innen und Partner:innen für das wunderbare Engagement, unerschütterliche Vertrauen und die tolle Unterstützung im Rahmen des Festivals *Women in Architecture Berlin* 2021.

Dass das WIA-Festival stattfand und, trotz pandemiebedingter Verspätung und dem damit einhergehenden Mehraufwand, so professionell und erfolgreich durchgeführt werden konnte, ist in erster Linie dem über zweijährigem Einsatz des großartigen WIA-Teams von n-ails (s. Kurzprofile WIA-Akteur:innen) zu verdanken. Besonders hilfreich war das langjährige Engagement und die gute Vernetzung von vier n-ails Frauen, die 2018 den entscheidenden Impuls für das WIA-Festival setzten und wichtige Schlüsselfunktionen übernahmen: Elke Duda als Koordinatorin des Festivals, Hille Bekic in der Architektenkammer Berlin, Gabriele Fink im Vorstand von n-ails, Sarah Rivière an der TU Berlin. Das Netzwerk hatte bis dahin schon einige Aktionen gestartet, aber ein berlinweites Festival war eine ganz besondere Herausforderung. Danke!

Gar nicht genug danken können wir Anja Matzker, Grafikdesign, und Samar Maamoun, Programmierung, für ihre hervorragende Übersetzung des Festivalgedankens in ein grafisches Gesamtkonzept mit Webpräsens.

Großer Dank geht an die Architektenkammer Berlin für die finanzielle Unterstützung des WIA-Festivals, aber insbesondere auch für die aktive Kooperation, mit der es gelungen ist, die Themen Gleichstellung und Diversität in die Architekt:innenschaft zu tragen und eine enorme Breitenwirkung in der Berufswelt zu erzielen. Danke auch an die Geschäftsstelle, die immer ein Ohr für uns hatte und für alle Anliegen zugänglich war.

Ganz herzlicher Dank geht an die sympathisierende, aber auch aktive Teilnahme von Regula Lüscher, damalige Senatsbaudirektorin und Staatssekretärin für Stadtentwicklung in Berlin und WIA-Schirmfrau, und Julia Feier, ihre jederzeit ansprechbare persönliche Referentin.

Dem erfahrenen WIA-Redaktionsbeirat sei Dank konnten wir auch hier eine professionelle Performance hinlegen, mit Lisa Diedrich, Elke Duda, Christiane Fath, Jan R. Krause und Andrea Rausch (geb. Männel).

Aber am wichtigsten waren nicht zuletzt all die vielen aktiven und engagierten Frauen (siehe Register der WIA-Akteur:innen). Ohne sie wäre eine Mobilisierung der Verbände, Institute und Vereine nicht möglich gewesen. Sie sind in den entscheidenden Gremien und Positionen angekommen und haben die WIA-Beiträge maßgeblich initiiert, durchgesetzt, organisiert und durchgeführt. Dies haben sie meist, davon ist auszugehen, neben ihrer beruflichen Tätigkeit getan.

Das WIA-Festival 2021 in Berlin zeigte eindeutig, wozu Frauen fähig sind!

KURZVITA AUTOR:INNEN

Hille Bekic

Hille Bekic ist Architektin und Mobilitätsberaterin. Sie war von 2004 bis 2014 Vorstandsmitglied im Verein n-ails. Seit 2013 ist sie Vorstandsmitglied der Architektenkammer Berlin, seit 2021 als Vizepräsidentin. Sie sieht Diversität als wichtigen Eckpfeiler, um die aktuellen Herausforderungen an unsere Gesellschaft und unser Berufsbild zu meistern.

Astrid Bornheim

Astrid Bornheim, Architektin BDA/DWB, lehrt Experimentelles Entwerfen und Exhibition Design an der Bochum University of Applied Sciences. Sie studierte u.a. an der TU Wien bei Peter Cook und in der Meisterklasse von Wolf D. Prix an der Universität für Angewandte Kunst in Wien. Seit ihrem Stipendium an der Akademie Schloss Solitude im Jahr 2000 arbeitet sie an der Schnittstelle zwischen Kunst und Wissenschaft. Ausgehend von Materialexperimenten entwickelt sie sowohl in der Lehre wie auch in der Büropraxis Zukunftsstrategien für Architekturen und Produktentwicklungen, um Grenzen zu überschreiten, Denkräume zu erkunden und neue Perspektiven zu eröffnen. Zu ihren mit internationalen Preisen ausgezeichneten Projekten zählt das Museum der Staatsbibliothek Unter den Linden in Berlin.

Prof. Dr. Lisa Diedrich

Lisa Diedrich studierte Architektur und Städtebau in Paris und Stuttgart, lernte Journalismus in Berlin und promovierte im Fach Landschaftsarchitektur in Kopenhagen. Sie arbeitete für die europäische Fachpresse, für die Münchner Bauverwaltung und für Universitäten in Europa und Australien. Seit 2012 ist sie Professorin für Landschaftsarchitektur an der SLU Malmö. Als freie Kritikerin betreibt sie ihr Büro Diedrich DesignCritic in Berlin.

Prof. Dr. Ing. Kerstin Dörhöfer

Kerstin Dörhöfer studierte Architektur an der TU Berlin und der TH Wien sowie Architektur- und Städtebaupraxis in Berlin. Promotion zur Dr.-Ing. für Stadt- und Regionalplanung an der TU Berlin, Professur für Stadt- und Regionalentwicklung an der Fachhochschule Aachen (1981–1986), für Architektur und Urbanistik an der Universität der Künste Berlin (1986–2008). Forschungen und Publikationen zu Wohnungs- und Städtebau, Architektur- und Stadtentwicklung, Geschlechterverhältnissen und Raumstrukturen.

Cornelia Dörries

Cornelia Dörries ist Stadt- und Regionalsoziologin und beschäftigt sich seit mehr als 20 Jahren mit Stadtentwicklung, Architektur und Baukultur. Sie schreibt für Zeitungen und Magazine und hat als Herausgeberin und Autorin zahlreiche Publikationen zu diesen Themen betreut.

Elke Duda

Elke Duda, spezialisiert auf das Gebiet des nachhaltigen und energieeffizienten Planens und Bauens, arbeitet seit 25 Jahren als Architektin. Über die Gründung von n-ails hinaus setzt sie sich seit 20 Jahren für mehr Präsenz von Frauen in der Baukultur ein und ist aktuell Mitglied der Vertreterversammlung der Architektenkammer Berlin. Von 2018 bis 2021 initierte und koordinierte sie das WIA-Festival Berlin 2021. 2022 wurde sie als außerordentliches Mitglied in den Bund Deutscher Architektinnen und Architekten Berlin berufen.

Christiane Fath

Christiane Fath studierte Architektur an der TU Berlin, an der Bauhaus Universität in Weimar und am Polytecnico in Mailand. Sie absolvierte Stipendienaufenthalte in Syrien und Brasilien. Die Architektin gründete die Galerie framework in Berlin und Wien, ist seit 2008 außerordentliches Mitglied des Bundes Deutscher Architektinnen und Architekten Berlin, Kulturmanagerin und Geschäftsführerin von STUDIO C.FATH. Sie kuratiert internationale Konferenzen und Ausstellungen, konzipiert Buchprojekte und ist Redakteurin und Herausgeberin von Architekturpublikationen. Bis 2019 war sie leitende Redakteurin bei der Berliner Fachzeitschrift *Bauwelt* und ist seit 2021 im Vorstand der Non-Profit-Organisation Diversity in Architecture (DIVIA). 2023 wird der von DIVIA ausgelobte internationale Preis für Architektinnen erstmals verliehen.

Beatrix Flagner

Beatrix Flagner studierte Architektur sowie Stadt- und Regionalplanung an der Universität Kassel. 2016–2017 war sie Mitarbeiterin am Fachgebiet Entwerfen im städtebaulichen Kontext der Uni Kassel. Seit 2017 ist sie Redakteurin bei der Architekturfachzeitschrift *Bauwelt*.

Andrea Gebhard

Andrea Gebhard wurde am 28. Mai 2021 zur Präsidentin der Bundesarchitektenkammer gewählt. Die Landschaftsarchitektin und Stadtplanerin ist seit vielen Jahren berufspolitisch engagiert. Seit 1989 ist sie Mitglied der Bayerischen Architektenkammer und seit 1990 Mitglied im Bund Deutscher Landschaftsarchitekt:innen (bdla). Von 2007 bis 2013 war sie Präsidentin des bdla. Seit 1999 ist sie Mitglied in der Deutschen Akademie für Städtebau und Landesplanung (DASL), seit 2012 Mitglied im Kuratorium für Nationale Stadtentwicklung und seit 2009 Mitinhaberin des Büros mahl gehard konzepte in München.

Karin Hartmann

Karin Hartmann ist Autorin und Architektin. Sie schreibt, spricht und forscht zu Architektur und Baukultur an der Schnittstelle zu intersektionalem Feminismus. Ab 2013 initiierte sie künstlerisch-architektonische Interventionen im Paderborner Stadtraum und schrieb für ihren Blog und Fachmedien. Von 2016 bis 2021 war sie Referentin für Baukultur im Bundesinstitut für Bau-, Stadt- und Raumforschung. Seit 2021 arbeitet sie freiberuflich und für Baukultur Nordrhein-Westfalen. Sie ist außerordentliches Mitglied im Bund Deutscher Architektinnen und Architekten und erste Vorsitzende des Karrierenetzwerks architektinnen initiative Nordrhein-Westfalen.
In ihrem *Buch Schwarzer Rolli, Hornbrille* untersucht sie die strukturellen Ursachen der Zurückdrängung von Architektinnen aus der klassischen Architekturkarriere und beleuchtet die Auswirkungen fehlender Lebensrealitäten von Frauen und weiteren marginalisierten Personengruppen in der gebauten Umwelt. Ihr Buch ist im September 2022 auf Deutsch und in englischer Übersetzung unter *Black Turtleneck, Round Glasses* bei Jovis erschienen.

Barbara Holzer

Dipl. Arch. ETH Barbara Holzer ist Mitglied im Schweizerischen Ingenieur- und Architektenverein, der Architektenkammer Berlin, des Deutschen Werkbunds Berlin e.V. und im Bund Deutscher Architektinnen und Architekten. Sie ist Mitbegründerin des Architekturbüros Holzer Kobler Architekturen mit Sitz in Zürich, Berlin, Köln und Nyon. Gemeinsam mit ihrem Geschäftspartner Tristan Kobler und einem multidisziplinären Team zeichnet sie für ein spannungsvolles Œuvre aus Städtebau, Architektur, Ausstellungsgestaltung und Design verantwortlich.

Dagmar Hötzel

Dagmar Hoetzel ist als freie Redakteurin und Autorin tätig für Fachzeitschriften und -verlage sowie für Verbände und private und staatliche Kulturinstitutionen. Sie studierte Architektur an der TU Berlin, war Redakteurin bei der Fachzeitschrift *Bauwelt*, wissenschaftliche Mitarbeiterin in der Bundesstiftung Baukultur und kuratierte Ausstellungen zu Architektur und Stadt in Johannesburg, Kapstadt, São Paulo und Berlin.

Prof. Petra Kahlfeldt

Petra Kahlfeldt ist Senatsbaudirektorin und Staatssekretärin für Stadtentwicklung des Landes Berlin. Seit Beginn ihres Studiums plant und realisiert die Architektin und Professorin auf vielfältige Weise Gebäude, öffentliche Räume und Quartiere. Ihr Schwerpunkt liegt in der Planung und Realisierung von bestehenden, teilweise denkmalgeschützten Häusern, Neubauten für Wohnen, Büro und Kultur. Sie führte mit ihrem Partner Paul Kahlfeldt ein Architekturbüro in Berlin, dessen Werk mit zahlreichen Preisen ausgezeichnet wurde. Sie ist Beraterin in lokalen und überregionalen Gremien und Beiräten. Petra Kahlfeldt hat den Vorsitz im Baukollegium Berlin.

Doris Kleilein

Doris Kleilein ist Architektin, Autorin und Verlegerin in Berlin. 2005 war sie Mitgründerin des Architekturbüros bromsky. Von 2005 bis 2018 arbeitete sie als Redakteurin der *Bauwelt* und *Stadtbauwelt*, seit 2019 leitet sie den Architekturbuchverlag jovis in Berlin. 2020 war sie Fellow am Thomas Mann House in Los Angeles.

Dr. Eduard Kögel

Eduard Kögel studierte an der GH Kassel und lehrte von 1999 bis 2004 als wissenschaftlicher Mitarbeiter an der TU Darmstadt. 2007 promovierte er an der Bauhaus-Universität Weimar. Kögel forscht zu Geschichte der Architektur und des Städtebaus in Asien und lehrt derzeit an der Bauhaus-Universität Weimar.
Als Berater und Programmkurator wirkt er für den Aedes Netzwerk Campus Berlin und als Projektleiter für www.chinese-architects.com. Derzeit arbeitet er am Projekt „Encounters with South East Asian Modernism". www.seam-encounters.net

Prof. Jan R. Krause

Jan R. Krause (Dipl.-Ing. BDA DWB) ist seit 2003 Professor für Architektur Media Management (AMM) an der Hochschule Bochum. In Lehre und Forschung widmet er sich aktuellen Fragen der Architekturvermittlung. Mit seinem office for architectural thinking in Berlin konzipiert er Kommunikationsstrategien und Weiterbildungsprogramme für Architekt:innen, Kulturinstitutionen und Bauindustrie. Er moderiert internationale Architekturkonferenzen, leitet Partizipationsverfahren und engagiert sich in Jurys von Architekturwettbewerben. Nach dem Architekturstudium an der TU Braunschweig, ETH Zürich, TU Wien und einem Managementstudium an der Vlerick Management School in Leuven-Gent arbeitete er als Redakteur für die Fachzeitschriften *AIT* und *XIA*. Er war Leiter im Bereich Unternehmenskommunikation der Eternit AG und Head of Strategic Marketing der Sto SE&Co KGaA.
Seit 2021 ist er Vorstandsmitglied des Deutschen Werkbund.

Regula Lüscher

Regula Lüscher studierte 1981–1986 an der ETH Zürich Architektur und arbeitete danach in Zürich und Wien. Von 1989 bis 1998 führte sie mit Patrick Gmür das Architekturbüro Gmür Lüscher Gmür in Zürich. Daneben nahm Sie verschiedene Lehrtätigkeiten unter anderem an der ETH Zürich wahr. 1998 übernahm Lüscher die Leitung der Architektur und Stadtplanung der Stadt Zürich.
2007 bis 2021 war sie Senatsbaudirektorin und Staatssekretärin für Stadtentwicklung in Berlin. Dieses Amt übte sie 14 Jahre aus. Seit 2012 ist sie Honorarprofessorin an der Universität der Künste Berlin. 2022 machte sich Regula Lüscher unter dem Namen „Die Stadtmacherin" (www.stadtmacherin.ch) als Expertin für Architektur, Stadtplanung und Management selbstständig. Im selben Jahr wurde sie in die Akademie der Künste Berlin, Sektion Baukunst aufgenommen. Sie ist leidenschaftliche Seglerin und widmet sich der Malerei.

Elina Potratz

Elina Potratz studierte Kunst- und Bildgeschichte in Leipzig und Berlin. Seit 2016 ist sie für die Fachzeitschrift *Die Architekt* tätig, seit 2021 als leitende Redakteurin.

Andrea Rausch (ehem. Männel)

Andrea Rausch ist seit 2012 als Innenarchitektin tätig. Seit 2017 ist sie Vorstandsmitglied der Architektenkammer Berlin, seit 2019 stellvertretende Landesvorsitzende des Bundes Deutscher Innenarchitekten (bdia) Berlin-Brandenburg. Sie setzt sich für eine diverse, partizipative, kollaborative und offene Planungskultur ein. Die Perspektive der nachfolgenden Generation ist ihr dabei ein besonderes Anliegen. Sie ist überzeugt, dass Architekturvermittlung ein Schlüsselfaktor für einen wertschätzenden Umgang mit unserer gestalteten Umwelt ist und mit denen, die diese schaffen. Ihr beruflicher Fokus lag demnach in den letzten sechs Jahren auf der Entwicklung nachhaltiger Bildungsräume für Kinder.

Dr. Sandra Schuster

Sandra Schuster arbeitete nach ihrem Architekturstudium mehrere Jahre als Architektin in den Niederlanden. Im Anschluss gründete sie ihr eigenes Büro in München, war projektleitende Architektin bei mehreren Holzbauprojekten und lehrte an verschiedenen Hochschulen. Seit 2016 bearbeitet und koordiniert sie verschiedene Forschungsprojekte mit den inhaltlichen Schwerpunkten mehrgeschossiger Holzbau, Kreislaufwirtschaft und Gender and Diversity Studies in der Architektur an der TU München. Sie ist Geschäftsführerin des Forschungsverbunds TUM.wood. Im Kontext ihrer Forschung initiierte sie 2018 die Studie „Frauen in der Architektur", die sie gemeinsam mit Kolleg:innen an der TU München und der LMU München durchführte.

Martha Thorne

Martha Thorne ist Architektin, Kuratiorin, Herausgeberin und Autorin sowie geschäftsführende Direktorin des Pritzker-Architekturpreises.

Barbara Vogt

Barbara Vogt ist Partnerin bei White Arkitekter, Schweden; Head of Business Development Deutschland; Arkitekt SAR/MSA.

QUELLEN, ANMERKUNGEN

PRÄSENS

Die Bühne den Architektinnen

Karin Hartmann

[1] Jutta Allmendinger: Der lange Weg aus der Krise (13.05.2020). https://wzb.eu/de/forschung/corona-und-die-folgen/corona-studie-zeigt-die-realitaet-unter-dem-brennglas (letzter Zugriff: 02.08.2022).
[2] Karin Hartmann: *Schwarzer Rolli, Hornbrille. Plädoyer für einen Wandel in der Planungskultur.* Berlin 2022, S. 9.
[3] Ebd., S. 13–15.
[4] Ebd., S. 19.
[5] Christina Schumacher: *Zur Untervertretung von Frauen im Architekturberuf. Forum Bildung und Beschäftigung. Schweizerische Koordinationsstelle für Bildungsforschung.* Bern/Aarau 2004, S. 15.
[6] Hartmann 2022 , S. 23ff.
[7] Ebd., S. 13 und S. 112.
[8] Architects for Future: https://www.architects-4future.de/news/offizielle-grundung-von-architects-for-future (letzter Zugriff: 02.08.2022).
[9] Hartmann 2022 , S. 110f.
[10] Ebd., S. 110.
[11] Ebd., S. 76f.
[12] Ebd., S. 70ff.

Wenn möglich, sind die Anmerkungen bei den jeweiligen Beiträgen direkt angeordnet.

SOZIALE MEDIEN

Viele der Festivalbeiträge sind hier dokumentiert:

YouTube
WIA Berlin 2021
Instagram
wia_berlin
Linkedin
WIA Berlin

RECHTE- UND BILDNACHWEISE

IMPRESSUM

Herausgeber: n-ails e.V.; netzwerk von architektinnen, innenarchitektinnen, ingenieurinnen, landschaftsarchitektinnen und stadtplanerinnen
www.wia-berlin.de, www.n-ails.de, kontakt@n-ails.de

Publikationsmanagement: Barbara Biehler, Nerine Buhlert, Elke Duda, Hannah Dziobek, Jutta Feige, Gabriele Fink, Milena Haendschke, Felicitas Mossmann

Konzeption und Redaktion: Elke Duda

Redaktionsbeirat: Lisa Diedrich, Christiane Fath, Jan Krause, Andrea Rausch (geb. Männel)

Verantwortlich für die Inhalte der einzelnen Beiträge sind die jeweiligen Autor:innen/Veranstalter:innen.

Lektorat: Miriam Seifert-Waibel, Hamburg

Gestaltung und Satz: Anja Matzker, Kommunikations- und Grafikdesign, Berlin

Umschlagmotiv und Kapitelstartseiten: WIA Logo auf der Fensterfront des WIA Veranstaltungsorts *feldfünf* im Metropolenhaus; © Anja Matzker

Lithografie: Andreas Gebhardt Reproduktionen, Berlin

Gedruckt in der Europäischen Union

Bibliografische Information der Deutschen Nationalbibliothek
Die Deutsche Nationalbibliothek verzeichnet diese Publikation in der Deutschen Nationalbibliografie; detaillierte bibliografische Daten sind im Internet über http://dnb.d-nb.de abrufbar.

jovis Verlag GmbH
Lützowstraße 33
10785 Berlin

www.jovis.de

jovis-Bücher sind weltweit im ausgewählten Buchhandel erhältlich. Informationen zu unserem internationalen Vertrieb erhalten Sie von Ihren Buchhändler:innen oder unter www.jovis.de.

ISBN 978-3-86859-763-9 (Softcover)
ISBN 978-3-98612-010-8 (E-PDF)

WIR BEDANKEN UNS
FÜR DIE FREUNDLICHE UNTERSTÜTZUNG
VON

FÖRDER:INNEN

PARTNER:INNEN

BOLLINGER+GROHMANN

feldfünf

HAUBITZ
GERÜSTBAU AUFZUGS-
UND ELEKTROTECHNIK GmbH

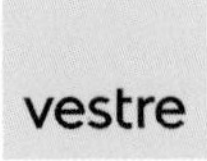